Geschichte der Wirtschaftspolitik

Vom Merkantilismus zur Sozialen Marktwirtschaft

Von

Prof. Dr. Richard H. Tilly (Hrg.)
Diplom-Volkswirt Harald Frank
Diplom-Volkswirt Norbert Huck
Diplom-Volkswirt Michael Kopsidis
Diplom-Volkswirt Karl Christan Schaefer
Dr. Thomas Wellenreuther

R. Oldenbourg Verlag München Wien

Die Deutsche Bibliothek – CIP-Einheitsaufnahme

Geschichte der Wirtschaftspolitik : vom Merkantilismus zur sozialen Marktwirtschaft / von Richard H. Tilly (Hrsg.) ... – München ; Wien : Oldenbourg, 1993
ISBN 3-486-22640-1

NE: Tilly, Richard H. [Hrsg.]

Gesamtherstellung: R. Oldenbourg Graphische Betriebe GmbH, München

ISBN 3-486-22640-1

Inhaltsverzeichnis

I. Vorwort

1. Adressat

Das hier vorgelegte Buch richtet sich an historisch aufgeschlossene Ökonomen und ökonomisch interessierte Historiker. Es nimmt an, daß Ökonomen durch die gebotene zeitliche Verlängerung des Betrachtungsfeldes neue Einsichten vermittelt werden können, die in anderen Darstellungen zur Wirtschaftspolitik fehlen. Es geht davon aus, daß Historiker an systematisch-vergleichenden Studien der Wirtschaftspolitiken in den jeweiligen Epochen interessiert sind, die üblicherweise in Geschichtslehrbüchern nicht oder kaum präsentiert werden.

Der zu behandelnde Zeitraum erstreckt sich vom Beginn der Neuzeit bis zur Gegenwart. Die so gewonnene Langzeitperspektive ist in Bezug auf viele wirtschaftspolitische Fragen vorteilhaft. Dem Rahmen und der Intention des Buches entsprechend bleibt die Darstellung ein Überblick, der nicht alle Aspekte problematisieren kann.

2. Geschichte der Wirtschaftspolitik als "Indexzifferproblem"

Die folgenden Kapitel versuchen, ganz allgemein betrachtet, einen Dialog zwischen Wirtschaftspolitiken der Vergangenheit und der Gegenwart herzustellen. Dies setzt voraus, daß einerseits Begriffe und Kategorien der heutigen wirtschaftspolitischen Diskussion ernstgenommen und auf historische Situationen angewandt werden, daß aber andererseits die Rekonstruktion vergangener wirtschaftspolitischer Entwicklungen den wirtschaftlichen und politischen Problemen und Vorstellungen der historischen Situationen gerecht wird. Rein logisch hat dieses Unterfangen mit demselben Problem zu tun, das die empirische Wirtschaftsforschung bei der Wahl eines "Warenkorbs" als statistische Meßlatte bewältigen muß. Daher der o.a. Hinweis "Indexzifferproblem", der lediglich das Problem ins Bewußtsein rücken lassen will.

3. Der Gegenwartsbezug

Definition. Aus einem gängigen Lehrbuch wird folgende Definition der Wirtschaftspolitik entnommen:

> "Wirtschaftspolitik ist ein Teilbereich der allgemeinen Politik und darauf gerichtet, die Rahmenbedingungen sowie den Ablauf ökonomischer Aktivitäten im Hinblick auf bestimmte Ziele zu gestalten und beeinflussen."
>
> (H.-J. Ahrns und H.D. Feser, *Wirtschaftspolitik. Problemorientierte Einführung*. München u. Wien, 1986)

Die Formulierung ist abstrakt und allgemein genug, um auch einen sehr langen Zeitraum wie den unserigen abzudecken. Sie nimmt eine auch für uns relevante Unterscheidung zwischen dem Wirkungsbereich Rahmenbedingungen (Ordnungspolitik) und Ablauf ökonomischer Aktivitäten (Ablauf- oder Prozesspolitik) vor.

Taxonomie. Nach Ambrosius lohnt es sich ferner, zwischen mikro-, meso- und makroökonomischen Ebenen der Wirtschaftspolitik zu unterscheiden.

Übersicht 1: Bereiche staatlicher Wirtschaftspolitik

	Ordnungspolitik	Ablaufpolitik
Einzelsteuerung	Einzelordnungspolitik - Produktionsverfassung (Unternehmensverfassung, Arbeitsrecht, Selbstverwaltung) - Marktverfassung (Planungs-, Lenkungs-, Regulierungs-, Wettbewerbsordnung, Gewerbeordnung)	Einzelablaufpolitik - Preispolitik (Mindest-, Höchst-, Fixpreise, Zölle, Subventionen) - Mengenpolitik (Absatzgarantien, Kontingente)
Struktursteuerung	Strukturordnungspolitik - Raumordnung - Ordnungsrahmen für Infra-, Regional-, Branchenstrukturplanung - Finanzausgleich	Strukturablaufpolitik - Regional- und Branchenstrukturpolitik (Infrastrukturvorleistungen, Anpassungs-, Erhaltungsmaßnahmen, Preis- und Mengenpolitik)
Niveausteuerung	Niveauordnungspolitik - Geldverfassung (Währungs-, Zentralbank-, Bankensystem) - Finanzverfassung (Steuersystem, Haushaltsordnung)	Niveauablaufpolitik - Geldpolitik (Diskont-, Mindestreserve-, Offenmarktpolitik) - Finanzpolitik (Einnahmen-, Ausgabenpolitik)

Dichotomie "Staat" vs. "Markt"

Gegenwartsbezogene Abhandlungen zur Wirtschaftspolitik gehen häufig von dem Idealbild einer "effizienten" Marktwirtschaft aus und betonen dann bestimmte Formen des "Marktversagens" als die allein mit jenem Idealbild zu vereinbarende Rechtfertigung für staatliche Interventionen in die Marktwirtschaft bzw. für Wirtschaftspolitik. Es handelt sich hierbei um folgende "Abweichungen":

(a) Natürliche Monopole (mit "scale economies")
(b) Öffentliche Güter (z.B. Stabilität)
(c) Externe Effekte (z.B. Bildung)
(d) Unvollkommene Informationen (z.B. Wetterdaten?)

Nicht ganz denselben logischen Status hat eine weitere, auch von Ökonomen häufig akzeptierte Begründung staatlicher Wirtschaftspolitik: Linderung der Ungleichheit der (marktbestimmten) Einkommensverteilung.

Die konkrete Auffüllung solcher "Ausnahmekataloge" wird in der gegenwärtigen wirtschaftspolitischen Literatur kontrovers diskutiert. Dort wird zuweilen darauf hingewiesen, daß an der Lösung der genannten Probleme andere institutionelle Formen zwischen "Staat" und "Markt", beispielsweise Verbände, beteiligt werden können. Zudem sind für Abweichungen vom Idealbild oft die staatlichen Interventionen selbst verantwortlich, weil der Staat seine Eingriffe häufig nicht auf jenen Ausnahmekatalog von Zuständen beschränkt.

Ökonomen haben zunehmend klar erkannt, daß Wirtschaftspolitik vom politischen System abhängt: Empfehlungen müßten entsprechend den jeweiligen politischen Institutionen und Spielregeln angepaßt werden. Deshalb greifen gegenwartsbezogene Darstellungen u.a. auch auf die sog. "Neue Politische Ökonomie" zurück, in der eine ökonomische bzw. marktwirtschaftliche Erklärung für das Verhalten von Politikern, Parteien, Staatsbürokratie uund Wählern gesucht wird. Die politisch Handelnden maximieren nach diesem Ansatz ihren eigenen Nutzen.

Dichotomie "Ziele" und "Instrumente"

Die Theorie der Wirtschaftspolitik unterscheidet zwischen Zielen und Instrumenten. Auf makroökonomischer Ebene stehen die Politikbereiche des "Magischen Vierecks" (Wachstum, Preisniveaustabilität, Vollbeschäftigung, außenwirtschaftliches Gleichgewicht) Maßnahmen wie z.B. Wechselkurs- oder Geldpolitik gegenüber. Bei der Betrachtung der Beziehung zwischen den beiden Aspekten tauchen zwei Probleme auf:

- Zieladäquanz. Es stellt sich die Frage, ob die verfügbaren oder vorgesehenen Instrumente geeignet sind, die festgesetzten Ziele zu erreichen. Möglich sind hierbei sowohl quantitative Defizite (mehr Ziele als Instrumente) als auch qualitative (grobes Instrument mit unerwünschten Nebenwirkungen z.B.).

- Zielkonflikte. Soll beispielsweise das Wirtschaftswachstum verstärkt werden, so kann sich das eventuell negativ auf die ebenso angestrebte Gleichheit der Einkommensverteilung auswirken. Derartige Konflikte lassen sich nicht durch Mängel wirtschaftspolitischer Instrumente erklären. Zudem ist es möglich, daß Ziele verschiedener Ebenen kollidieren: Beispielsweise sind zwischen dem ordnungspolitischen Ziel eines Wettbewerbsmarktes mit minimierter staatlicher Eingriffsintensität und dem Ablaufsziel der Preisniveaustabilität Konflikte denkbar.

Indikatoren

Eng mit der Ziel-Instrument Frage hängt das Indikatorenproblem zusammen. Um Wirtschaftspolitik konkret zu würdigen, müssen sowohl Ziele als auch der Mitteleinsatz (Instrumente) empirisch-beobachtbar sein. Bezüglich der Indikatoren sind zwei Überlegungen relevant. Die erste Frage zielt auf die prinzipielle Gültigkeit der Indikatoren. Man muß sich also vergewissern, daß diese Größen das messen, was sie messen sollen. Andererseits ist es nicht gewährleistet, daß die gewählten Indikatoren auch ausreichend genau messen. Es ist beispielsweise ungewiß, ob Beschäftigungswirkungen einer bestimmten Maßnahme durch die offizielle Arbeitslosenstatistik umfassend beschrieben werden können.

4. Historische Betrachtungsweise

Lernen aus der Geschichte der Wirtschaftspolitik für die Gegenwart setzt voraus, daß man jene Geschichte in die Sprache dieser Gegenwart übersetzen kann. Daher versuchte der vorstehende Abschnitt, einige der einschlägigen Begriffe und Bezugspunkte in Erinnerung zu rufen. Doch will eine historische Perspektive ihren eigenen Beitrag leisten und muß dafür besondere Prioritäten setzen. An dieser Stelle sollen einige dieser Besonderheiten eines historischen Ansatzes kurz angeführt werden.

Primat der Ordnungspolitik

Der komparative Vorteil der historischen Betrachtungsweise liegt bei der Behandlung von langfristig ablaufenden Veränderungen und Prozessen. In der Regel wird man Veränderungen von Wirtschaftsordnungen und auch ordnungspolitische Eingriffe als wesentlich längerfristig arbeitende Prozesse einstufen müssen als Ablaufpolitik. Um Ursachen und Wirkungen ordnungspolitischer Veränderungen zu deuten, ist ein historischer Ansatz unumgänglich! Letztlich geht es hier um die Beziehungen zwischen Staat und Wirtschaft, um die "Rolle des Staates" in Wirtschaft und Gesellschaft und um die Frage nach der Legitimität des staatlichen Handelns. Das ist eine Aufgabe für die Geschichte. Ein Weg, zu deren Bewältigung läßt sich in den folgenden Beiträgen über die verschiedenen wirtschaftspolitischen "Epochen", z.B. am Aufstieg des ökonomischen Liberalismus, gut aufzeigen. Allerdings sind wichtige Differenzierungen nötig. Der ökonomische Liberalismus war nicht international homogen, bedeutete keineswegs einen schwachen Staat oder gar eine unveränderte "Mischung von Staat und Markt" über Zeit.

Ursachen und Wirkung der Wirtschaftspolitik als Objekt

Mit diesem ersten Grundsatz hängt ein zweiter eng zusammen: bei einer langfristigen Betrachtung interessiert nicht nur die Effizienz einer gegebenen Wirtschaftspolitik im Hinblick auf ein gegebenes Ziel, sondern auch deren Ursachen: warum kommt es in bestimmten Zeiten zu einer bestimmten Art von Wirtschaftspolitik, zur Dominanz einer bestimmten Zielpriorität? Die Beziehung zum Primat der Ordnungspolitik liegt darin, daß diese sehr viel mit Zielen der Politik zu tun hat. Zur Erklärung wird man den wirtschaftlichen Strukturwandel, aber auch die sozio-politischen Rahmenbedingungen heranziehen müssen. Jedoch ist hierbei die Unterscheidung zwischen Ursachen und Wirkung einer gegebenen Wirtschaftspolitik zu beachten. Unter Umständen können z.B. gewisse ökonomische Interessen für eine gegebene wirtschaftspolitische Zielwende verantwortlich gemacht werden (britische Industrielle und Freihandel in den 1840er Jahren?). Aus der Identifizierung der vermeintlichen Nutznießer einer Politik läßt sich jedoch nicht unbedingt deren Ursache herleiten, umgekehrt auch nicht die Wirkung aus der Feststellung der Ursache. Dies ist eine Aufgabe für die historische Forschung.

Die Bedeutung nichtgeplanter Folgen staatlichen Handelns

Um das Werden der Wirtschaftspolitik zu verstehen, ist es nötig, auch auf staatliche Maßnahmen einzugehen, die in ihrer historischen Situation keineswegs als Wirtschaftspolitik mit bestimmten Zielen verstanden worden sind. Die Erkenntnis, daß bestimmte staatliche Handlungen spürbar auf die Wirtschaft einwirken, hinkte häufig diesen Aktivitäten nach. Sie trug dann jedoch zur Herausbildung systematischen wirtschaftspolitischen Denkens bei. Diese Dialektik dürfte z.B. besonders bei der Betrachtung der Epoche des Merkantilismus deutlich werden. Aber auch in der heutigen Wirtschaftspolitik gibt es eine "Grauzone" von Maßnahmen mit nichtökonomischer Zielsetzung, die erhebliche wirtschaftliche Auswirkungen haben können und daher explizit berücksichtigt werden müssen.

Irreversibilitäten historischer Prozesse

Das berechtigte Interesse, staatliches Handeln der Vergangenheit im Lichte heutiger wirtschaftspolitischer Erkenntnisse zu interpretieren, erwächst der Hoffnung, daß durch diese Vorgehensweise ein Lernen aus der Geschichte erleichtert wird. Dabei muß auf das Problem der Asymmetrie historischer und zukunftsgerichteter Betrachtungen hingewiesen werden. Zwei Aspekte sind hier relevant. Einerseits haben wirtschaftspolitische Maßnahmen einer Periode für die folgende Zeit Nachwirkungen, die zwar den später analysierenden Ökonomen und Historikern bekannt sind, nicht jedoch den damals Handelnden. Das klingt banal, aber das selbstverständliche Wissen um die Wirkungen darf die Forschung heute nicht dazu verleiten - unbewußt - diesen Erkenntnisstand auch der untersuchten Zeit zu unterstellen. Andererseits bringt jede Periode Veränderungen in der Wirtschaftsstruktur und in den sozialen und politischen Rahmenbedingungen hervor. Staatliches Handeln und auch staatliche Wirtschaftspolitik reagiert darauf und führt dann neue Erfahrungen und Gesichtspunkte ein, aus denen Handelnde in nachfolgenden Perioden Schlüsse ziehen. In diesem Fall wird aus der Geschichte gelernt. Genauso gut möglich sind Situationen, aus denen keine oder falsche Schlußfolgerungen gezogen werden, so daß sich "Fehler" prinzipiell wiederholen können. Die Geschichte der Wirtschaftspolitik muß diesen kumulativen Charakter historischer Prozesse unbedingt berücksichtigen.

II. Die merkantilistische Wirtschaftspolitik

Karl Christian Schaefer

Die merkantilistische Wirtschaftspolitik

Unter Merkantilismus wird in der Wirtschaftsgeschichte jene Wirtschaftspolitik verstanden, die während der Zeit des Absolutismus durch bewußt betriebene staatliche Wirtschaftsförderung eine Erhöhung des Wohlstandsniveaus der Nationalwirtschaft durch eine "Aktivierung" der Handelsbilanz zum Zweck einer Anhebung der Steuereinnahmen anstrebte. Der Merkantilismus bestimmte als theoretischer Ansatz zwischen 1650 und 1750 die Wirtschaftspolitik fast aller europäischen Regierungen.

A. Theoretische Grundlagen

Eine Wirtschafts*wissenschaft* gibt es erst seit Beginn der Neuzeit. Während des Mittelalters herrschte eine auf christlichen Dogmen gegründete Wirtschaftsethik vor; der Frühkapitalismus (14.-16. Jahrhundert) beschäftigte sich nur mit Fragen der praktischen Handelslehre. Erst seit der Zeitenwende (Beginn des 16. Jahrhunderts) begann eine Auseinandersetzung mit Wirtschaftsproblemen auf theoretischer Basis. Das Hauptgewicht dieser Analysen lag anfänglich auf geldtheoretischem Gebiet und verfolgte den Versuch, die Preisrevolution des 16. Jahrhunderts zu erklären (*Sir Thomas Gresham* [1519-1579], *Gasparo Scaruffi* [1519-1584], *Jean Bodin* [1530-1596]). Diese Überlegungen fußten oft auf der simplen Gleichsetzung: "Reichtumb, das ist Gelt".[1] Als Konsequenz aus solchen

1. Lotz, W. (Hg.), *Drei Flugschriften über den Münzstreit der sächsischen Albertiner und Ernestiner um 1530*. Leipzig 1893 (zit. nach Blaich, *Merkantilismus*, S. 13).

Überlegungen wurde gefordert, ein generelles Ausfuhrverbot für Edelmetall bzw. Geld zu erlassen. Wegen ihrer einseitigen Ausrichtung auf die Ein- und Ausfuhr von Gold werden die Vertreter dieser Theorien *Bullionisten* genannt.[2]

Die Wirtschaftstheorie des Merkantilismus verknüpfte diese monetaristischen Überlegungen mit Erkenntnissen über das Wesen der Zahlungsbilanz. *Thomas Mun* (1571-1641) argumentierte in seinem Hauptwerk *Englands Treasure by Forraign Trade*, daß Geldausfuhr dann nicht negativ für das englische Staatsvermögen sein könnte, wenn ein Warenimport die notwendige Grundlage für einen späteren profitablen Export darstellte; damit gelang erstmals eine logische Trennung der Begriffe Reichtum und Geld. Zum anderen wies *Mun* auf die Bedeutung der Handelsbilanz als Indikator für die Vermehrung oder den Rückgang des Staatsschatzes hin und schuf damit eine Außenhandelstheorie, die sich vom Blick auf die Abflußseite der Kapitalverkehrsbilanz löste und ihr Hauptaugenmerk auf die Gesamtbilanz richtete. *Mun* zog aus seinen Erkenntnissen die wirtschaftspolitischen Forderungen, die Importe zu beschränken und nur für Rohstoffe des verarbeitenden Gewerbes zu erlauben, die Exporte zu fördern, den ausländischen Zwischenhandel zu behindern und das ausländische Transportgewerbe zugunsten der eigenen Dienstleistungsunternehmen möglichst auszuschließen. Dabei ging *Mun* von einem relativ unveränderbaren Handelsvolumen aus und folgerte, "One man's loss is another man's gain". Gewinne einer Volkswirtschaft im internationalen Wirtschaftsverkehr waren demzufolge nur bei gleichzeitigen Verlusten anderer Volkswirtschaften möglich.

Die Thesen Muns bestimmten die wirtschaftstheorische Diskussion im merkantilistischen England nachhaltig. Sie stellten den Kern der Theorie des englischen Merkantilismus dar und wurden in den nächsten hundert Jahren nur in den drei Bereichen der Beschäftigungstheorie, der Monopoldiskussion und der Kolonialfrage entscheidend erweitert.

Im Bereich der Arbeitsmarkttheorie folgte aus der Forderung der Exportförderung die Notwendigkeit, alle Güter sowohl kostengünstig als auch in ausreichender Menge herzustellen. Importe sollten auf diese Weise durch eigene Produktion

2. Die Frage, ob und ggf. inwieweit die Bullionisten als Merkantilisten oder nur als deren Vorläufer gelten sollen, ist äußerst umstritten. Vgl. dazu Blaich, *Merkantilismus*, S. 10 ff. und Stavenhagen, *Wirtschaftstheorie*, S. 19 ff.

substituiert (und damit ein Reichtumsverlust durch Goldabfluß vermieden) und die eigenen Exporte an den Auslandsmärkten konkurrenzfähig (und damit als Quelle neuen Goldzuflusses genutzt) werden. Notwendige Voraussetzungen dafür waren, daß die menschliche Arbeitskraft einerseits billig und andererseits in größerem Maße als bislang in der gewerblichen Produktion eingesetzt werden mußte. Also erschien eine Rekrutierung von Arbeitslosen oder bedingt Nicht-Arbeitsfähigen in Arbeitshäusern bei niedrigem Lohn sinnvoll: "Industrious people are the wealth of a nation" (*John Cary* [+1720]).[3] Damit wurde zugleich erreicht, daß dem Pauperismus gesteuert wurde. - *William Petty* (1623-1687) erkannte darüber hinaus sowohl die Vorteile der arbeitsteiligen Produktion als auch die Multiplikatoreffekte, die von staatlichen Arbeitsbeschaffungsmaßnahmen ausgehen können. Er vertrat in seinem Hauptwerk *Treatise of Taxes and Contributions* die Ansicht, die Art der Beschäftigung sei angesichts des durch solche Maßnahmen hervorgerufenen Nachfrageimpulses völlig unwichtig; Arbeitsbeschaffung wäre selbst dann sinnvoll, wenn die Arbeitslosen dazu verwendet würden, "to build a useless pyramid upon Salisbury Plain, bring the Stones at Stonehenge to Tower-Hill, or the like".[4]

In der Frage nach der optimalen Organisation des Außenhandels stand in England die Diskussion der monopolisierten Handelsgesellschaft im Vordergrund. Hier vertraten die meisten Theoretiker prinzipiell eine strikte Ablehnung von Monopolbetrieben, sahen in einzelnen bestimmten Monopolgesellschaften aber auch volkswirtschaftliche Vorteile (z. B. *Josiah Child* [1630-1698] und *Charles Davenant* [1656-1714]). Zumeist wurde eine Privilegierung oder Monopolisierung von Handelsunternehmen auf dem Inlandsmarkt bekämpft, aber im Verkehr mit dem Ausland akzeptiert.

Kolonien stellten im Hinblick auf den Arbeitsmarkt zunächst einen Nachteil für die Volkswirtschaft dar, weil mit der Auswanderung immer ein Verlust an Arbeitskraft verbunden war. Andererseits bildeten Kolonisten Abnehmer der gewerblichen Produktion des Mutterlandes, und sie lieferten notwendige Rohstoffe, die andere souveräne Staaten aus außenpolitischen oder außenwirtschaftlichen Gründen möglicherweise nicht exportierten. Daher wollte *John Cary* beispielsweise

3. Blaich, *Merkantilismus*, S. 48.
4. Blaich, *Merkantilismus*, S. 39.

die Kolonisation einzelner Territorien durch das Mutterland danach ausrichten, in welchem Maße diese Kolonien den Beschäftigungsgrad des Mutterlandes erhöhen könnten.

Der letzte bedeutende englische Theoretiker des Merkantilismus war *James Steuart* (1712-1780). Obwohl er mit der Formulierung der fundamentalen Marktgesetze von der Preisbildung aus dem Verhältnis von Angebot und Nachfrage unter Berücksichtigung von Konsumelastizitäten bereits eine Marktinterpretation verfolgte, die auf den Liberalismus *Adam Smiths* hinwies, glaubte er doch an die Notwendigkeit einer staatlichen Lenkung der Wirtschaft, um die Erkenntnis von Marktungleichgewichten schneller in Anpassungsprozesse umsetzen zu können, als dies der Markt selbst gewährleisten könnte.

Die Ausrichtung der praktischen Wirtschaftspolitik der Regierungen auf die Theorie der Merkantilisten erfolgte selbstverständlich nur in der Hoffnung, daß aus einer neuen Wirtschaftspolitik zugleich neue Steuern fließen würden. Dieser Grundsatz hatte vor allem für Deutschland Bedeutung, das durch den Dreißigjährigen Krieg weithin verwüstet und in eine Vielzahl teilsouveräner Fürstentümer zersplittert war. Die Hoffnung auf fiskalische Vorteile führte in mehreren Territorien zur Einrichtung wirtschaftswissenschaftlicher Lehrstühle an Universitäten, von deren Forschungsergebnissen die Landesherren praktische Vorschläge für ihre Wirtschafts- und Fiskalpolitik erwarteten. Dieser Einbindung in die *Kameralia* der Fürsten verdankt der deutsche Merkantilismus seinen Namen *Kameralismus*. Seine Einbindung in die Theorie des absolutistischen Staates spiegeln die Titel der Hauptwerke von *Veit Ludwig von Seckendorff* (1626-1692: *Teutscher Fürsten-Stat* [1667]) und von *Philipp Wilhelm von Hornigk* (1640-1714: *Oesterreich über alles, wann es nur will* [1684]). Vergleichsweise extrem war *Wilhelm von Schröder* (1640-1688), dessen Theorien F. Blaich dahingehend zusammenfaßte, "daß alle wirtschaftliche Tätigkeit dem Wohl des Fürsten dienen müsse".

Johann Joachim Becher (1635-1682) formulierte für die praktische Wirtschaftspolitik die Aufgabe, das durch den Dreißigjährigen Krieg verwüstete und entvölkerte Land "Volckreich und Nahrhafft zu machen, und in eine rechte Societatem civilem zu bringen" (so der Untertitel seines *Politischen Discurs*). Dazu verlangte er die Ausweitung der Inlandsnachfrage (*consumtio interna*) und die "Herstellung einer richtig proportionierten Struktur der Wirtschaftszweige eines Landes". Nur unter Beachtung der sektoralen Interdependenzen könnte die merkantilistische Auffassung, "Je mehr Menschen an einem Ort zusammenkommen, desto mehr können voneinander leben", einen Sinn ergeben.[5]

Wilhelm v. Schröder regte an, mit Hilfe landesfürstlicher Wechsel eine Geldschöpfung zu treiben, um so der Volkswirtschaft einen monetären Impuls zu geben. Hierin folgte ihm *Theodor Ludwig Lau* (1670-1740), der auf eine Erhöhung der Umlaufgeschwindigkeit des Geldes hoffte: "Der Wert des Geldes besteht einzig in seiner Verkehrung: je öffter es aus einer in eine andere Hand rouliret, je mehr bringet es seinem Eigenthümer ein. Wann aber in Cästen es verschlossen lieget, ist es kein Gold, sondern eine Todte und inutile Erde; und je mehr davon steril liegend [...]: je stärker wird dadurch aller Handel und Wandel geschwächet und verhindert." (*Entwurff einer wohleingerichteten Policey*)[6]

Joseph von Sonnenfels (1733-1817) gilt als der entschiedenste Vertreter der "Populationistik", die in einer Erhöhung der Bevölkerungszahl den eigentlichen Anlaß für eine Fortentwicklung der Volkswirtschaft sah. Als Mittel einer erfolgreichen Bevölkerungspolitik nannte *Sonnenfels* eine öffentliche Arbeitsbeschaffung, Einrichtung neuer Manufakturen und Verbesserungen in der Landwirtschaft. In der Agrarpolitik forderte er eine staatliche Unterstützung für Kleinbetriebe und die Auflösung von Großbetrieben und Domänen. In der Gewerbepolitik gab er einer Sicherung von Handarbeit den Vorzug vor der Einführung neuer, maschineller Fertigungstechniken. Entsprechend bewertete er auch den Zahlungsbilanzüberschuß im Außenhandel nicht wertmäßig, sondern nach dem Kriterium, ob der Außenhandel positive Beschäftigungswirkungen hätte. "So wandelt sich bei ihm die Handelsbilanz in eine Beschäftigungsbilanz." (F. Blaich)[7]

In Frankreich war die theoretische Auseinandersetzung mit Wirtschaftsfragen während der Ära *Ludwig XIV.* weitaus geringer, als es die Umsetzung der merkantilistischen Wirtschaftstheorie in praktische Politik erwarten läßt. Erwäh-

---

5. Blaich, *Merkantilismus*, S. 62.

6. Blaich, *Merkantilismus*, S. 71.

7. Zum theoretischen Gehalt des Merkantilismus Blaich, *Merkantilismus*, S. 32 - 94 u. Stavenhagen, *Wirtschaftstheorie*, S. 18 - 28.

nenswert sind allein Einzelschriften des Festungsbau-Marschalls *Sébastien le Prestre de Vauban* (1633-1707), von denen einige jedoch auf Geheiß *Ludwig XIV.* verboten wurden. Erst unter *Ludwig XV.* nahm die theoretische Auseinandersetzung mit Wirtschaftsfragen wieder zu, ging nun aber nicht mehr in die merkantilistische Richtung, sondern verfolgte *physiokratische* Gedanken. Diese von *Francois Quesney* (1694-1774) begründete französische Schule ging von volkswirtschaftlichen Kreislaufmodellen aus und bewertete den Agrarsektor als den einzigen Wirtschaftsbereich, in dem Reinerträge (i. S. neuer Güter) produziert werden könnten; Handel und Gewerbe dagegen schafften keine neuen (Roh-) Produkte, sondern verarbeiteten nur bereits vorhandene Güter.

B. Die Wirtschaftspolitik in ausgewählten europäischen Staaten

1. England

England trat in das 17. Jahrhundert mit Voraussetzungen ein, die so günstig in keinem anderen europäischen Staat vorlagen: Das Königreich England war eine Insel, dessen einziger Anrainer Schottland in engsten dynastischen Beziehungen zur englischen Krone stand (wodurch im Kriegsfall die Möglichkeit von Verwüstungen durch gegnerische Landtruppen praktisch entfiel), und es war frei von Binnenzöllen, die die europäische Wirtschaft in fast allen Staaten hemmten. Zudem war das Königreich spätestens seit dem Angriff der spanischen Armada (1588) zum Aufbau einer Flotte geschritten, die den Wirkungskreis der englischen Militärmacht vervielfachte und damit ein Mittel auch für eine aggressive Außenpolitik schuf.

Im Zeitalter der Tudors und Stuarts befand sich die englische Volkswirtschaft in einem tiefen Umbruch, weil sich die Landwirtschaft durch den Prozeß der Einhegungen vom mittelalterlichen Genossenschaftssystem zu einem frühkapitalistischem Wirtschaftssystem veränderte. Zumindest bis zur Mitte des 17. Jahrunderts waren die Folgen einerseits eine erhöhte Rentabilität der Landwirtschaft, andererseits eine verstärkte Arbeitslosigkeit in der Landarbeiterschicht. Dadurch erlebte das Gewerbe einen Aufschwung und schritt zum Aufbau von größeren Produktionskomplexen (vor allem im Textilsektor); ein weiteres Absinken des Lohnniveaus konnte jedoch nicht verhindert werden (der Lohn eines Zimmermanns war von 1480 bis 1630 auf ein Drittel gefallen). Noch 1634 verbot *Karl I.* (reg. 1625-1648) den Bau einer mechanischen Sägemühle, weil sie viele Holzsäger arbeitslos machen würde.

Bereits unter *Elisabeth I.* (reg. 1558-1603) begann die Krone mit außenwirtschaftlichen Schutzmaßnahmen für die eigene Wirtschaft. Der Außenhandel wurde durch die Gründung und staatliche Förderung von Außenhandelskompanien unterstützt (1554 Moskovy Company, 1581 Levante Company, 1600 East India Company) und durch den Ausschluß auswärtiger Handelsunternehmen (1598 Schließung des hansischen Stalhofs) gestärkt. Eine Verselbständigung des englischen Kapitalmarktes sollte durch die Eröffnung einer Londoner Börse 1571 erreicht werden. Weniger eindeutige Ziele wurden mit der Gründung erster Überseekolonien (1584 Gründung von Virginia durch *Sir Walter Raleigh*) verfolgt. Doch erlaubte es gerade diese Gründung, den im Gefolge des Dreißigjährigen Krieges auftretenden Krisenerscheinungen (Depressionen und Hungerkrisen 1629-32, 1638) durch die Möglichkeit der Auswanderung ein wenig zu steuern.

Unter *Jakob I.* (reg. 1603-25) kam es 1620 zu einer Absatzkrise für englische Textilprodukte auf dem Festlandsmarkt, auf die die Regierung erstmals mit der Einberufung einer Sachverständigenkonferenz (u. a. *Mun* und *Misseldon*) reagierte. Damit wurde in England die Frage der staatlichen Wirtschaftspolitik, allen Versuchen zur Einrichtung eines absolutistischen Regierungssystems zum Trotz, zur öffentlich diskutierten Frage. Kontroversen um die Wirtschaftspolitik entstanden in erster Linie durch die Gegensätze der agrarisch ausgerichteten Landadelsschicht und der sich bildenden gewerblich-industriellen Unternehmerschicht. Während jene einen Arbeitskräftemangel im Agrarsektor durch einen von der entstehenden Industrie ausgelösten Mobilitätsschub am Arbeitsmarkt befürchteten und für staatliche Preis- und Lohnregulierungen eintraten, forderten diese eine noch weitergehende Mobilität der Arbeitskräfte durch die Abschaffung jeder Schollenpflichtigkeit sowie Schutzzölle und merkantilistische Gewerbeförderung.

Karl I. (reg. 1625-1648) bezog, obwohl er selbst aus dem agrarisch interessierten Adel stammte, keine klare Position, so daß der Konflikt bis in den Bürgerkrieg hinein (1642-48) in der Schwebe blieb. Während des Bürgerkriegs jedoch hatten sich die puritanischen Unternehmer für das Parlament, der Landadel für den König entschieden, so daß nach dem Sturz der *Stuarts* unter der Diktatur *Cromwells* (1653-58 als Lordprotektor) die merkantilistischen Strömungen die agrarischen zu dominieren begannen. 1651 wurde die Navigationsakte erlassen, die bestimmte, daß alle überseeischen Handelsgüter, die nach oder von England kamen, immer auf englischen Schiffen transportiert werden mußten; im europäischen Handel durften die Waren auch auf Schiffen des Herkunfts- bzw. Bestimmungslandes transportiert werden. Ziel dieses Gesetzes war es, den Ertrag des holländischen, hansischen und französischen Zwischenhandels zugunsten des englischen Transportgewerbes einschneidend zu reduzieren. Dieses Gesetz, das zunächst eher deklamatorischen als rechtlichen Charakter hatte, sollte in der Folge insbesondere für die wirtschaftliche Entwicklung der englischen Kolonien von einer das englische Mutterland einseitig bevorteilenden Bedeutung werden. Das Primat der Wirtschaftspolitik lag nun eindeutig bei der merkantilistischen Außenhandels- und Gewerbeförderung.

Auch die Restauration der *Stuarts* unter *Karl II.* (reg. 1660-85) und *Jakob II.* (reg. 1685-1688) änderte an dieser Gewichtung nichts. So resumierte *Karl II.*: "Die Sache, die dem Herzen dieser Nation am nächsten liegt, ist der Handel und alles, was dazu gehört."[8]

Diesem Handel diente die Wirtschaftspolitik. *Karl II.* erneuerte Ausfuhrverbote für englische Wolle und versuchte, den Inlandsabsatz englischer Wollprodukte beispielsweise durch ein Gesetz zu fördern, das für alle Verstorbenen eine Einkleidung in einheimisches Wolltuch für die Beisetzung vorschrieb. Die Einfuhr ausländischer Textilprodukte wurde verboten bzw. mit Prohibitivzöllen belegt (1649/64/67 für französische Produkte, Calico-Act 1721).

Das Armengesetz von 1662 reagierte auf den zunehmenden Pauperismus, der auf den Arbeitsunwillen der Bettler zurückgeführt wurde, mit einer Arbeitspflicht für die arbeitslose Unterschicht; später wurden bei mangelnder Arbeitsmöglichkeit Arbeitshäuser eingerichtet, die zunächst von Privaten betrieben, dann aber 1723 wegen Unrentabilität verstaatlicht wurden. Im Textilsektor herrschte regional sogar ein Arbeitskräftemangel (bedingt auch durch technische Verfahren, die nur bestimmte Körpergrößen zuliessen), so daß sich die Kinderarbeit vom Agrarsektor

8. Durant, *Kulturgeschichte XII*, S. 271.

nun auch in der mechanischen und von da aus in der handwerklichen Produktion des gewerblichen Sektors verbreitete. 1720 wurden Zusammenschlüsse von Arbeitern gesetzlich verboten. Auf diese Weise wollte das Unterhaus das inländische Preisniveau niedrig halten, um das Gewerbe international wettbewerbsfähig zu erhalten. Zugleich wurden Mindestlöhne verordnet, die ein Existenzminimum garantieren sollten. Diese waren aber kaum durchsetzbar: 1756 wies das Parlament den Friedensrichtern gesetzlich die Aufgabe zu, die Einhaltung der Mindestlöhne zu kontrollieren, aber bereits ein Jahr später hob es dieses Gesetz wieder auf. - Um die Produktivität der Arbeitsleistung im Gewerbe zu steigern, wurde eine Einwanderungspolitik betrieben, die beispielsweise 1672 gezielt Facharbeiter aus den Niederlanden und 1685 Hugenotten aus Frankreich anwarb. Eine solche Öffnung des Arbeitsmarktes für Einwanderer erlaubte im Gegenzug eine weitgehende Vernachlässigung der Handwerkerausbildung im Inland, die als Folge der weitgehenden Aufhebung von Zunftvorrechten eintrat. - Schutzzölle und Einfuhrverbote verhängte die Regierung auch auf Agrarimporte, sowohl solche aus Holland und Frankreich als auch auf solche aus Irland und Schottland (1669). In Ergänzung hierzu zielten die *corn laws* (1689) mit ihrem Ausfuhrverbot für englisches Getreide auf die Sicherstellung der inländischen Lebensmittelversorgung.

Um den Außenhandel gegen holländische und französische Konkurrenz zu unterstützen, führte die englische Krone auch Kriege. In drei wechselvollen Seekriegen (zwischen 1652 und 1674) drängte sie die niederländische Konkurrenz erfolgreich aus den eigenen Märkten. Der Kampf mit Frankreich dagegen sollte erst nach 1688 ausbrechen und das ganze merkantile Zeitalter hindurch andauern, bis auch er, zuletzt im Pariser Frieden von 1763, mit einem englischen Sieg endete. Die Ursachen dieser Kriege waren selbstverständlich nicht allein wirtschaftspolitischer Natur, die englische Flotte nicht allein Instrument merkantilistischer Kapitalisten, aber es ist doch unübersehbar, daß sich die anderen Kriegsursachen immer mit dem Motiv des Wirtschaftskrieges ergänzten und damit dem Parlament (das endgültig in der *Declaration of Rights* von 1689 sein Steuerbewilligungsrecht durchgesetzt hatte) die Zustimmung zu den Kriegskosten erheblich erleichterten.

Ausgangspunkt für einige dieser kriegerischen Auseinandersetzungen waren die englischen Kolonien. Diese wurden seit Beginn des 17. Jahrhunderts entweder als Siedlungskolonie oder als Handelsstützpunkt gegründet. Unabhängig von ihrem rechtlichen Status - neben staatlichen Niederlassungen (Kronkolonie Virginia seit

1624) gab es Kolonien privater Siedlungsgesellschaften (Maryland seit 1631) und Niederlassungen privilegierter Handelsgesellschaften (Madras seit 1639) - stand die englische Krone militärisch für den Erhalt dieser Kolonien ein. Es ist bezeichnend für die Anschauung, daß die internationale Wirtschaft nur ein permanenter Wirtschaftskrieg aller gegen alle wäre, daß die längste Friedensperiode der englischen Geschichte während dieser Epoche (1721-39 unter Prime Minister Robert Walpole) zu Ende ging, weil die Südsee-Kompanie einen Handelsvertrag mit Spanien unredlich ausgelegt hatte und daraufhin Spanien dem Inselreich den Krieg erklärte.

Die Kolonien standen handelspolitisch kaum günstiger zum englischen Mutterland als souveräne Drittländer: England errichtete Zollgrenzen gegen die Kolonien, variierte die Zollsätze vom reinen Fiskalzoll bis zum Prohibitivzoll und verordnete die Nutzung englischen Transportraums für den Export aus den Kolonien. Der Export von Rohstoffen aus den nordamerikanischen Kolonien nach England unterlag häufig weniger Einschränkungen als der Handel zwischen Nachbarkolonien. In einem Fall (die nordamerikanischen Kolonien) nahm die englische Regierung zur Durchsetzung ihrer Steuer- und Zollforderungen sogar einen Unabhängigkeitskrieg der Kolonie in Kauf (1775-1783).

Der internationale Handel wurde allein durch bilaterale Handelsverträge befriedet. Die wichtigsten waren 1670 ein Geheimvertrag mit Frankreich (der sich gegen die Niederlande richtete), 1703 der Methuen-Vertrag mit Portugal, 1713 der Asiento-Vertrag mit Spanien und 1734 ein englisch-russischer Handelsvertrag. Die Mehrzahl der Verträge wurde durch Kriegserklärungen obsolet (1689 der Vertrag mit Frankreich, 1739/50 der Asiento-Vertrag). Alle Handelsverträge verfolgten wirtschaftsegoistische Ziele: der Methuen-Vertrag erlaubte England einen unbeschränkten Textilexport nach Portugal (der in der Folge die im Entstehen begriffene portugiesische Tuchindustrie zusammenbrechen ließ) gegen die unbeschränkte Weineinfuhr aus Portugal (der in Folge den französischen Burgunderwein vom englischen Markt verdrängte).

Die Abkehr von den merkantilistischen Prinzipien in der englischen Wirtschaftspolitik kam langsam und kaum merklich. Die Aufhebung des Gesetzes, das die Kontrolle der Mindestlöhne durch die Friedensrichter vorgesehen hatte (1757), fußte bereits auf Überlegungen, den Marktkräften selbst die Gestaltung der

Lohnhöhe zu überlassen. Im Außenhandel dagegen war der *Eden-Vertrag* von 1783 zwischen England und Frankreich der erste Handelsvertrag, der den Auffassungen des Freihandels folgte.

Resümierend läßt sich der englische Merkantilismus als eine Politik der staatlichen Außenhandelsprotektion mit flankierenden gewerbepolitischen Staatseingriffen zur Erreichung eines Leistungsbilanzüberschusses charakterisieren.

2. Frankreich

Die Wirtschaft Frankreichs war zu Beginn des 17. Jahrhunderts anders strukturiert als die englische, so daß sich einer merkantilistischen Wirtschaftspolitik ganz andere Ansatzpunkte boten. Die ersten wirtschaftspolitischen Maßnahmen dienten der Erschließung eines Binnenmarktes durch Baumaßnahmen im Verkehrssektor, die unter *Heinrich IV.* (reg. 1589-1610) begannen und sich bis in die Zeiten *Ludwig XIV.* (reg. 1643-1715) hinein fortsetzten und Chaussee- und Kanalbauten (Canal du Midi 1681) umfaßten. Die Vereinheitlichung des Inlandsmarktes sollte durch die Aufhebungen von Inlandszöllen erreicht werden, aber nur die Hälfte des französischen Staates wurde tatsächlich von Binnenzöllen befreit (1664). Erfolg hatte dagegen die Vereinheitlichung das französischen Rechtswesens (*ordonance civil* 1667).

Der bedeutendste Vertreter dieser französischen Merkantilismuspolitik war *Jean-Baptiste Colbert* (1619-1683), seit 1665 Generalkontolleur der Finanzen, seit 1669 auch Staatssekretär des königlichen Haushalts. Er entwickelte eine eigene Spielart des Merkantilismus, die nach ihm *Colbertismus* genannt wird und zu einem Vorbild für Süd- und Mitteleuropa wurde. Colbert sah die Hauptaufgaben seiner Wirtschaftspolitik darin, den Warenexport Frankreichs zu forcieren, um so die Goldeinfuhren nach Frankreich zu steigern und die Zahl der Arbeitslosen zu vermindern. 1664 schätzte er selbst die Warenausfuhr Frankreichs auf 12 bis 18 Mio. Livres, und eine Million neuer Arbeitsplätze sollte in den Manufakturen neugeschaffen werden.[9]

---

9. Denkschrift Colberts von 03.08.1664, zit. in Moser, A. u. a. (Hg.), *Politische Weltkunde I/3.* Stuttgart 1872, S. 51.

Das Ziel seiner Wirtschaftspolitik war ein florierendes Gewerbe und Handwerk, an dessen Bedürfnissen sich Handel und Landwirtschaft zu orientieren hatten. Der Gewerbeförderung sollte eine staatliche und halbstaatliche Aufsicht über die Produktionsbedingungen dienen, die dem Abnehmer eine stets gleich hohe Produktqualität verbürgte. Dazu begründete bzw. erweiterte *Colbert* die Kontrollfunktionen der Zünfte, oder er übernahm die Produktion direkt in staatliche Regie (Pariser Gobelinmanufaktur). Vor allem Luxusgüter, deren Transportkosten von relativ geringer Bedeutung für den Verkaufspreis an den Auslandsmärkten waren, wurden hergestellt, und Spitzenprodukte erhielten ein königliches Gütesiegel. Neue Unternehmen bekamen Steuernachlässe, eine Monopolstellung am Inlandsmarkt oder staatliche Darlehen. *Colbert* ließ Handwerker aus dem Ausland anwerben, um mit Hilfe ihres technischen Wissens in Frankreich neue Produktionsverfahren einzuführen (Weberei feinen Tuches in Abbeville durch *Van Robais*). *Colbert* führte in Frankreich den Anbau von Maulbeerbäumen ein, um das Seidengewerbe von seiner Importabhängigkeit zu befreien, und *Ludwig XIV.* besuchte Manufakturbetriebe, um das Interesse der Krone an der Gewerbeentwicklung zu demonstrieren; einzelne Unternehmer wurden geadelt.

Die Arbeitskräfte unterstanden einer fast militärischen Disziplin. Regierungsmaßnahmen förderten eine Verlängerung der Arbeitszeiten durch eine Reduzierung der kirchlichen Feiertage, und niedrige Löhne sollten durch ein Streik- und Versammlungsverbot für Arbeiter gesichert werden. Die Arbeitsdisziplin wurde in detaillierten staatlichen Rahmenverordnungen geregelt, die von den Arbeitgebern ergänzt und deren Einhaltung von ihnen überwacht wurden. Der Staat förderte die Kinderarbeit, und Findelkinder in staatlicher Obhut wurden, wenn sie irgendwie arbeitsfähig waren, als Arbeitskräfte an die Zünfte vermittelt, ohne daß die Kinder Einspruch erheben konnten.

Der Lenkung des Außenhandels diente die Zollpolitik, die einerseits die bestehenden Fiskalzölle auf Importe 1667 zu Prohibitivzöllen steigerte oder generelle Einfuhrverbote verhängte (der Zoll auf eingeführtes englisches Tuch stieg von 6 Livres 1632 über 30 Livres 1654 auf schließlich 80 Livres 1667), und andererseits die Ausfuhrzölle senkte oder aufhob. Die Kriegsflotte, die den Schutz des Seetransports übernehmen sollte, wurde von 20 auf 270 Einheiten ausgebaut, bis sie nächst England und Holland zur drittstärksten der Welt geworden war. Mit ihrer

Hilfe gelang die Errichtung überseeischer Kolonien und Handelsstützpunkte (bereits 1603 Neufundland, Haiti 1659). Die Handelsflotte verdoppelte sich zwischen 1670 und 1683 und verfügte über 80.000 t Handelsschiffraum gegenüber 560.000 t in England und je 100.000 t in den Niederlanden und den Hansestädten. Um den Kolonialhandel zu organisieren, gründete Colbert nach englischem und niederländischem Beispiel Handelskompanien auf Aktienbasis, die mit weitreichenden Privilegien versehen wurden. Er nötigte in einzelnen Fällen auch Adlige gegen ihren Willen, zur Finanzierung dieser Kompanien beizutragen, denn diese Kompagnien waren nicht beliebt, weil sich *Ludwig XIV.* beharrlich weigerte, den Aktionären Einblick in die Geschäftstätigkeit der Kompanien zu gewähren und die Dividenden autokratisch festsetzte.

Die Wirtschaftspolitik *Colberts* beschränkte sich nicht auf Rahmengesetzgebung, sondern sie bediente sich detailliertester Durchführungsverordnungen. Herstellungsmethoden, Maße und Farben der Erzeugnisse sowie Arbeitsbedingungen und -zeit wurden reglementiert, und die Produktion der Handwerksbetriebe von (halb-) staatlichen Kontrollorganen geprüft und gegebenenfalls nicht zum Verkauf zugelassen. 1664 rief *Colbert* den *conseil du commerce* ins Leben, der aus könglichen Beamten und Abgesandten der Gewerbezentren zusammengesetzt war, um Einfluß auf die Entwicklung der einzelnen Gewerbezweige zu nehmen. Ihm unterstand ein Heer von Fabrikinspektoren, die die Einhaltung der Gewerbeverordnungen kontrollierten.

Dieser Dirigismus war nach *Colberts* Verständnis jedoch nicht Selbstzweck, sondern er sollte dazu dienen, durch Qualitätsgarantien den französischen Exportwaren einen Auslandsmarkt zu erschließen, und dort, wo die Privatinitiative fehlte, staatliche Musterbetriebe einzurichten, die private Nachahmer nach sich ziehen sollten.

Das System des französischen Merkantilismus überlebte seinen Schöpfer nicht lange. Schon zur Jahrhundertwende erkannte der *conseil de commerce*, daß sich Frankreich "von dem Grundsatz des Herrn Colbert [freimachen muß], der behauptete, daß Frankreich die übrige Welt nicht nötig habe und daß wir das Ausland obendrein zwingen könnten, bei uns zu kaufen".[10] Die Regierung folgte

10. Weis in: Schieder (Hg.), *Handbuch IV*, S. 192.

dieser Einsicht, und nach 1700 wurden nacheinander Dünkirchen, Marseille, Bordeaux und Bayonne zu Freihäfen erklärt. Nach 1713 hob Frankreich in einer Reihe von Handelsverträgen die Prohibitivzölle auf und ging zu einer importfreundlicheren Außenhandelspolitik über. - Dagegen blieben die Arbeitsverordnungen bis in die Zeit der Französischen Revolution bestehen, und auch in der Kolonialpolitik traten keine Änderungen ein.

3. Deutsches Reich

Deutschlands Eintritt in das merkantilistische Zeitalter war durch die Auswirkungen des Dreißigjährigen Krieges geprägt. Die Bevölkerungszahl fiel zwischen 1620 und 1650 von 16 Mill. auf 10 Mill.; in Südwestdeutschland und Brandenburg/Pommern ging sie um zwei Drittel zurück. Die Produktionsstätten für Landwirtschaft und Gewerbe waren weitgehend zerstört, das Verkehrswesen zerrüttet. Der internationale Handel, der auf Strom- und Seeschiffahrt angewiesen war, litt darunter, daß die Mündungen der großen mitteleuropäischen Ströme an Schweden und die Niederlande abgetreten worden waren und so der Zugang zu Nord- und Ostsee von der Steuer-, Zoll- und Stapelpolitik dieser Nachbarstaaten abhängig wurde.

Die Souveränität der deutschen Fürsten wurde im *Westfälischen Frieden* (1648) derart ausgeweitet, daß den verbliebenen Reichsbehörden nur mehr geringe Möglichkeiten blieben, eine reichsweite Wirtschaftspolitik zu betreiben. Währungsexperimente vermehrten während und nach dem Kriege die bereits aus dem Mittelalter übernommene Münzvielfalt bis zur vollständigen Unübersichtlichkeit. Dennoch gab es bis zur Jahrhundertwende immer wieder Versuche der Fürsten zu einem *deutschen Reichsmerkantilismus* (I. Bog).

Von *Friedrich Wilhelm*, dem *Großen Kurfürsten* von Brandenburg (reg. 1640-88), ging 1675 ein Versuch aus, im Rahmen des von ihm noch als wirtschaftliche Einheit verstandenen Reiches vor allem in engem Zusammengehen mit Österreich eine gegen Frankreich gerichtete Außenhandelspolitik zu betreiben. Ein brandenburgisches Memorial *wider die Einführung und Verkaufung der französischen Waaren und Manufakturen im Reich* wurde im Reichstag dahingehend erläutert, daß nicht vorrangig eine den Reichskrieg gegen Frankreich (1674-79) flankierende Maßnahme angestrebt würde, sondern der Antrag ausschließlich volkswirtschaftliche Gründe hätte: "so könnten etliche 100 000 Personen in Teutschland mehr ernehret, von dem schädlichen müssiggang abgehalten, und mithin auch daß gelt und volck in Teutschland conserviret werden".[11] Zwar wurde im Reichstag ein entsprechendes Gesetz schnell verabschiedet, aber bereits mit dem Friedensschluß von 1679 hoben viele Reichsstände, deren Zustimmung zu den Importverboten eben nicht volkswirtschaftlich, sondern außenpolitisch motiviert war, ihre Importverbote wieder auf.

Aber fiskalische Erwägungen bewogen im folgenden nahezu alle Reichsstände, den Wert einer Wirtschaftspolitik allein an der Vorteilhaftigkeit für den eigenen Staat zu messen; Wirtschaftspolitik wurde zur "Ländersache" und war eher durch ein Gegeneinander als durch ein Miteinander der deutschen Staaten gekennzeichnet. Die Versuche des *Kaisers Leopold I.* (reg. 1658-1705), die Auseinandersetzungen mit dem Frankreich *Ludwigs XIV.* zu einer Belebung des Reichsgedankens (politisch und wirtschaftlich) zu benutzen, scheiterten letztlich. Die Hoffnung auf einen *deutschen Reichsmerkantilismus* erwies sich als kaum mehr als eine Utopie. Die Geschichte der merkantilistischen Wirtschaftspolitik in Deutschland soll daher an zwei einzelstaatlichen Beispielen dargestellt werden, dem brandenburgisch-preußischen und dem österreichischen.

a. Brandenburg-Preußen

Das Territorium des Staates bestand aus vielen, untereinander nicht verbundenen Einzelterritorien, in denen eigenständiges Land- und Steuerrecht galt; allein dadurch war eine einheitliche Außenhandelspolitik des brandenburgisch-preußischen Staates unmöglich. Folglich beschränkte sich der brandenburgisch-preußische Merkantilismus auf die Kernprovinzen des Kurfürstentums.

Bereits unter dem *Großen Kurfürsten* begann die Politik der *Peuplierung*, um durch eine Förderung der Einwanderung das weitgehend entvölkerte Land neu zu besiedeln und durch Facharbeiter aus dem Ausland das einheimische Gewerbe zu fördern. 1671 erlaubte er den Zuzug ausländischer Juden, um Handel und Wandel

---

11. Blaich, *Merkantilismus*, S. 147.

zu fördern, und Hugenotten wanderten nach 1685 wegen der Aufhebung des *Ediktes von Nantes* (das 1598 in Frankreich die religiöse Toleranz festlegt hatte) in Brandenburg ein. 1721 siedelte Kg. *Friedrich Wilhelm I.* (reg. 1713-1740) 16.000 aus Salzburg ausgewiesene Protestanten im nördlichen Ostpreußen an, das von einer Pestepedemie entvölkert worden war. Unter seinem Sohn Kg. *Friedrich II. d. Gr.* (reg. 1739-1786) wurden Moorlandschaften an Oder und Warthe drainiert und mit Kolonisten bevölkert. Unter seiner Regentschaft wanderten ca. 284.500 Personen nach Preußen ein, und die Bevölkerungsdichte stieg trotz des verheerenden Siebenjährigen Krieges von 18,7 Personen pro Quadratkilometer (1740) auf 30 (1786). Die Einwanderer wurden sowohl im Agrarbereich als auch im gewerblichen Sektor eingegliedert. Vor allem im Gewerbe sollten sie Vorbildfunktion für die Einheimischen haben, denn, wie *Friedrich II.* meinte: "Unser Volk ist schwerfällig und träge."[12]

Zugleich wurde eine merkantilistische Gewerbepolitik vom *Großen Kurfürsten* begonnen. Die Ausfuhr einheimischer Wolle wurde verboten (1684/87), und eingewanderte Facharbeiter führten die zur Herstellung von Luxustextilien notwendige Produktionstechnik ein. "Weil sothane Manufacturen ohne Vertrieb und Abgang der verfertigten Waaren leichtlich hinwieder in Abnahme gerathen können", wurden ausländische Textilien mit 10 Prozent Einfuhrzoll belegt, der sich auf 25 Prozent erhöhte, wenn ein einheimischer Produzent die Gleichartigkeit der Waren mit seinen Produkten nachweisen konnte.

Kg. *Friedrich Wilhelm I.* behielt diese Politik bei und nahm wegen des von ihm erneuerten Ausfuhrverbotes von Wolle (1718) sogar einen Handelskrieg mit Sachsen in Kauf (seit 1721). Um Preisschwankungen am Wollmarkt zu vermeiden, ließ er staatliche Wollmagazine einrichten. Einfuhrverbote für ausländische Textilprodukte sollten die Inlandsnachfrage anheben, die durch die Praxis, die Armee nur in einheimisches Tuch zu kleiden, zusätzlich wuchs.

Unter Kg. *Friedrich II.* war die Wirtschaftspolitik eindeutig merkantilistisch: "Soll ein Land sich in blühendem Gedeihen erhalten, so ist es unbedingt notwendig, daß die Handelsbilanz günstig stehe. Wenn es mehr für die Einfuhr bezahlt, als es an der Ausfuhr verdient, so muß es unfehlbar von Jahr zu Jahr ärmer werden. Man

---

12. Schieder, *Friedrich der Große*, S. 316.

stelle sich eine Geldtasche vor, die hundert Taler enthält: nehmen wir täglich eine heraus und tun nichts dafür hinein, so müssen wir zugeben, daß am Ende der hundert Tage die Geldtasche leer ist." Aufgabe der praktischen Politik sollte es daher sein, "alle Fremde Sachen mit der Zeit, so viel nur angehet, zu entbehren, daß das Geld dafür im Lande bleibet, welches Unsere Unterthanen allein verdienen können ... und daß zu dem Ende in gedachten Provintzien die Fabriken, die vor die dortige Consumtion noch nicht hinlänglich arbeiten, vermehret und verstärket, dagegen von solchen Waren, die noch gar nicht gemacht werden, neue Fabriken angeleget und dazu solche Leute, die das verstehen von auswärts hereingezogen werden.".[13]

Bereits 1740 richtete er im *Generaldirektorium* ein zusätzliches Departement für Wirtschaftsfragen ein, dem er drei Aufgaben stellte: "1. um die jetzigen Manufacturen im Lande zu verbessern, 2. die Manufacturen, so darin noch fehlen, einzuführen und 3. so viel Fremde von allerhand Conditionen, Charakter und Gattung in das Land zu ziehen, als sich nur immer tun lassen will."[14] Um die Rohstoffbasis des Königreichs zu verbessern, verfügte er die Anpflanzung von Maulbeerbäumen und die Aufzucht von Merinoschafen.

Besondere Förderung erhielten unter Kg. *Friedrich II.* selbständige Handwerker, deren Produkte vom staatlichen Berliner Lagerhaus angekauft werden mußten, und das private Verlagswesen. Unternehmensneugründungen erhielten jegliche staatliche Hilfestellung: Steuervorteile bis hin zur Steuerfreiheit, Subventionierung, Monopolisierung am Inlandsmarkt und im Exportgeschäft, sogar das Angebot des Königs, einer Fabrik Kinder und Frauen als billige Arbeitskräfte zuzuweisen.[15] Die Wirtschaftsbranche mit den größten staatlichen Privilegien war die seit 1746 von *Friedrich II.* eingeführte Seidenindustrie in Berlin, deren Förderung sich sogar gegen die zum Königreich gehörende privatwirtschaftliche Seidenindustrie Krefelds richtete.

---

13. *Acta Borussica*. Die Handels-, Zoll- und Akzisepolitik Preußens. Bearb. v. H. Rachel Bd. III/1. Berlin 1928, S. 466 (zit. nach Hosfeld-Guber, *Merkantilismusbegriff*, S. 230).

14. Schieder, *Friedrich der Große*, S. 313.

15. Blaich, *Merkantilismus*, S. 175.

Anders als in den westeuropäischen Großmächten vollzog sich die Kolonialpolitik. Kf. *Friedrich Wilhelm* gründete 1680 eine brandenburgische Kolonialgesellschaft, um mit ihrer Hilfe eigene afrikanische Kolonien zu unterhalten und am Sklavenhandel nach Mittel- und Nordamerika zu profitieren. Kg. *Friedrich Wilhelm I.* gab diese Kolonien 1717 wieder auf, weil ihr militärischer Schutz zu aufwendig erschien. Auch *Friedrich II.* lehnte diesen Zweig merkantilistischer Handelspolitik ab, weil sein Königreich nicht die notwendigen Machtmittel hätte, um seinen Anspruch auf einen eigenen überseeischen Kolonialhandel durchzusetzen.

Seit 1763 trat an die Stelle einer Wirtschaftsentwicklungspolitik als Folge des Siebenjährigen Krieg eine Wiederaufbaupolitik, die ***Retablissementspolitik***, seit den polnischen Teilungen begleitet von einer Politik der Binnenkolonisation in Westpreußen. In der Finanzpolitik wechselte *Friedrich II.* mit der Einrichtung der *Regie*, der Übertragung der Finanzverwaltung an ein privates Konsortium, von der Volks- zu einer Staats-Wirtschaftspolitik. "Fiskalismus- und Rüstungspolitik, nicht Weckung individueller Unternehmerkräfte" waren die Ziele preußischer Wirtschaftspolitik.[16]

b. Österreich

In Österreich litt die staatliche Wirtschaftspolitik an der Vielzahl der Binnenzollgrenzen des Habsburgerstaates. Seit 1604 bemühte sich die Krone zwar um die Errichtung eines geschlossenen Wirtschaftsraumes Österreich, des *Universalkommerzes*, aber erst in einer Reform von 1775 gelang es, die Territorien zu nur noch 10 Zollgebieten zusammenzulegen. Unter der Regierung von *Maria Theresia* (reg. 1740-80) bestand die Absicht, jedem Landesteil je nach seinen natürlichen Voraussetzungen und seiner gewerblichen Entwicklung einen besonderen Produktionszweig zuzuweisen, der mit staatlicher Förderung weiterentwickelt werden sollte. Die notwendige statistische Erhebung oblag als Zentralbehörde der *Kommerzienhofkommission*. Dieser Plan einer territorialen Arbeitsteilung scheiterte letztlich an den Widerständen der einzelnen Landesteile.

16. Treue in: Grundmann (Hg.), *Handbuch* S. 180 f.; Schieder, *Friedrich der Große*, S. 323 ff.

Die Neuansiedlung von Gewerbebetrieben begann 1675 mit der Gründung des *Kunst- und Werkhauses* in Wien. Ihr folgte die Einrichtung von Fabriken vor allem in Textil- und im Metallsektor. Neben einer Privilegierung des Handels im Inland durch zeitlich begrenzte Monopole wurden diese Fabriken durch Einfuhrverbote gefördert: auf die Einrichtung der ersten Zuckerraffinerie in Fiume 1750 folgte 1755 ein generelles Einfuhrverbot für Zucker; 1751 begann die Samtproduktion in Wien, und 1756 wurde die Einfuhr von Samt strafbar; die 1751 eingerichtete Nadelfabrik in Liechtenwörth wurde 1758 durch ein Importverbot für Nadeln und "Nürnberger Waren" unterstützt. In Ergänzung hierzu bestanden Ausfuhrverbote für wichtige Rohstoffe (z. B. seit 1750 für Pottasche, Rohhäute, Kupfer, Blei). Ausfuhrverbote bestanden auch für einzelne gewerbliche Waren, deren Mangel im Habsburger Reich festgestellt worden war (z. B. für Iglauer Tuch). Ausnahmen gab es für die seit 1714 Österreichischen Niederlande, weil *Maria Theresia* eine Ausweitung des gegenseitigen Handels anstrebte. In den Genuß dieser Förderung kamen jedoch nur jene Betriebe, die exportorientiert waren (das *Kommerzialgewerbe*), nicht diejenigen, die für den Inlandmarkt produzierten (das *Polizeigewerbe*).

Große Bedeutung hatte für Österreich die merkantilistische Verkehrspolitik, die durch den Ausbau des Verkehrsnetzes das eigene Transportwesen förderte. Schon unter *Karl VI.* (reg. 1711-40) sollten neue Straßen von Wien nach Triest (Karststraße, Semmeringstraße 1728) den Transithandel vom Umschlagplatz Venedig abziehen und so das eigene Dienstleistungsgewerbe fördern, das den Außenhandel über die gleichzeitig zu Freihäfen erklärten Triest und Fiume abwickeln sollte. Unter *Maria Theresia* wurde eine neue Durchgangsstraße von Wien über Böhmen mit Anschluß an den Elbweg geplant, um den Regensburger und Nürnberger Zwischenhandel zu umgehen (1770). Auch Kanalbauten wurden projektiert, die Verbindungen zwischen Oder und March oder Moldau und Donau herstellen sollten. Diese Vorhaben scheiterten jedoch letztlich.

Im Außenhandel bemühte sich Österreich, nach englisch-französischen Vorbildern Handelskompagnien einzurichten. Dabei litten jedoch die (Erste) Orientalische Kompagnie (1667-1734) unter den politischen Divergenzen zwischen dem Osmanischen und dem Habsburgerreich und die Ostendische Handelskompagnie

(1722-27/31) unter der unzureichenden Machtgrundgrundlage im Vergleich mit dem aggressiven britischen und französischen Merkantilismus, so daß sich Österreich noch unter *Karl VI.* vom Überseehandel wieder zurückzog.

In den Arbeitsmarkt griff die Wirtschaftspolitik unter *Maria Theresia* mit dem Ziel ein, die Voraussetzungen für eine umfangreiche und kostengünstige Produktion zu gewährleisten. Die Fabrikherren wurden aus dem Zunftrecht herausgelöst, wodurch unzünftige und ungelernte Arbeiter in beliebiger Anzahl eingestellt werden konnten. 1751 wurde Frauenarbeit an Webstühlen zugelassen und damit begründet, daß der "Winderlohn allzu hoch" sei und "zur Herabsetzung desselben die Weibspersonen zur Stuhlarbeit zu verwenden" wären.[17] Die Arrestanten des Wiener Gnadenstockhauses wurden zu täglicher Spinnarbeit herangezogen und "Asoziale" in Arbeitshäuser eingewiesen. Der Staat griff zugunsten der Arbeitgeber ein, wenn die Arbeitnehmer ihrer Arbeitspflicht nicht nachkamen, aber er förderte auf der anderen Seite auch die Fachausbildung der Arbeiter. Schon die 1675 von *Becher* in Wien eingerichtete Textilmanufaktur verband in mustergültiger Form Lehr- und Arbeitsstätte. *Maria Theresia* erließ neue Ausbildungsordnungen (Spinnpatent von 1765) und wurde zur "Begründerin des berufsbildenden Schulwesens in Österreich".[18]

Auch Österreich betrieb eine Einwanderungspolitik, die sich jedoch nicht auf das Kernland der Monarchie bezog (wie in Brandenburg-Preußen), sondern eine agrarische Erschließung der in den Türkenkriegen eroberten ungarischen Territorien anstrebte. Dabei stellte die Regierung nicht allein auf eine Freiwilligkeit der Einwanderer ab: "Herumtreiber und Arbeitsscheue aus Wien und Niederrösterreich, aus Not Aufständische vom Schwarzwald, [...] kriegsgefangene Preußen, österreichische Invaliden - sie alle kamen per *Wasserschub* zur *Impopulation* nach Ungarn".[19] Dieses *Einrichtungswerk* des Königreichs Ungarn diente neben der Belebung der Landwirtschaft auch dem Aufbau von Bergwerken im ungarischen Banat.

17. Blaich, *Merkantilismus*, S. 164.
18. Blaich, *Merkantilismus*, S. 164.
19. Treue, *Wirtschaftsgeschichte Bd. 1*, S. 253.

C. Zusammenfassung und Ausblick

Es ist offensichtlich, daß die leicht polemische Kritik von Adam Smith, "daß die Merkantilisten im Besitz metallischen Geldes das Wesen des Reichtums erblickt hätten"[20], nicht stichhaltig ist. Richtig ist es aber, daß die merkantilistische Wirtschaftspolitik zumeist nicht deshalb realwirtschaftliche Prozesse beeinflussen wollte, um so zu einer Nutzenmehrung für alle Untertanen zu gelangen, sondern um den erreichten Zuwachs an Reichtum in staatliche Machtausweitung umzumünzen. Daraus ist oft gefolgert worden, Merkantilismus wäre nicht allein zeitgleich mit dem politischen Absolutismus aufgetreten, sondern er wäre nur die Umsetzung des Absolutismus in den Bereich des Wirtschaftlichen. Hierfür wird in der Regel auf den französischen *Colbertismus* verwiesen, wo der Staat nicht nur Initiator und Förderer der Wirtschaft, sondern in weiten Teilen auch Eigentümer der Unternehmen war. Allerdings wird dagegen argumentiert, die staatliche französische Wirtschaftsförderung hätte nur eine Initiierung von Unternehmen angestrebt mit dem Ziel, diese zuerst konkurrenzfähig zu machen und danach zu privatisieren. Noch kritischer wird die Sicht des Merkantilismus als einer absolutistischen Wirtschaftspolitik im Falle der englischen Politik zu sehen sein: dort diente der Handelsbilanzüberschuß der Krone kaum mehr, als die aggressive Außenpolitik der Krone den privatwirtschaftlichen Unternehmern und Großkaufleuten diente. Unklarer ist jedoch die *friderizianische* Wirtschaftspolitik in Preußen, die einmal als autarkistisches, ja sogar als staats- oder planwirtschaftliches System, ein anderes Mal als Vorbereiter des Privatkapitalismus interpretiert worden ist.[21]

Basis für alle merkantilistische Wirtschaftspolitik war der in der frühen Neuzeit stark steigende Fiskalbedarf des Staates, die sich aus der Einrichtung stehender Heere, dem Aufbau der modernen Staatsverwaltung und Justiz und aus der größeren Hofhaltung der Regenten (Versailles) ergaben. Diese steigenden Ausgaben des Staates verlangten nach Deckung durch steigende Staatseinnahmen, denn nur

20. Stavenhagen, *Wirtschaftstheorie*, S. 19.

21. Zu Frankreich Blaich, *Merkantilismus*, S. 126 ff.; Wagner u. Weis in: Schieder (Hg.), *Handbuch Bd. 4*, S. 102 ff. u. 192 ff.; zu Preußen zuletzt Hosfeld-Guber, *Merkantilismusbegriff*, insb. S. 176 ff.

derjenige Staat, dem diese Ausgabendeckung am besten gelang, war die weitreichendste Machtpolitik und Prunkentfaltung möglich. Die Möglichkeit, diese Einnahmen aus der Plünderung anderer Staaten (wie im Zeitalter der Konquistadoren in Lateinamerika) zu entnehmen, erwiesen sich dabei als weniger rentabel als der Aufbau einer steuerkräftigen Volkswirtschaft. Deshalb entwickelten die europäischen Regierungen ein Interesse an den Möglichkeiten, ihre Volkswirtschaften zu entwickeln. Ihr Interesse wuchs mit der merkantilistischen Erkenntnis, daß jeder eigene Erfolg einen Mißerfolg für die konkurrierenden Staaten bedeutete, daß umgekehrt jeder eigene Verlust ein Sieg für die anderen Staaten wäre. Weil dabei jedoch die Mittel nicht ausreichten, ein allgemeines Wirtschaftswachstum herbeizuführen, blieb den Staaten nur die Möglichkeit, gezielt einige wenige Kernbereiche zu fördern[22]. In Frankreich war dies die Luxusgüterindustrie, in England der Handel, in Preußen und Österreich Gewerbe und Agrarsektor. Ohne es selbst zu durchschauen, waren die Wirtschaftspolitiker des Merkantilismus offenbar die ersten Vertreter einer "Führungssektor"-Konzeption.

Unter den absolutistischen Regierungen des 17. und 18. Jahrhunderts konnte der Merkantilismus daher kein politisches Eigengewicht haben, sondern er war Mittel zum Zweck. Dabei war er nur ein Mittel unter anderen (Eroberungskriege z.B. in Indien; militärische Annexion von Nachbarterritorien; Erhöhung der Staatsabgabenquote), wodurch sich die Tatsache erklärt, daß sich (vielleicht mit Ausnahme des *Colbertismus* in Frankreich) alle Wirtschaftspolitik in Einzelmaßnahmen erschöpfte und nirgends ein in sich geschlossenes und stringentes Maßnahmenbündel hervorbrachte.

Oft wurde diese Wurzel der merkantilistischen Wirtschaftspolitik von einem zweiten Motiv überlagert. Als Mittel zum Zweck zielten die Maßnahmen auf eine Wohlstandsmehrung für das steuerzahlende Volk ab, was insbesondere in allen Gesetzen im Rahmen von Pauperismuspolitik und Gewerbeförderung zum Ausdruck kam. Direkter Nutznießer einer solchen Politik wurde das Bürgertum, das sich mit staatlicher Unterstützung neue Tätigkeitsbereiche als Unternehmer, Verleger und Großhändler erobern konnte. Dessen Aufstieg war zugleich eine Machteinbuße der alten Oligopolgewalten Zunft und Gilde. Weil deren Macht nicht allein wirtschaftlicher, sondern auch wirtschaftspolitischer Natur war, fanden sich

22. SUPPLE in Cipolla/Borchardt (Hg.), *Wirtschaftsgeschichte* Bd. 3, S. 202.

hier die Interessen der neuen Unternehmergeneration und die der absoluten Krone, die jeden konkurrierenden Gewaltenträger entmachten wollte. In Frankreich, später auch in England, ging diese Entwicklung noch einen Schritt weiter: die neuen Unternehmerkräfte erhielten vom Staat sogar die rechtliche Verfügungsgewalt über "ihre" Arbeitskräfte. Den Unternehmern erlaubte dies eine rationelle Produktion, dem Staat ersparte es Arbeiterunruhen.

Dabei lassen sich jedoch stark Unterschiede in der Zielsetzung der Wirtschaftspolitik in den betrachteten Ländern feststellen. In England lag die Priorität auf der Herbeiführung optimaler Rahmenbedingungen für einen Außenhandel, der auch mit staatlichen Machtmitteln gegen Konkurrenten gefördert wurde und zur Ausbildung des britischen *Empire* führte. Die Wirtschaftspolitik *Colberts* zielte dagegen auf Verbesserungen des Produktionsapparates und förderte neue Produktionstechniken und -verfahren; Arbeitsbedingungen und Güterqualität waren für *Colbert* um vieles wichtiger als in England. In Brandenburg-Preußen dagegen stand noch zu Zeiten des *Großen Kurfürsten* die Peuplierungspolitik im Vordergrund, die jedoch durch die Ansiedlung von Glaubensflüchtlingen aus Frankreich auch bereits im gewerblichen Sektor Fortschritte in den Fertigungstechniken mit sich brachten. Mit Kg. *Friedrich Wilhelm I.* gewann schließlich eine produktionsorientierte Merkantilismuspolitik die Oberhand, die im Gegensatz zum *Colbertismus* auf eine vom Staat subventionierte (oder: gelenkte?[23]) Privatwirtschaft abzielte und auf eine allzu detaillistische Wirtschaftsgesetzgebung insbesondere im Arbeitsrecht verzichtete. Daneben verzichteten er und sein Nachfolger *Friedrich II. d. Gr.* jedoch nicht auf die Bevölkerungspolitik ihrer Vorgänger. Die österreichische Entwicklung ähnelte der brandenburg-preußischen, wies aber der Peuplierungspolitik, die im Rahmen der wirtschaftlichen Erschließung der ungarischen Gebiete betrieben wurde, erheblich größeres Gewicht bei und betrieb im Gegensatz zu Brandenburg-Preußen eine Förderung von Außenhandelskompagnien.

Die Folgen der merkantilistischen Wirtschaftspolitik für die wirtschaftliche Entwicklung sind kaum bestimmbar. Sicherlich ist es richtig, daß der *Colbertismus* in Frankreich die Grundlagen für eine Entwicklung des Gewerbes legte, auf dem aufbauend eine Konkurrenz mit England am "Weltmarkt" möglich wurde. Zugleich

23. Hosfeld-Guber, *Merkantilismusbegriff*, insb. S. 176 ff.

hat die staatliche Protektion aber dort zu einer Dämpfung des privaten Unternehmertums beigetragen, wo diese Protektion über die Anlaufphase der Unternehmen hinausreichte oder, wie in Frankreich und in vielen deutschen Staaten, in blanken Dirigismus umschlug. Häufig führte der Dirigismus sogar Unternehmen in den Konkurs, die unter privater Leitung möglicherweise nicht zusammengebrochen wären, weil unter staatlichem Schutz unwirtschaftlich und qualitativ unzureichend produziert wurde.[24] Auch bot die staatliche Direktion für die Beteiligten eine einfache Form der unrechtmäßigen Bereicherung, die Korruption, was einen oft unterschätzten Kostenfaktor darstellte.[25]

Ein weiterer Fehler des Merkantilismus war seine einseitige Ausrichtung auf den sekundären und tertiären Sektor der Volkswirtschaft. In Frankreich und in Deutschland waren noch zum Ende des 18. Jahrhunderts drei von vier Arbeitskräften in der Landwirtschaft beschäftigt; ihre Produktion aber diente der merkantilistischen Wirtschaftspolitik allein dazu, die Einfuhr von Lebensmitteln aus Zahlungsbilanzrücksichten zu vermeiden. Vorteile einer arbeitsteiligen Weltwirtschaft konnten mit einer solchen Politik natürlich nicht wahrgenommen werden.

Ein weiterer bedeutsamer Faktor ist die Tatsache, daß die merkantilistische Wirtschaftspolitik (vor allem Englands) oft aus Wirtschaftskriegen, die teuer, aber unblutig waren, militärische Auseinandersetzungen machte. Es dürfte zwar nahezu unmöglich sein, den Anteil der Handelsrivalitäten am Ausbruch von Kriegen festzustellen, weil nur selten allein wirtschaftliche Motive den Kriegsausbruch herbeiführten. Allzu oft spielten aber wirtschaftspolitische Überlegungen in die Frage nach einer Kriegserklärung hinein und schienen den Krieg, wenn er denn siegreich endete, wirtschaftlich sinnvoll zu machen. Dabei wurden jedoch die Kosten der Kriege immer "vergesellschaftet", wogegen die Gewinne, die aus der Ausschaltung von wirtschaftlichen Konkurrenten von ausländischen Märkten

24. Zum Beispiel der preußischen Textilindustrie im Rußlandgeschäft vgl. Hosbach-Guber, *Merkantilismusbegriff*, S. 216 f. gegen Blaich, *Merkantilismus*, S. 174.

25. v. Klaveren, *Fiskalismus*.

herrührten, in aller Regel zwischen privaten Handelshäusern und staatlichen Institutionen aufgeteilt wurden (wenn die Gewinne nicht sogar gänzlich den Privatunternehmen zugute kamen).

Dem Merkantilismus ist in letzter Zeit jedoch positiv zugute gehalten worden, daß seine Grundeinstellung, möglichst große Goldbestände anzuhäufen, im Zeitalter der Goldumlaufwährungen durchaus rational gewesen wäre.[26] Abgesehen davon, daß dabei Bullionismus und Merkantilismus in allzu vereinfachender Art gleich gesetzt werden, so muß wohl eine Bewertung der wirtschaftspolitischen Ergebnisse der merkantilistischen Wirtschaftspolitik an anderer Stelle ansetzen. Selbst wenn wir unterstellen, daß in der frühen Neuzeit fast aller Geldverkehr in Form von Münzen (Münzgold und -silber) vor sich ging, und daher möglichst viel Gold zu Münzzwecken vorrätig sein mußte, bleibt doch die eigentliche Frage, ob dieses Gold als Folge von Leistungsbilanzüberschüssen eher durch nationale Merkantilismuspolitik oder durch internationalen Handel am liberalen Weltmarkt verdient werden kann. Diese Abwägung erscheint jedoch mit den vorhandenen Daten nicht möglich (s.o.).

Ein letztes Moment, das stärker in den westeuropäischen Staaten als in Deutschland in die Zukunft wies, war die Herausbildung eines Nationalgedankens. Für England und Frankreich war nun nicht allein die Person des Herrschers das Symbol der gemeinsamen Untertanen, sondern vor allem in der Schicht der handeltreibenden Bürgerlichen entstand ein Nationalbewußtsein, das sich in den Kolonien und in der möglichst ausschließlichen Verwendung nationaler Gewerbeerzeugnisse widerspiegelte. Dieser Gesichtspunkt sollte wohl in der Würdigung des Merkantilismus nicht derart verstanden werden, als hätten die Herrscher mit Hilfe ihrer Wirtschaftspolitik eben diese Bildung eines nationalen Gemeinschaftsgefühles angestrebt, aber das Ergebnis, auch wenn es sich eher als ein ungewolltes Nebenprodukt einstellte, sollte doch nicht geleugnet werden.[27]

---

26. Braudel, *Sozialgeschichte des 15.-18. Jahrhunderts*, Der Handel S. 606 f.

27. Vgl. die Diskussion um das Werk von Heckscher, *Merkantilismus* in Coleman, *Revisions* und Hosfeld-Guber, *Merkantilismusbegriff* S. 99 ff. - Gerade für den deutschen Fall hat man in diesem Zusammenhang von einer "Durchstaatlichung aller ökonomischen Vorstellungen" gesprochen (Stavenhaben, *Wirtschaftstheorie*, S. 20).

Die Grenzen des Merkantilismus taten sich da auf, wo der Staat andere politische Ziele höher einschätzte. Während sich das Frankreich *Ludwig XIV.* um die Ansiedlung von Facharbeitern bemühte, um das eigene Gewerbe zu entwickeln, hob doch derselbe Staat das *Edikt von Nantes* auf, was zu einer bis dahin unbekannten Auswanderung aus Frankreich führte und den anderen europäischen Staaten wichtige Facharbeiter aus der französischen Industrie zuführte. Eine Priorität vor den außen-, militär- und religionspolitischen Zielen der Staatspolitik erlangte der Merkantilismus in keinem europäischen Staat; er blieb stets nur Mittel zum Zweck, der häufig hinter anderen Zielen zurückstehen mußte. In einer radikalen Erweiterung dieses Gedankens hat T. W. Hutchinson sogar das Vorhandensein eines geschlossenen und bedeutungsvollen gemeinsamen wirtschaftspolitischen Konzepts im Europa des Absolutismus verneint und gefordert, den Begriff Merkantilismus als inhaltlose Worthülse aufzugeben.[28]

Die herrschende Meinung der Literatur geht dahin, daß die in Europa und den europäischen Kolonien verfolgte Wirschaftspolitik im Zeitalter des (aufgeklärten) Absolutismus ohne Rücksicht auf nationale Unterschiede als merkantilistisch bezeichnet wird. Allein die von staatlichem Reglement freie niederländische Wirtschaft wird hiervon ausgenommen. Die Nachfolge der Merkantilisten traten in Frankreich die Physiokraten an, im übrigen Europa die Vertreter des wirtschaftlichen Liberalismus.

---

28. Winch, in: Cipolla/Borchardt (Hg.), *Wirtschaftsgeschichte* Bd. 3, S. 337.

III. Liberale Wirtschaftspolitik im Zeitalter der Industrialisierung

Michael Kopsidis

A. "Laissez faire, laissez passer", eine theoretische Revolution

Dieses Motto der Physiokraten, den Dingen ihren Lauf zu lassen, baute Adam Smith in seinem 1776 erschienenen Buch "Der Wohlstand der Nationen" zu einem in sich geschlossenen ökonomischen System aus. Erstmals in der Geschichte vertraten ökonomisch interessierte Philosophen die Ansicht, daß möglichst große individuelle Handlungsspielräume in der Wirtschaft nicht zur Anarchie führen, sondern daß nur so das unter gegebenen Bedingungen maximal mögliche Wirtschaftswachstum und Wohlstandsniveau erreicht werden kann. Mit der Idee eines sich selbst regulierenden Marktes wurde erstmals ein Modell entwickelt, in welchem egoistisches Gewinnstreben zu gesellschaftlichem Fortschritt führt. Hier lag das fundamental Neue des liberalen Credos.[29] Der Entwurf einer liberalen Marktgesellschaft gewann seine Überzeugungskraft in der öffentlichen Diskussion dadurch, daß Marktgeschehnisse als eherne Naturgesetze aufgefaßt wurden. In Anlehnung an die Newton'sche Interpretation der Natur als sich selbst regulierende Maschine gingen Philosophen der Aufklärung davon aus, daß es solche physikalischen Gesetze auch für die menschliche Gesellschaft geben müße. Man müsse sie nur finden und anwenden, um zur allgemeinen Harmonie zu gelangen.[30]

Erstmals wurde die Wirtschaft, anders als im Merkantilismus, nicht als Mittel der Politik betrachtet. Es wurde der Anspruch an die Wirtschaftspolitik gestellt, ökonomische Gesetzmäßigkeiten nicht nur zu beachten, sondern sie durchzusetzen und sich ihnen auf keinen Fall entgegenzustellen.[31]

---

29. Boelke, Alfred W. (1980), S. 41 ff; Coats, A.W. (1971), S. 6 ff.; Polanyi, Karl (1977), S. 50 und S. 146 - 168.

30. Canterbery, E. Ray (1976), S. 23 - 37.

31. Polanyi, Karl (1977), S. 94 ff.

B. Ein neues Zeitalter bricht an

Märkte gibt es schon seit der Steinzeit. Doch erst mit der Industrialisierung, welche sich zuerst in der zweiten Hälfte des 18. Jahrhunderts in England vollzog, entstand ein System sich selbst regulierender zusammenhängender Märkte. In einem bisher unbekannten Ausmaß bestimmten rein ökonomische Parameter wie Profit, Zins und Preise die Produktions-, Investitions- und Konsumentscheidungen. In vormodernen Gesellschaften war die wirtschaftliche Tätigkeit noch eng in die Sozialbeziehungen eingebettet. Die Trennung einer separaten wirtschaftlichen Zielsetzung von gesellschaftlichen Beziehungen und Normen war nicht erfolgt. Strenge Tabus und massiver sozialer Druck sorgten dafür, daß individuelles Gewinnstreben nicht die streng hierarchische Gesellschaftsordnung erschütterte. Noch im Mittelalter dienten die Handwerkszünfte dazu, den Produktionsablauf und Verkauf so zu regeln, daß jeder Wettbewerb und jede Konkurrenz auf den städtischen Märkten durch strenge Sanktionen verhindert wurde.

Im Zuge der Kommerzialisierung gesellschaftlicher Beziehungen und des Industrialisierungsprozesses wurden einzelne voneinander isolierte Märkte in ein System integrierter interdependenter Konkurrenzmärkte verwandelt. Die Produktionsfaktoren Arbeit, Boden und Kapital mußten von allen nichtökonomischen Zwängen und Tabus befreit werden. Für diese Produktionsfaktoren mußten Märkte geschaffen werden, um die optimale Faktorallokation in einer zunehmend arbeitsteiligen Wirtschaft zu sichern. Nur so konnte auf Wettbewerbsmärkten flexibel auf immer neue Herausforderungen reagiert werden. Dies bedeutete, daß Mensch und Natur auf ihre Funktion als Ware reduziert werden mußten, damit der Marktmechanismus funktionieren konnte. Gesellschaft und soziale Verhaltensweisen hatten sich den Marktgesetzen anzupassen.[32]

---

32. Polanyi, Karl (1977), S. 60 - 104. Für Polanyi ist die Entstehung eines marktwirtschaftlichen Systemes eng an den Industrialisierungsprozeß gekoppelt. Aus heutiger Sicht spricht aber vieles dafür, daß schon lange vor der Industrialisierung der Prozeß zunehmender Marktorientierung und Arbeitsteilung der Produktion bei Schaffung marktwirtschaftlicher Institutionen voll in Gang gekommen war.

C. Die Rolle des Staates

Vor dem Hintergrund des gewaltigen Transformationsprozesses, den die Industrialisierung darstellt, muß die Beurteilung der Rolle des Staates durch Ökonomen im klassischen Zeitalter des Liberalismus gesehen werden. Nichts wäre falscher, als zu glauben, daß "Laissez-faire" als völlige wirtschaftspolitische Abstinenz des Staates interpretiert werden kann. Besonders die in der zeitgenössischen Öffentlichkeit weitverbreitete Vulgärversion der klassischen Doktrin neigte dazu, die Entwicklung zur Marktgesellschaft als einen automatisch ablaufenden Prozess zu betrachten, der sich quasi aus der menschlichen Natur ergäbe, wenn man ihr nur die Möglichkeit gäbe, sich frei zu entfalten. Dagegen ging es den Klassikern des ökonomischen Liberalismus, an erster Stelle wäre hier Adam Smith zu nennen, um eine den ehernen Marktgesetzen angepasste bewußte Ausgestaltung staatlicher Institutionen.[33]

Die Entwicklung sich selbst regulierender Märkte war sogar im Mutterland des Liberalismus, in England, nicht ohne massive staatliche Intervention möglich. Die Schaffung privaten Eigentums gegenüber kollektiven Eigentumsformen (z.B. Allmende) konnte oft nur durch staatliche Eingriffe beschleunigt werden. Der gesetzliche Rahmen zur Herstellung eines nationalen Binnenmarktes mußte gegen mittelalterliche partikularistische Lokalmächte oft mit Gewalt durchgesetzt werden. Gleiches gilt für die Monopolisierung legitimer Gewaltsamkeit auf zentralstaatlicher Ebene (z.B. Zollerhebung nur noch an der Staatsgrenze). Einheitliche juristische Regeln im ganzen Staatsgebiet waren notwendig. Es mußten politische Rahmenbedingungen geschaffen werden, die den Kapitalisten ein halbwegs sicheres Zukunftskalkül erlaubten.

Die Staatstätigkeit im Zuge der Industrialisierung wurde nicht vermindert, sondern effektiver, rationaler und umfassender gestaltet. Gerade die soziale Frage erzwang ein stärkeres zentralstaatliches Engagement in immer mehr gesellschaftlichen Bereichen zur Aufrechterhaltung des sozialen Friedens.[34] Wie am Beispiel Preußen noch gezeigt wird, führten oft starke außerökonomische

33. Coats, A.W. (1971), S. 5 ff und S. 15 und Taylor, Arthur J. (1978), S. 18 - 26.

34. Taylor, Arthur J. (1978), S. 54 f.; Brebner, J. Bartlett (1966), S. 252 - 262; Deane, Phyllis (1972), S. 272 - 286.

Zwänge, die sich aus dem zwischenstaatlichen Konkurrenzkampf ergaben, zu einer staatlich forcierten Modernisierung traditioneller Wirtschaftsstrukturen in Richtung liberale Marktwirtschaft.

D. Das Beispiel England

1. Die ökonomische Theorie der Klassiker und staatliche Wirtschaftspolitik

Wie noch nie zuvor beeinflußten über vielfältige Wege Ökonomen (Ricardo, John Stuart Mill, Mc Culloch, Nassau Senior ...) die englische Wirtschaftspolitik in der ersten Hälfte des 19. Jahrhunderts. Sie agierten als Politikberater für mehrere Regierungen und arbeiteten in Kommissionen an wichtigen Gesetzesänderungen mit (z.B. beim Armengesetz von 1834). Entscheidend war aber ihre unangefochtene Meinungsführerschaft in der Öffentlichkeit. Hinzu kam, daß der Liberalismus zur Ideologie der gesellschaftlichen Eliten wurde.

Im Prinzip standen die Klassiker jedem staatlichen Eingreifen äußerst kritisch gegenüber, da es die individuelle Vertragsfreiheit einschränke und ökonomische Quasi-Naturgesetze auch durch staatliche Eingriffe nicht außer Kraft gesetzt werden könnten. In konkreten wirtschaftspolitischen Fragen legten die Klassiker gegenüber staatlichen Eingriffen allerdings eine recht flexible Haltung an den Tag (Fabrikgesetze, öffentliche Bildung). Sie ließen das Problem der Abwägung zwischen dem generellen Prinzip der Nichteinmischung und den nötigen Ausnahmen theoretisch ungelöst.[35]

Die Dominanz liberaler Wirtschaftstheorie bewirkte aber, daß sich jede politische Einmischung ins ökonomische Leben rechtfertigen mußte und eine rein fiskalische Betrachtungsweise ökonomischer Probleme nicht mehr zu legitimieren war. Es läßt sich für die Zeit von 1820- 1870 z.B. feststellen, daß die Staatsausgaben wesentlich niedrigere Wachstumsraten aufwiesen als Bevölkerung und Nationaleinkommen.

---

35. Coats, A.W. (1971), S. 16 f.; Taylor, Arthur J. (1972), S. 24 ff.

Weder in den 70 Jahren vor 1820 noch in den Jahrzehnten nach 1870 wurde ein niedrigerer Zuwachs des staatlichen Budgets realisiert. Wirtschaftspolitik wurde in erster Linie als Ordnungspolitik verstanden.[36]

Wichtiger noch als die wissenschaftlichen Veröffentlichungen der Klassiker, die nur ein kleines Publikum las, waren die in zahlreichen Auflagen verbreiteten stark vereinfachten, doktrinären Vulgärversionen der klassischen Politökonomie, die bis in die Arbeiterschicht hinein gelesen wurden. Hier ist v.a. ein Buch von Harriet Martineau zu nennen, "Illustrations of Political Economy" (1832/34), über das J.S. Mill schrieb, "... reduces the laissez faire system to absurdity by merely carrying it out in all its consequences."[37]

Bei genuin ökonomischen Fragen setzten sich am nachhaltigsten Lösungen im Sinne des "Laissez faire" durch (z.B. Freihandel). Sobald aber die Realisierung der reinen Theorie den ökonomischen Interessen mächtiger gesellschaftlicher Gruppen widersprach und die Anwendung der "ehernen" Marktgesetze z.B. in der Sozialpolitik den sozialen Frieden gefährdeten, kann von einer Durchsetzung strikt liberaler Lösungen immer weniger die Rede sein. Dieser Sachverhalt soll hier am Beispiel der Armengesetzreform von 1834 dargelegt werden.[38]

2. Die Ausformung liberalen Bewußtseins: das neue Armengesetz von 1834

Die Debatte um die Reformierung der alten Armengesetze, des sog. Speenhamland-Systemes, bildete eine der Hauptschwerpunkte in der politischen Auseinandersetzung der 30 Jahre von 1820 bis 1850. Als theoretischer Rahmen zur Beurteilung der wirtschaftlichen Hintergründe dieses politischen Konfliktes eignet sich die Dualismustheorie. Die für eine im Industrialisierungsprozess typische "duale Ökonomie" weist nach diesem Ansatz auf dem Arbeitsmarkt eine Segmentierung in einen industriellen Hochlohnsektor und einen agrarischen Niedriglohnsektor auf. Dieses Phänomen lässt sich in England für das frühe 19. Jahrhundert empirisch belegen. Der im Entwicklungsprozess zunehmende

36. Taylor, Arthur J. (1978), S. 55 - 64.

37. Taylor, Arthur J. (1978), S. 28.

38. Rose, M.E. (1981), S. 269 f.

Arbeitskräftebedarf in der Industrie verlangt die Beseitigung aller Hindernisse bei der Bildung eines einheitlichen Arbeitsmarktes. In der Auseinandersetzung zwischen der aufstrebenden industriellen Unternehmerklasse und den stärker agrarisch orientierten Teilen der englischen Aristokratie um die Armengesetzreform ging es auch darum, die mit politischen Mitteln aufrechterhaltene Kontrolle des ländlichen Arbeitsmarktes durch Pächter und Landadel zu brechen.[39]

Das Speenhamlandgesetz war 1795 nach einer extrem schlechten Ernte erlassen worden, um Preisrevolten zu verhindern. Besonders dieses Gesetz stand im Mittelpunkt der öffentlichen Kritik. Es war getragen vom Gedanken des Rechtes auf Sicherung des Existenzminimums, unabhängig von der eigenen Arbeitsleistung.Aus der Armenkasse sollten bei extremen Preissteigerungen für Grundnahrungsmittel Lohnzuschüsse gezahlt werden, die an den Brotpreis gebunden waren und mit der Kinderzahl variierten. Trotz rasant ansteigender Armenausgaben im Zeitraum von 1780 bis 1832 (fünfeinhalbfaches Anwachsen der Armensteuer bei Verdoppelung der Bevölkerung) konnte der Prozeß der Pauperisierung breiter Volksmassen nicht gestoppt werden.[40]

Klassische Ökonomen wie Senior zogen daraus den Schluß, daß sich jede Unterstützungszahlung, die unabhängig von Gegenleistungen des Empfängers ausgezahlt wird, ihre eigene Nachfrage schafft. Da jedes Eigeninteresse, die eigene Lage selbstständig zu verbessern, zerstört werde, werde die Zahl der Hilfsbedürftigen zunehmen. Weiter wurde angenommen, daß ein durch öffentliche Unterstützungszahlung garantiertes Einkommensniveau kurzfristig zwar die Nominallöhne und somit die Kosten für die Farmer senken und dadurch die Profite erhöhen würde, langfristig aber das Arbeitsangebot reduzieren und die freiwillige Arbeitslosigkeit vergrößern würde. Gleichzeitig würde die Arbeitsproduktivität der Beschäftigten

39. Die klassische Formulierung des Dualismuskonzeptes in Lewis, Arthur W. (1963), eine Kurzzusammenfassung und Kritik dualistischer Ansätze in Timmermann, Vincenz (1982), S. 107 - 118. Zur Übertragung des Dualismuskonzeptes auf die englische Armenrechtsdebatte s. Blaug, Mark (1963), bes. S. 154 f. und S. 170. Eine konsequent arbeitsmarktpolitische Betrachtung der Armenrechtsreform bei Boyer, George E. (1985), S. 129 - 167. S. auch Polanyi, Karl (1977), S. 116 - 136. Zum Lohngefälle zwischen Industrieregionen und Agrarregionen für England in den Jahren 1770-1840 s. Crafts, N.F.R. (1985), S. 104 ff.

40. Metz, Karl Heinz (1988), S. 68. Allein im Krisenjahr 1818 wurden rund 13 % der englischen Bevölkerung, rund 1,57 Mio. Menschen, von der Armenhilfe unterstützt. [Metz, Karl Heinz (1988), S. 33].

relativ stärker abnehmen als die Nominallohnhöhe, so daß sich im Endeffekt die Profite der Farmer vermindern würden. Weiterer Druck auf die Profitrate erfolgt zusätzlich durch immer höhere Armensteuern. Die öffentliche Alimentierung der Unterschichten forciert desweiteren das Bevölkerungswachtum. Im klassischen Modell sind wirtschaftlicher Zusammenbruch und Massenelend die zwingende Folge der Armenhilfe. Eine mächtige Stütze dieser Argumentationskette war Malthus biologisierendes Argument, daß wegen der Macht des Fortpflanzungstriebes in den ungebildeten Unterschichten Armenhilfe nur zu weiterem Bevölkerungswachstum und Elend führen müsse. Malthus verurteilte deswegen jede Form der Armenhilfe als kontraproduktiv. Er verneinte jede Schuld der einkommensstarken Schichten am Elend breiter Teile der Bevölkerung. Vertreter der klassischen Politökonomie, insbesonders Malthus, stützten ihre Argumentation zur Reform der Armengesetze auf Annahmen über die menschliche Natur, die als wissenschaftliche Naturgesetze formuliert wurden und vermeintlich eherne unumstößliche Marktgesetze. Soziale Bedenken und moralische Einwände gegen die totale Herrschaft des Marktes wurden als unwissenschaftlich und in letzter Konsequenz ihrer eigenen Intention zuwiderlaufende verantwortungslose Philanthropie abqualifiziert.[41]

Die Realität sah indes anders aus. Erst mit Blaugs empirischen Untersuchungen setzte ab 1963 eine radikale Neuinterpretation der ökonomischen Konsequenzen und Hintergründe des alten Armengesetzes ein.[42] Blaugs Auswertung der landesweit verschickten und im "Poor Law Report of 1834" veröffentlichten Fragebögen und die auf seine Veröffentlichungen aufbauenden nachfolgenden quantitativen Arbeiten ließen vom klassischen Bild des Old Poor Law nichts mehr übrig. Nach Blaugs Berechnungen lag das Jahreseinkommen einer auf Unterstützung angewiesenen Familie um ca. ein Drittel unter dem Einkommen bei Vollbeschäftigung und dies bei Löhnen, die schon um das Existenzminimum schwankten.[43] Von einem Anreiz zur freiwilligen Arbeitslosigkeit kann somit schwerlich die Rede sein.

---

41. Bowley, Marian (1971), S. 68 - 84 und
Metz, Karl Heinz (1988), S. 22 - 31.
Zur klassischen Lohntheorie s. Külp, Bernhard (1980), S. 75 - 79, zur Frage der freiwilligen Arbeitslosigkeit und sinkender Arbeitsproduktivität s.
Blaug, Mark (1963), S. 154 f. und Boyer, George R. (1985), S. 130 ff.

42. Blaug, Mark (1963), S. 151 - 184 und ders. (1964), S. 229 - 245.

43. Blaug, Mark (1963), S. 161 f.

Die Klassiker setzten Armenhilfe mit dem Speehamlandsystem gleich. Die Unterstützung wurde quasi als negative Einkommenssteuer, die in jedem Fall ein Mindesteinkommen garantiert, interpretiert. Quantitative Untersuchungen ergaben, daß nach 1820 nur 7,5 % aller für den Poor Law Report von 1834 befragten 1070 Gemeinden diese Unterstützungsform anwendeten.[44] In den Jahren 1790 bis 1815 fand diese Hilfsform nur temporär begrenzt Anwendung in Zeiten sprunghaft gestiegener Brotpreise nach Missernten. Oft wurden auch keine Lohnzuschüsse gezahlt, sondern Brot durch die Gemeinde billiger als zu Marktpreisen den Unterstützungsberechtigten angeboten. Die Unterstützung federte extreme Reallohnschwankungen nach schlechten Ernten ab, sie kann aber nicht als gleichwertiges Lohnäquivalent angesehen werden. Es spricht einiges für die Annahme, daß die Armenhilfe in besonderem Ausmaß dem Problem saisonaler Arbeitslosigkeit angepasst war, da in den allermeisten Kommunen Hilfe nur Arbeitslosen zustand, die nachweisen konnten, daß sie keine Arbeit finden konnten.[45]

Die institutionelle Ausgestaltung der Armenhilfe machte einen Mißbrauch fast unmöglich. Die Erhebung sowie die Festsetzung der Höhe der Armensteuer als auch ihr Verteilungsmodus wurde auf kommunaler Ebene geregelt. Auf dieser Mikroebene war eine effiziente Kontrolle der Unterstüztungswilligen durch die steuerzahlenden Bürger jederzeit möglich. Über die Zeit der Unterstützten konnten die von den Steuerzahlern bestimmten Armenbeamten jederzeit verfügen. Das Speenhamlandgesetz selber garantierte Hilfe ausdrücklich nur für die Arbeitswilligen. Sie konnte jederzeit entzogen werden.[46] Da die Höhe der bewilligten Unterstützung oft von der Kinderzahl abhing, wurde das Old Poor Law auch für das Anwachsen der Bevölkerung verantwortlich gemacht. Dabei wurde übersehen, daß diese Hilfe sehr niedrig war und nur vergeben wurde, wenn definitiv nachgewiesen war, daß Kinder keine Arbeit fanden. Der Vergleich ergibt, daß sowohl in Gebieten mit als auch ohne Armenunterstützung die Wachstumsraten der Bevölkerung keine signifikanten Unterschiede aufwiesen.[47]

44. Boyer, George R. (1985), S. 146 ff.
45. Baugh, D.A. (1975), S. 59 und S. 61 f.
46. Boyer, George R. (1985), S. 147 ff. und Baugh, D.A. (1975), S. 61.
47. Blaug, Mark (1963), S. 173 f. und 1964, S. 232 ff.

Es kann vermutet werden, daß Unterstützungszahlungen, die bei Löhnen, die um das biologische Existenzminimum schwanken, gezahlt werden, eine eher produktivitätssteigernde Wirkung haben. Am Existenzminimum ist die übliche Kausalkette der Abhängigkeit der Löhne von der Produktivitätsentwicklung aufgrund der permanenten Unterernährung der Arbeitskräfte genau umgekehrt.[48]

Zumindest für die Jahre 1790-1820 läßt sich eine eindeutige Korrelation zwischen den Schwankungen des Weizenpreisniveaus und der Entwicklung der Armenausgaben feststellen, so daß viel für die These spricht, daß die Armenausgaben vom ökonomischen Trend abhängig waren und nicht selber ihre Nachfrage schufen.[49] Der Anstieg und das Verharren der Armenausgaben pro Kopf auf einem konstant hohen Niveau nach 1820 kann nicht auf katastrophale Mißernten zurückgeführt werden, sondern muß im Preisverfall für Getreide ab 1820 gesehen werden, der zu einem Rückgang der Anbauflächen und der Arbeitsnachfrage bei gestiegenem Arbeitsangebot nach Beendigung der napoleonischen Kriege führte. Zunehmende chronische Arbeitslosigkeit war die Folge.[50]

Zwei Wirtschaftsregionen können als geographische Zentren der Armenhilfe bezeichnet werden. Einmal Regionen im städtischen Einzugsbereich mit generell hohem Lohnniveau bei direkter Konkurrenz aller Wirtschaftssektoren als Nachfrager am Arbeitsmarkt und zum anderen die vom Weizenanbau geprägten Gebiete in Süd- und Ostengland. In den durch Viehzucht geprägten Agrarregionen läßt sich keine weite Verbreitung der kommunalen Armenunterstützung feststellen.[51]

48. Zur theoretischen Konzeption der sog. wage-productivity relationship s. Leibenstein, Harvey (1963), S. 58 - 76 und zu empirischen Tests dieser Hypothese s. Bless, Christopher und Stern, Nicholas (1978), S. 331 - 398 und Strauss, John (1986), S. 297 - 320. Hueckel legt Schätzungen für das jährliche Wachstum der totalen Faktorproduktivität der britischen Landwirtschaft für die Jahre 1790 bis 1870 vor (1790 - 1815: 0,2 %; 1816 - 1846: 0,3 % und 1847 - 1850: 0,5 %). Der Autor bezeichnet seine Schätzungen selber als einen vorläufigen, sehr unsicheren Schätzversuch. Zumindestens legen diese Zahlen aber keine Verringerung der Produktivität im britischen Agrarsektor nahe (Hueckel (1981), S. 191 f.).

49. Blaug, Mark (1963), S. 162 ff. und Baugh, D.A. (1975), S. 54 - 62.

50. Baugh, D.A. (1975), S. 64.

51. Blaug, Mark (1963), S. 170 f. und Boyer, George R. (1985), S. 154.

Boyer hat nun ein Modell entwickelt, das die hauptsächliche Verbreitung der Armenunterstützung in Getreideanbaugebieten als ein ökonomisch rationales Verhalten der Farmer interpretiert. Danach war öffentliche Armenhilfe die kostengünstigste Methode, um sich bei saisonal erheblich schwankender Arbeitsnachfrage auch für Spitzenbedarfszeiten ein ausreichendes Arbeitspotential zu sichern.[52]

Seit den 1760er Jahren bis 1820 läßt sich eine kontinuierliche Zunahme der Getreidepreise feststellen, so daß es in Regionen mit geeigneten Böden zu einer enormen monokulturartigen Ausdehnung der Anbauflächen kam. Dies führte zu einer drastischen Reduzierung der Einkommensquellen und des Jahreseinkommens der ländlichen Unterschichten. Der Wegfall der Gemeinheiten durch Einhegung beraubte diese Gruppe einer der wichtigsten Stützen ihres Einnahmebudgets (Brennholzsammeln, Wegfall der eigenen Kuh).[53] Nichtmonetäre Entlohnungsformen wie die Vergabe einer Landparzelle wurden mit zunehmender Profitabilität des Bodens immer seltener. Besonders der Wegfall dieser Einkommensquelle scheint das Budget der Unterschichten erheblich vermindert zu haben. Marktpreisschwankungen konnten bei relativ starren Nominallöhnen viel stärker auf das Realeinkommen der Landarmut durchschlagen. Boyer stellt eine deutliche Korrelation fest zwischen dem Anteil der Landarbeiter mit eigenem Land und niedriger Armenunterstützung.[54] Die Zurückdrängung der Viehzucht in den Getreideanbaugebieten führte bei Beibehaltung der strikten geschlechtlichen Trennung der landwirtschaftlichen Arbeiten zu einer erheblichen Verminderung der Beschäftigungsmöglichkeiten für Frauen.[55] Dazu kam, daß mit zunehmender Weizenproduktion die Arbeitskräftenachfrage immer stärker saisonalisiert wurde. Die Zahl kurzfristiger Arbeitsverträge nahm rapide zu.[56] Gleichzeitig setzte um 1770 der Niedergang der protoindustriellen Textilproduktion in Nordwestengland ein.[57] Auf der anderen Seite ergab sich für

52. Boyer, George R. (1985), S. 134.

53. Zur Rolle der Gemeinheiten in der Unterschichtenökonomie s. Humphries, Jane (1990), S. 17 - 42.

54. Boyer, George R. (1985), S. 134 f. und S. 138 ff.

55. Snell, K.D.M. (1981), S. 407 - 437.

56. Boyer, George R. (1985), s. Anm. 7, S. 133 f.

57. Boyer, George R. (1985), S. 133 und S. 140 ff.

die Farmer das Problem, daß ihr Gewinn in erheblichem Ausmaß von einer möglichst schnellen Einbringung der Ernte abhing, so daß ihr Arbeitskräftebedarf während der Erntewochen enorm zunahm.[58] Nach dem Wegfall aller nichtagrarischen und nichtmonetären Einkommensquellen ohne adäquaten Ersatz durch höhere Reallöhne blieben den Farmern nur zwei Möglichkeiten, ihren Erntearbeitskräftebedarf zu sichern. Entweder der gesamten benötigten "Spitzenlastkapazität" an Arbeitskräften ein permanentes Jahreseinkommen zu zahlen, oder die Kosten für die saisonale Arbeitslosigkeit durch die Armensteuer auf die Allgemeinheit abzuwälzen.[59] Dies war den Landwirten möglich, da das englische Wahlsystem vor der Parlamentsreform von 1832 die Zahl der Stimmen pro Wähler hauptsächlich vom Vermögen in Form von Landbesitz abhängig machte. In der Regel wurden aber immer noch 70 % bis 90 % der Steuerbelastung durch die Armenhilfe von Farmern mit Arbeitskräftebedarf getragen.[60]

Ist nun das Grenzwertprodukt des letzten beschäftigten Arbeiters der Hochsaison in der Nebensaison plus des vom Arbeitgeber gesparten Armensteueranteils pro Kopf niedriger als die Mindestkosten für einen arbeitslosen Landarbeiter in der Nebensaison, um die Abwanderung zu verhindern, so ist es für den Farmer gewinnmaximierend, Arbeiter zu entlassen, umgekehrt ist ein ganzjähriger Arbeitsvertrag gewinnmaximierender, solange Arbeiter aus der Hauptsaison in der Nebensaison immer noch einen Grenzgewinn größer als Null realisieren. Je saisonalisierter nun der Arbeitskräftebedarf ist, desto eher tendiert das Grenzwertprodukt des letzten Arbeiters der Hochsaison in der Nebensaison gegen Null, desto eher ist eine Armensteuer für die Agrarier gewinnmaximierend. Dies erklärt, wieso in den Viehzuchtgebieten mit schwachen saisonalen Schwankungen im Arbeitskräftebedarf langfristige Arbeitsverträge dominierten, im Gegensatz zu den Weizenanbaugebieten, wo kurzfristige Arbeitsverträge plus öffentliche Armenhilfe für die Nebensaison vorherrschten.[61] Dieses Modell verdeutlicht auch, wieso trotz

---

58. Boyer, George R. (1985), S. 150 ff.

59. Zum Optimierungsproblem der Landwirte und seiner Darstellung mit Hilfe eines Lagrangeansatzes s. Boyer, George R. (1985), S. 154 - 164.

60. Boyer, George R. (1985), S. 157 f.

61. Boyer, George R. (1985), S. 159 f.

des 1834 erfolgten Verbotes von Armenhilfe in Form von Unterstützungszahlungen für Arbeitsfähige diese Praktiken unter anderem Namen noch bis in die 1860er Jahre in Südostengland weit verbreitet waren.[62]

Zusammenfassend läßt sich sagen, daß aus Sicht der Farmer das alte Armengesetz ökonomisch rational war zur Sicherung ihres Arbeitskräftebedarfs und ab ca. 1760 immer stärkere Verbreitung fand, nachdem die ökonomische Entwicklung außeragrarische und nichtmonetäre Einkommensquellen für die ländlichen Unterschichten drastisch vermindert hatte. Nicht die Armengesetze waren der Grund für die hohe "freiwillige" Arbeitslosigkeit, wie die Klassiker annahmen, sondern umgekehrt, die durch ökonomische Prozesse bedingte hohe strukturelle Arbeitslosigkeit machte Sozialpolitik notwendig.

Das Speenhamlandsystem wurde in dem Maße kontraproduktiv wie die Aufnahmefähigkeit der nichtagrarischen Wirtschaftssektoren im Zuge der Industrialisierung wuchs, da es die Mobilität der Arbeitskräfte behinderte. Mobilitätshemmend wirkte sich weiterhin die Tatsache aus, daß das Recht auf Unterstützung nur in der eigenen Heimatgemeinde gegeben war. Eine Beseitigung der durch politische Mittel erfolgten Kontrolle des ländlichen Arbeitsmarktes durch Landadel und Pächter schien dem aufstrebenden industriell orientierten Mittelstand dringend geboten. Die Arbeiter sollten gezwungen werden, sich zu den von den Unternehmern aufgrund ihrer Marktmacht diktierten Bedingungen den Marktanforderungen anzupassen (hohe Mobilität, Arbeitsdisziplin und niedrige Löhne). Schließlich war mit der Reform des alten Armengesetzes auch die Hoffnung auf erhebliche Steuerersparnis verbunden.[63]

Nach der Parlamentsreform von 1832, die das Wahlrecht auf die wohlhabende kapitalistische Mittelklasse erweiterte, wurde eine Armenrechtsreform in Angriff genommen. Das Armengesetz von 1834 wurde von dem Grundsatz getragen, daß wirklich nur derjenige staatliche Unterstützung nachfragen sollte, der keinen anderen Weg mehr sah, sich am Leben zu erhalten. Dazu diente der sog. "workhouse-test". Unterstützungswillige mußten in ein Arbeitshaus eintreten, in welchem das Leben nach dem "Grundsatz der geringeren Wählbarkeit" möglichst

62. Digby, Anne (1975), S. 69 f.

63. Metz, Karl Heinz (1988), S. 33, S. 77 und S. 80.

abschreckend gestaltet wurde. Die Zustände in diesen Anstalten wurden extra so abschreckend konzipiert, daß sogar der Ärmste nur in äußerster Not um Unterstützung bat. Begründet wurden diese harten Maßnahmen damit, daß die Wohlfahrt des ganzen Landes gefährdet sei, sofern nicht die permanente Gefahr des Hungers die Armen zur Arbeit und vorausschauender selbstverantwortlicher Lebensplanung zwingen würde. Der Grundsatz der Selbstverantwortung wurde sogar soweit getrieben, daß Alimente für uneheliche Kinder vom Vater nicht mehr gezahlt werden mußten, da ja die Mütter als mündige Frauen für ihren Körper selbst zuständig seien.

Zwei entscheidende Tatsachen wurden bei dieser Gesetzgebung völlig übersehen.

1. Das Problem stark ungleichgewichtiger Arbeitsmärkte aufgrund der stark schwankenden Arbeitsnachfrage im Konjunkturzyklus konnte vom einzelnen Arbeitnehmer nicht gelöst werden. Arbeitslosigkeit und Armut können nicht einfach als individuelles Versagen betrachtet werden. Diese Sicht der Dinge unterstellt im Grunde, daß alle Faktoren, die die Lebenshaltung eines Individuums beeinflussen, auch von diesem kontrolliert oder zumindestens vorhergesehen werden können.

2. Das Selbsthilfepotential der Bevölkerung wurde völlig falsch eingeschätzt, da sogar in "guten Jahren" für die breite Masse der Bevölkerung nur ein Leben knapp am Rande des Existenzminimums gesichert war.[64]

Durchzusetzen war das neue Armengesetz, das aus liberaler Sicht nur eine second best-Lösung darstellte[65], nur durch Schaffung einer Zentralbehörde und Stärkung der Zentralgewalt auf Kosten der kommunalen Armenfürsorge bei strenger Kontrolle derselben durch Armenkommissare. Da auch im neuen Armengesetz von 1834 die Armenverwaltung auf kommunaler Ebene und unter Kontrolle lokaler Eliten verblieb, die zentralstaatliche Armenrechtsverwaltung politisch schwach und völlig unterbesetzt war und das neue Gesetze viele Mißbrauchsmöglichkeiten

64. Metz, Karl Heinz (1988), S. 18 f. und S. 75 ff.

65. Die Ideallösung wäre aus damaliger liberaler Sicht die völlige Abschaffung jeglicher Armenhilfe gewesen. Da dies gesellschaftlich nicht durchsetzbar war, sollte wenigstens eine stärkere "Bestrafung" der Armut erreicht werden (Metz, Karl Heinz (1988), S. 74).

offen ließ, klaffte eine erhebliche Lücke zwischen Rechtsanspruch und Rechtswirklichkeit.[66] Den neuen Formen der Armut in industriellen Regionen, die anders als auf dem Land nicht aus einer ökonomischen Dauerkrise resultierten, wurde dieses Gesetz nicht gerecht. Es war nicht auf die Sicherheitsbedürfnisse einer dem Konjunkturzyklus ausgelieferten Arbeiterschicht ausgerichtet. Welchen Einfluß nun die Armenrechtsreform von 1834 auf das Migrationsverhalten der ländlichen Unterschichten und die Bildung eines freien, rein nach Marktgesetzen funktionierenden Arbeitsmarktes hatte, läßt sich nur vermuten. Ab Mitte des 19. Jahrhunderts ist eine verstärkte Abwanderung auch für Süd- und Ostengland festzustellen. Zeitgleich führten Verbesserungen in der Erntetechnologie in den 1850er und 1860er Jahren zu einer Verminderung der für die Ernte benötigten Arbeitskapazität um 40 %. In den Jahren 1815-1835, die durch einen Verfall der Agrarpreise und stagnierende Reallöhne gekennzeichnet waren, ist dagegen kein Fortschritt in der Agrartechnologie festzustellen. Die mehrere Jahrzehnte anhaltende gute Agrarkonjunktur ab Mitte der 1840er Jahre, die die Einkommenssituation der Farmer wieder stabilisierte, bei anhaltenden Reallohnsteigerungen durch die ständig steigende Arbeitskräftenachfrage in der Industrie, machte eine Glättung der saisonalen Arbeitsbedarfsschwankungen durch technische Innovationen, welche die Arbeitsproduktivität in der Ernte erhöhten, für die Landwirtschaft überlebensnotwendig. Die Erhöhung der Kapitalintensität pro Arbeitskraft war für die Farmer kostengünstiger, als eine durch die Konkurrenz der Industrie bewirkte permanente Erhöhung der Unterstützungszahlungen. Es scheint so, daß in erster Linie nicht die Armengesetzreform die Mobilität der ländlichen Unterschichten erhöhte, sondern das Wachstum des industriellen Sektors und der ab ca. 1840 mehrere Jahrzehnte anhaltende Trend zur Reallohnerhöhung das alte Armenrecht als Mittel der Arbeitsmarktpolitik ökonomisch sinnlos machten.[67] Ökonomischer Strukturwandel und nicht diskretionäre Maßnahmen, wie z.B. neue Gesetze, scheinen in erster Linie für das Verschwinden der Unterstützungsformen des alten Armenrechts verantwortlich zu sein.

---

66. Digby, Anne (1975), S. 70 - 74; Rose, Michael E. (1966), S. 607 - 620 und Metz, Karl Heinz (1988), S. 80 ff.

67. Zur ländlichen Migration ab ca. 1850 s. Snell, K.D.M. (1981), S. 432. Zur Lage der britischen Landwirtschaft 1820-1860 s. Hueckel, G. (1981), S. 192 ff. Zur Arbeitsersparnis in der Ernte durch technische Innovation s. Hueckel, G. (1981), S. 200 ff. und die klassischen Artikel von Collins, E.J.T. (1969[2]), S. 453 - 473 und Collins, E.J.T. (1969[1]), S. 61 - 94.

Das Gesetz erfüllte insofern den von seinen Befürwortern intendierten Zweck, da in den 10 Jahren nach 1834 die Armenausgaben von £ 7 Mio. auf £ 4,5 Mio. bis £ 5 Mio. jährlich reduziert wurden.[68]

3. Der Triumph des Liberalismus: Der Sieg der Freihandelsbewegung

Eine Generation,[69] bevor die Industrie gegen Zölle und Handelsbeschränkungen Sturm lief, hatte Adam Smith die möglichen Vorteile des Freihandels herausgearbeitet. Nach Ansicht der liberalen Freihandelsdoktrin läßt sich eine weltweite Arbeitsteilung in ihren Folgen analog zur Arbeitsteilung innerhalb einer Volkswirtschaft beurteilen. Weltweit höhere Produktivität, höheres Wachstum und sinkende Kosten seien die Effekte des Freihandels. Die von Ricardo entwickelte Theorie des komparativen Kostenvorteils lieferte eine in sich schlüssige Begründung, daß sogar ein unterentwickeltes Land, welches in der Produktion aller Güter teurer ist, von Außenhandel profitieren kann.[70] Diese liberale Außenhandelstheorie stand im krassen Gegensatz zur merkantilistischen Theorie, nach der im Außenhandel ein Gewinn nur möglich war auf Kosten eines anderen.

Seit 1838 in der Anti-Corn Law Association effektiv organisiert, forderte die Freihandelsbewegung, die v.a. vom industriellen Mittelstand getragen wurde, immer vehementer die Abschaffung der Zölle und Korngesetze. Diese waren erlassen worden, um den größten britischen Wirtschaftssektor, die Landwirtschaft, insbesondere während des Agrarpreisverfalls in den 1820er Jahren, vor ausländischer Konkurrenz zu schützen. Der ideologische Druck des "Laissez-faire" stellte eine der stärksten Waffen der Freihandelsbewegung dar.[71]

68. Metz, Karl Heinz (1988), Anm. 56, S. 85.

69. Zur Realisierung einer Freihandelspolitik im Prozess der britischen Industrialisierung s. Deane, Phyllis (1974), S. 189 - 219.

70. Zu den Argumenten der Freihandelsdoktrin s. Birnstiel, Ekkehard (1982), S. 82 ff.

71. Coats, A.W. (1971), S. 28 ff und Kindleberger, C.P. (1975), S. 20 - 55.

Mit der Abschaffung der Korngesetze 1846 und der Rücknahme oder Verminderung der meisten Zölle hatte die Freihandelsbewegung ihr Ziel erreicht. In ihrem Sieg drückte sich eine Machtverschiebung innerhalb des englischen Establishments aus. Die wachsende Industrie hatte erstmals ihre Interessen gegen die Landwirtschaft durchgesetzt, wohlhabende urbane Mittelschichten drängten immer stärker nach Partizipation an der politischen Macht neben der etablierten ländlichen Aristokratie. Die Folgen der Industrialisierung spiegelten sich nun auch im politischen Feld wieder.

Die tatsächlichen ökonomischen Folgen der Freihandelspolitik lassen sich nur schwer abschätzen. Die Zeitzeugen selber maßen ihr enorme Bedeutung bei. Freihandel sorgte nach ihrer Meinung durch billigere Agrarprodukte für steigende Reallöhne ohne Kostensteigerungen für die Industrie. Potentiellen Abnehmern britischer Industrieprodukte wurde die Möglichkeit gegeben, durch eigene Agrarexporte ihre Nachfrage nach englischen Produkten realisieren zu können. Eine Beibehaltung der Kornzölle würde die anderen Länder nur zwingen, sich schneller zu industrialisieren, so daß Englands Industrie Konkurrenz bekommen würde. Freihandel galt als unbedingte Voraussetzung zum Erhalt der Prosperität der britischen Wirtschaft.[72]

Nach Aufhebung der Kornzölle sank das Preisniveau für Agrarprodukte kaum ab. Gleichzeitig verdoppelten sich in den 10 Jahren nach 1846 die Getreideimporte bei sinkender inländischer Getreideproduktion. Zumindestens scheinen die massiven Importzuwächse bei ständig steigender Nachfrage einen Druck der Getreidepreise auf die Reallöhne verhindert zu haben. Die von den Befürwortern der Kornzölle befürchtete Verminderung der Renditen im Agrarsektor trat nicht ein. Bei langanhaltend guter Agrarkonjunktur ab Mitte der 1840er Jahre verhinderte eine Umstellung auf Viehproduktion Einkommenseinbrüche für die Landwirtschaft. Ganz im Gegenteil, die Renditen nahmen sogar zu.[73] Um die Mitte des 19. Jahrhunderts besaß die britische Industrie auf dem Weltmarkt eine Quasimonopolstellung. Noch 1876-85 waren, im Weltmaßstab betrachtet, 38 % aller Exporte britischer Herkunft. Für die Jahrhundertmitte dürfte diese Zahl noch höher gelegen

72. Harley, C.K. und McCloskey, D.N. (1981), S. 56 ff.

73. Vamplew, Wray (1980), S. 390 - 395.

haben.[74] Über 80 % aller britischen Exporte in den Jahren 1800-1850 waren gewerbliche Güter, wobei über 2/3 dieser Exporte vom modernen industriellen Sektor erbracht wurden. Im Führungssektor der britischen Industrialisierung, der Baumwollindustrie, gingen ca. 60 % des Outputs in den Export.[75] Diese Zahlen belegen, welche große Rolle der Außenhandel im 19. Jahrhundert für die Industrie spielte. Einige Historiker vertreten die Ansicht, daß die für die erste Hälfte des 19. Jahrhunderts festgestellte rapide Verschlechterung der Terms of trade (ToT) für Industrieprodukte gegenüber Agrarprodukten aufgrund der relativ stärkeren Zunahme des industriellen Outputs für England sogar leichte Wohlfahrtsverluste brachte, mithin die Freihandelspolitik bei steigender Importabhängigkeit der britischen Wirtschaft ein Fehler war.[76]

Dieser These des "immiserizing growth" (Verelendungswachstum) konnte aber wirkungsvoll widersprochen werden. Nur unter bestimmten Bedingungen führen fallende ToT zu Wohlstandsminderung. Entscheidend ist die Entwicklung der ToT der Produktionsfaktoren im Exportsektor (single factorial Terms of trade). Diese werden verbessert durch Zunahme der Faktorproduktivität und verschlechtert durch die Verminderung der ToT für Exportgüter gewichtet mit dem Importanteil am Inlandskonsum. Je geringer nun die Importabhängigkeit einer Volkswirtschaft, desto niedriger die negativen ToT-Effekte und je höher die Zunahme der Faktorproduktivität, desto eher kann vermehrte Exportproduktion zu einer Steigerung der realen Faktoreinkommen in der Exportindustrie und somit für die gesamte Volkswirtschaft führen. Dies war in England für den betrachteten Zeitraum bis zur Jahrhundertmitte der Fall. Die modernen Sektoren mit den höchsten Produktivitätssteigerungsraten, hier ist v.a. die Baumwollindustrie zu nennen, bestritten auch den Hauptteil der Exporte. Das Vorhandensein großer Exportmärkte führte zu einer schnelleren Industrialisierung des Textilsektors, im Gegensatz z.B. zu Frankreich, wo diese Märkte fehlten,[77] so daß eine antiprotektionistische Freihandelspolitik zur Sicherung der Märkte und des industriellen Wachstums die einzig sinnvolle Politik war.

---

74. Harley, C.K. und McCloskey, D.N. (1981), S. 53.

75. Crafts, N.F.R. (1985), S. 142 ff.

76. Harley, C.K. und McCloskey, D.N. (1981), S. 53 ff. und S. 61.

77. Crafts, N.F.R. (1985), S. 141 - 154.

E. Das Beispiel Preußen[78]

1. Aufgeklärter Absolutismus, französische Revolution und militärischer Zusammenbruch 1806

Der Transformationsprozeß zur modernen Marktgesellschaft war seit Mitte des 18. Jahrhunderts auch in Deutschland in vollem Gange. Die Ausdehnung und Vernetzung von isolierten Märkten zu einem System interdependenter Märkte hatte sich im 18. Jahrhundert erheblich beschleunigt (v.a. ländliche Textilproduktion für den Weltmarkt und internationaler Getreidehandel). Das einsetzende Bevölkerungswachstum sprengte das traditionelle dörfliche Gefüge. Der Siegeszug der staatlichen Bürokratie begann mit dem Ziel, lokale Gewalten und partikularistische ständisch-feudale Machtzentren zu beseitigen, um einheitliche Rechtsverhältnisse für alle Untertanen zu schaffen.

Allerdings traf der Modernisierungsprozeß auf schwere Hindernisse. Das Bürgertum bestand in seiner großen Mehrheit noch aus ständisch orientierten zünftigen Handwerkern. Bildungsbürgertum und Unternehmertum als Träger eines Modernisierungsprozesses befanden sich als gesellschaftliche Schichten noch in der Phase ihrer Entstehung. Der Adel sah seine dominierende Machtposition an die Existenz der ständischen Gesellschaft gebunden. Die Bauernschaft unterlag noch mehr oder weniger feudalen Abhängigkeitsverhältnissen. Die Ersten, die einen dringenden Modernisierungsbedarf sahen, waren einige von den Ideen der Aufklärung geprägte Mitglieder der bürokratischen Elite.[79] Die Generation der preußischen Reformbeamten wurde hierbei besonders von den Ideen Adam Smith's geprägt, der einen entscheidenden Einfluß auf das ökonomische Denken der

78. Das Beispiel des Königreiches Preußen wurde gewählt, da hier das realisierte ökonomische Reformpaket am ehesten als liberale Wirtschaftspolitik bezeichnet werden kann. Ein Vergleich mit den wirtschaftlichen Reformen in anderen deutschen Territorien würde den Rahmen dieses Kapitels sprengen. Es soll aber darauf hingewiesen werden, daß andere deutsche Staaten in ihren Reformansätzen erhebliche Differenzen zu Preußen aufweisen. Zum Kurzüberblick s. Nolte, Paul (1990), S. 10 ff. und S. 191 ff.

79. Die neuere Forschung betrachtet die Bürokratie nicht mehr als einheitlichen monolithischen Block. Es kann vermutet werden, daß selbst in den Jahren druchgreifendster Reformtätigkeit die Mehrheit der Beamten ihre konservative Grundhaltung behielt. Siehe hierzu Nolte, Paul (1990), S. 26 f. und S. 39 ff.

deutschen Aufklärung ausübte. Smith bot in seinem "Wealth of Nations" letztendlich auch einen Leitfaden für die Freisetzung von Wachstumskräften in einem unterentwickelten Land, wobei er sich intensiv mit den notwendigen politischen und gesellschaftlichen Rahmenbedingungen auseinandersetzte, die in Deutschland erst noch zu schaffen waren.[80]

Da die gesellschaftlichen Träger einer kapitalistischen Entwicklung, nämlich ein selbstbewußtes und freies Unternehmertum fehlten, entwickelten Teile der bürokratischen Elite die Vorstellung der Schaffung einer liberalen Wirtschaftsgesellschaft quasi "von oben" durch den Beamtenstaat, bis die Untertanen zu mündigen Staats-und Wirtschaftsbürgern erzogen waren. Dringender Handlungsbedarf für die Staatsführung bestand spätestens seit der französischen Revolution und den Feldzügen Napoleons. Die erdrückende Überlegenheit eines vom Bürgertum getragenen dynamischen Gemeinwesens über ständisch organisierte Fürstenstaaten konnte nicht deutlicher vor Augen geführt werden. Doch erst die totale militärische Niederlage Preußens 1806 gab der Reformpartei innerhalb der preußischen Bürokratie fürs erste freie Hand.[81]

2. Perestroika auf preußisch

a. Liberale Beamte contra ständische Gesellschaft

Nach der Niederlage gegen Napoleon stand Preußen vor dem Verlust seiner staatlichen Existenz. Es verlor die Hälfte seines Staatsgebietes sowie seiner Untertanen und wurde mit einer damals phantastisch hohen Tributzahlung von 140 Mio. Franc belegt. Endlich war der Weg frei für Reformbürokraten wie Freiherr vom Stein und Fürst Hardenberg, der von 1810 bis 1822 als Staatskanzler federführend die Reformen durchführte. Die alte Elite, insbesondere der altpreußische konservative Adel, hatte kein Konzept zur Lösung der allgemeinen Krise. Dies ermöglichte es einer kleinen Elite von Reformern, die Hardenberg im Büro des

80. Wehler, Hans-Ulrich, (1987^1), S. 332 - 341, zu Adam Smith's Rezeption in der preußischen Bürokratie S. 404 ff. und allgemein für die deutsche Aufklärung s. Garber, Jörn (1979), S. 61 - 94.

81. Zum allgemeinen Überblick über die Reformen s. Wehler, Hans-Ulrich (1987^1), S. 397 - 445 und S. 531 - 546.

Staatskanzlers zusammenbrachte, die Reformen auszuarbeiten und voranzutreiben. Bei dieser Gruppe handelte es sich nicht unbedingt ihrer sozialen Herkunft, wohl aber ihrer politischen Einstellung nach um Außenseiter der Bürokratie.[82] Für sie stellte das aufgeklärt-absolutistische friderizianische Preußen nicht die auf ewig festgeschriebene letzte Weisheit in Sachen Staatskunst dar. Vielmehr sahen sie in dem unbeirrten Festhalten an absolutistischen Prinzipien die größte Gefahr für den Fortbestand Preußens.[83] Die Reformer hatten sich, lange Zeit verfemt, als Verfechter einer liberalen Wirtschafts- und Gesellschaftspolitik ausgewiesen.[84]

Ihr Ziel war, die wegen der bestehenden feudalen und ständischen Rechts-und Verfassungsverhältnisse brachliegenden Produktivkräfte durch Appell an den individuellen Eigennutz zu wecken. Es ging um die Mobilisierung aller gesellschaftlichen Ressourcen, um kuzfristig die drückende französische Fremdherrschaft abzuschütteln und langfristig Preußens Bestand durch Anschluß an den gesellschaftlichen Modernisierungsprozess der westeuropäischen Staaten zu sichern. Schließlich war die preußische Bürokratie schon aus Eigeninteresse an der Weiterexistenz Preußens interessiert und letztendlich nahm ihr Herrschaftsbereich mit Einsetzen der kapitalistischen Entwicklung auf Kosten ständischer Gewalten zu.[85] Folgendes breit angelegte Modernisierungsprogramm wurde entwickelt und versucht, es in die Tat umzusetzen, um eine Marktgesellschaft zu "installieren".

- Umwandlung feudalen Eigentums in Privateigentum durch eine Agrarreform
- Abschaffung der Erbuntertänigkeit und Frondienste der Bauern, um einen freien Arbeitsmarkt herzustellen
- Erlaß der allgemeinen Gewerbefreiheit
- Beseitigung der Ständeunterschiede, um das Leistungsprinzip zur Geltung zu bringen und die soziale Mobilität zu erhöhen und weitere umfassende Fiskal-und Verwaltungsreformen.

82. Vogel, Barbara (1983), S. 58 - 64.

83. Zum Programm und den allgemeinen Vorstellungen der Reformer s. Hardenbergs Rigaer Denkschrift vom 12. September 1807 bei Winter, Georg (1931), S. 302 - 363.

84. Vogel, Barbara (1979), S. 71.

85. Vogel, Barbara (1978), S. 67 ff.

Zusammenfassend gesagt, handelt es sich hierbei - um einen modernen Begriff zu verwenden - um Wachstumspolitik mit ordnungspolitischen Mitteln zur Überwindung der Rückständigkeit Preußens ohne staatliche Umverteilungspolitik zur Abfederung der enormen sozialen Kosten. Das Paradoxe an dieser liberalen Wirtschaftspolitik war, daß sie nur erfolgreich durchgeführt werden konnte, weil eine kleine Beamtenelite sie mit absolutistischen Mitteln und staatlichem Zwang gegenüber einer rückständigen Gesellschaft durchzusetzen vermochte. Die Reformen mußten praktisch gegen den Widerstand aller Bevölkerungsgruppen realisiert werden. Das schwerste Reformhinderniss war der auf wirtschaftlicher Rückständigkeit basierende Traditionalismus. Der Adel lehnte zuerst jede Agrarreform vehement ab, die Gewerbefreiheit stieß auf heftige Opposition der Stadtverordnetenversammlungen, den Bauern fehlte jede Möglichkeit einer Artikulation ihrer Interessen als Erwerbsklasse im politischen Raum. Sie v.a. wurden belastet mit den neu eingeführten direkten Steuern, um die hohen Kriegsschulden zu begleichen. Besonders betroffen waren große Teile der ländlichen Bevölkerung von der Privatisierung der Allmende. Die liberale Idee der individuellen Freiheit war ständig bedroht von lokalen Obrigkeiten, lokalen Korporationen und ständischem Partikularismus. Ihre Durchsetzung im Preußen des beginnenden 19. Jhd. konnte nur "von oben" garantiert werden.[86]

Die ständische Realität Preußens prägte die Durchführung der Reformen entscheidend, insbesonders bei allen Fragen die den Adel betrafen. Die Agrarreform konnte letztendlich nur in einer Form verwirklicht werden, die die Junker gegenüber den ehemals abhängigen Bauern erheblich begünstigte. Der Adel erhielt für den Wegfall seiner feudalen Rechte hohe Entschädigungszahlungen und Kompensation in Form von Landabtretungen von Seiten der Bauern. Dies führte zur Parallelität von wirtschaftsliberaler Reform und politischer Konservierung der Herrschaftsordnung auf dem Lande durch wirtschaftliche Sanierung des Adels. Am Beispiel der Gewerbefreiheit, die durch zwei Hardenbergsche Edikte von 1810 und 1811 eingeführt wurde, soll dann im folgenden Kapitel die Frage behandelt werden, ob die Reformen tatsächlich langfristige ökonomische Strukturumwandlungsprozesse so maßgeblich beeinflussen konnten, wie dies die Reformer selbst und viele Historiker nach ihnen glaubten.

---

86. Vogel, Barbara (1979), S. 70 ff.

b. Die Einführung der Gewerbefreiheit

Die Gewerbefreiheit[87] bildete einen der zentralen Punkte des wirtschaftlichen Reformprogrammes. Sie war Anfang des 19. Jahrhunderts nicht als Handwerkspolitik konzipiert, sondern stellte ein ordnungspolitisches Konzept zur Modernisierung der gesamten Volkswirtschaft durch Ausbau von Marktstrukturen dar. Ihr Kernpunkt war die Beseitigung aller nicht-ökonomischen Markteintrittsbarrieren (Wegfall staatlich garantierter Monopole, freier Grundstücksverkehr, uneingeschränktes Niederlassungsrecht, Brechung der Zunftmacht, Freihandel etc.) und die volle Legalisierung von Marktergebnissen. Ziel war ein konsequenter Bruch mit dem merkantilen System permanenter Staatsintervention. Durchgeführt werden sollten die Reformen in den verbliebenen hauptsächlich agrarisch strukturierten rückständigen altpreußischen Territorien. Man hoffte, durch die Gewerbefreiheit gerade den ländlichen Wirtschaftsraum zu modernisieren. Das Verbot der Gewerbeausübung außerhalb der Städte war in den alten Gebieten Preußens aus Gründen der Vereinfachung der Steuereintreibung der Akzise (eine Art Umsatzsteuer) eingeführt worden. Dies hatte nach Meinung der Reformer zu einer ungleichmäßigen und suboptimalen gewerblichen Standortverteilung in Preußen geführt. Den Vorteil der Verbreitung des Landgewerbes sah man in niedrigeren Kosten durch geringere Löhne und leichteren Energiezugang. Durch Beseitigung der politisch bedingten Verzerrung der optimalen Faktorallokation sollten Arbeitsplätze auf dem Land entstehen. Von einer gewerblichen Durchdringung ländlicher Gebiete erwartete man eine Zunahme der monetären Einkommen und der Arbeitsteilung; daraus resultierend eine steigende inländische Nachfrage nach gewerblichen Gütern. Gleichzeitig sollte eine liberale Freihandelspolitik die preußischen Agrarexporte erhöhen. Die dadurch bewirkten Einkommenssteigerungen im Agrarsektor kämen einer Erhöhung der Inlandsnachfrage nach gewerblichen Gütern zugute. Zusammenfassend gesagt handelt es sich hierbei um eine angebotsorientierte Wachstumspolitik in Reinform. Direkte öffentliche Eingriffe wie staatlich gegründete Fabriken oder weitestgehende Protektion für Fabriken und Manufakturen sollten möglichst vermieden werden. Als

87. Vogel, Barbara (1983), S. 135 - 164 und S. 198 - 224.

Vorbild galt dabei nicht so sehr das industrialisierte England, sondern die protoindustriell durchdrungenen ländlichen Gebirgsregionen der Schweiz, Sachsens und Schlesiens.

Diese Politik der Mobilisierung der Marktkräfte wurde nach Meinung der Reformer auch notwendig, um der ständig wachsenden Bevölkerung Beschäftigungsmöglichkeiten zu bieten, die im Rahmen der traditionellen Wirtschaft nicht entstehen konnten. Scharnweber, einer der Reformbeamten, argumentierte hierbei, daß die chronische Winterarbeitslosigkeit und die fehlenden Beschäftigungsmöglichkeiten die Produktivität in den beschäftigungsreichen Sommermonaten vermindern würde.[88]

Eng verknüpft mit der Gewerbefreiheit war die fast vollständige Revision der merkantilen preußischen Zollpolitik. Das preußische Zollgesetz vom 26. Mai 1818 hatte die Abschaffung sämtlicher Binnenzölle und Akzisen und die Verlagerung der Zollerhebung an die Landesgrenzen zum Ziel. Erstmals wurde so aus den westlichen und den östlichen Provinzen des Königreiches Preußen ein einheitlicher Wirtschaftsraum und das unübersichtliche Abgabensystem innerhalb des Staatsgebietes erheblich vereinfacht. Die Waren der gewerbereichen Westprovinzen wurden in Altpreußen nicht mehr als ausländische Waren behandelt. Prohibitivzölle und Einfuhrverbote für alle Waren außer für Spielkarten und Salz wurden aufgehoben. Die Besteuerung erfolgte nach Gewicht, Maß und Stückzahl und nicht nach dem Warenwert, um a) den subjektiven Ermessensspielraum der Zollbeamten einzuschränken und b) die Kalkulation der Steuerbelastung für die Unternehmer zu erleichtern. Wobei, bei moderatem Zollniveau, Endprodukte höher besteuert wurden als Vorprodukte oder Rohstoffe. Die Administration sah ausländische Konkurrenz als nötig an, um die heimische Industrie zu entwickeln. Gleichzeitig würden Waren für die Konsumenten billiger und Steuereinnahmen von den Gemeinden und Provinzen an den Zentralstaat umgelenkt werden. Schmuggel würde sich bei niedrigen Zöllen nicht mehr lohnen, florierender Handel dem Staat

88. Vogel, Barbara (1983), S. 149 f und Anmerkung 58 auf S. 149.

höhere Einnahmen bescheren und das Freihandelssystem den Abschluß günstiger Handelsverträge erlauben. Besonders die preußischen Agrarexporte könnten von intensiviertem Außenhandel profitieren.[89]

Wie ist nun das theoretische Konzept der Reformer zu beurteilen? Die von ihren konservativen Gegnern als realitätsblinde Theoretiker verschrieenen Reformer hatten erkannt, daß die Krise der preußischen Wirtschaft struktureller Art war, die nach grundlegender ordnungspoltischer Reform verlangte und nicht, wie ihre Gegenspieler meinten, durch einige drastische Einzelmaßnahmen und staatliche Hilfsprogramme zu beheben war. Die Reformer sahen fehlende Marktstrukturen und Produktionsanreize als Gründe für die Gewerbekrise und ländliche Arbeitslosigkeit und nicht mangelnde staatliche Protektion. Damit hatten sie die Zeichen der Zeit erkannt. Mit der Erkenntnis, daß in einem agrarisch strukturierten Entwicklungsland die ländlichen Gebiete als Basis staatlicher Entwicklungspolitik dienen müssen, verfolgten sie ein Konzept, das seit Mitte der 1970er Jahre von der Mehrheit der Entwicklungstheoretiker favorisiert wird im Gegensatz zur alleinigen forcierten Industrialisierung.[90] Wobei der moderne sog. "redistribution with growth"-Ansatz fast identische Argumentationsketten verwendet wie der Reformerkreis um Hardenberg.[91] Ziel war nicht, einen staatlich initiierten Entwicklungsprozess in einem "modernen" Sektor zu beginnen, sondern das vorhandene ökonomische Potential des Agrarsektors durch Schaffung von Märkten auf breitester Basis zu mobilisieren.

Es bleibt allerdings noch die Frage zu beantworten, ob nicht der langfristige ökonomische Wandel in Richtung Marktintegration aller Wirtschaftssektoren unter den Bedingungen eines stetigen Bevölkerungswachstums nicht schon von selbst die Grundlage für stetiges Wirtschaftswachstum und die Zerstörung der traditionellen Ständewirtschaft gelegt hatte, so daß die Reformen die wirtschaftlichen Strukturbrüche nur noch im Nachhinein legalisierten, ohne sie erheblich zu beschleunigen. Unterstützt wurde der ökonomische Modernisierungsprozess durch

89. Ohnishi, Takeo (1973), S. 7 - 59, S. 226 - 229; Ohnishi, Takeo (1980), S. 266 - 284 und Wehler, Hans-Ulrich (1987[1]), S. 443 ff.

90. Priebe, Hermann, Hankel, Wilhelm (1980).

91. S. auch Haen, Hartwig de (1982) und Priebe, Hermann, Matzke, Otto (1973), S. 9 - 56.

die staatliche Politik insofern, daß mögliche Behinderungen verringert wurden. Entgegen der Meinung der Reformer kam es nämlich nicht zu dem erhofften raschen Wirtschaftswachstum nach Einführung der Gewerbefreiheit.[92] Die politischen Eingriffsmöglichkeiten zur Erhöhung der aggregierten Nachfrage und des Pro-Kopf-Einkommens sind zu Beginn des 19. Jahrhunderts doch eher als gering zu veranschlagen. Bei allen Entwicklungen, die besonders in der traditionellen deutschen Geschichtsschreibung[93] mit der Gewerbefreiheit in Verbindung gebracht werden wie Überbesetzung des Handwerks, der rasche Aufschwung des Landhandwerks und der Beginn der Industrialisierung, lassen sich überzeugende Gründe finden, um die Rolle der Einführung der Gewerbefreiheit erheblich zu relativieren. Schon Ende des 18. Jahrhunderts wiesen besonders Handwerke des täglichen Bedarfs mit niedriger Kapitalintensität wie Schneider, Schuhmacher, Kesselflicker etc., die auch den größten Teil der Handwerkerschaft stellten, erhebliche Überfüllungserscheinungen auf. Sie dienten v.a. der Absorption des ständig steigenden Arbeitskräftepotentials der wachsenden Bevölkerung. Bis 1860 läßt sich für alle deutschen Territorien, ob mit oder ohne Einführung der Gewerbefreiheit, eine Zunahme der Handwerkerdichte feststellen, die vom Bevölkerungsdruck abhing.[94] Die für Ostelbien festgestellte starke Zunahme des Landhandwerks ab Ende der 1820er Jahre mag wohl durch die Gewerbefreiheit erleichtert worden sein, aber erst die Zuwächse der bäuerlichen Einkommen im Zuge der fortschreitenden Agrarreform[95] und der zunehmend günstigen Agrarkonjunktur ab ca. 1830 ermöglichten eine Nachfragesteigerung nach gewerblichen Gütern von Seiten des Agrarsektors.

---

92. Vogel, Barbara (1983), S. 202, S. 205 und S. 218.

93. In der neueren deutschen Geschichtsschreibung wird die Rolle der Gewerbepolitik für den wirtschaftlichen Wachstumsprozess der industriellen Revolution dagegen schon erheblich modifiziert (besonders Kaufhold, Karl Heinrich (1982), S. 102 - 114; aber auch Vogel, Barbara (1983), S. 227 und Wehler, Hans Ulrich (1987[1]), S. 431). Nichtsdestotrotz unterblieb bisher eine theoriegeleitete systematische Analyse des Prozesses der Marktintegration in Deutschland und deren Folgen für das Wirtschaftswachstum in der ersten Hälfte des 19. Jahrhunderts. Auch die neuere deutsche Geschichtsschreibung konzentriert sich oft noch auf die Bürokratie und ihre Rolle für die ökonomische Entwicklung Preussens. Als bestes Beispiel Vogel, Barbara (1983).

94. Henning, Friedrich Wilhelm (1970), S. 142 - 172 und Kaufhold, Karl-Heinrich (1970), S. 24 - 64.

95. Harnisch, Hartmut (1984), S. 329 - 342.

Es besteht nur unter bestimmten restriktiven Bedingungen ein Zusammenhang zwischen Einführung der Gewerbefreiheit und forciertem Wirtschaftswachstum und Industrialisierung. Unter den Bedingungen einer nichtindustrialisierten Wirtschaft bei permanenter Unterbeschäftigung des Faktors Arbeit ohne nennenswerten technischen Fortschritt und nichtfunktionierendem Kapitalmarkt und daraus resultierender Kapitalknappheit kann Wirtschaftswachstum nur durch volle Ausnutzung des Arbeitspotentials erreicht werden. Dies ermöglicht eine Kapitalbildung ohne Konsumverzicht durch weitestgehende Mobilisierung des relativ reichlich vorhandenen unterbeschäftigten Faktors Arbeit zur Erstellung von Kapitalgütern (verstärkte Bautätigkeit, Wegebau, Bodenverbesserung, Urbarmachung). Voraussetzung ist eine sehr niedrige Kapitalintensität der Wirtschaft. Bei zunehmender Arbeitsintensität erhöht sich durch "nichtmonetäre" Kapitalbildung dann langsam die Arbeitsproduktivität und bei konstanten Reallöhnen somit die mögliche Kapitalakkumulation pro Kopf. Der Anreiz zu Produktionserhöhungen durch erhöhten Arbeitseinsatz wird hierbei über Märkte vermittelt. Permanente Preissteigerungen für Agrarprodukte erhöhen das Grenzwertprodukt der Arbeit und lassen somit eine Steigerung des Arbeitseinsatzes und der Arbeitsintensität sinnvoll erscheinen.[96] Genau dies scheint geradezu idealtypisch in Preußen der Fall gewesen zu sein.[97] Eine Erhöhung der Gewinne in den traditionellen Sektoren bedeutet aber noch lange nicht, daß diese Mittel zur Kapitalakkumulation in der entstehenden Industrie verwendet werden. Für die erste Hälfte des 19. Jahrhunderts gilt es als ziemlich gesichert, daß sich die ersten Industriebetriebe v.a. aus ihren eigenen Gewinnen finanzierten und nicht über Kapitalzuflüsse aus anderen Sektoren.[98] Der Beitrag der Gewerbefreiheit zur Herbeiführung des Industrialisierungsprozesses kann eher als gering veranschlagt werden. Die Erhöhung der Nachfrage nach gewerblichen Gütern ab Ende der 1820er Jahre ist wohl eher auf die langanhaltende gute Agrarkonjunktur

96. Zimmermann, Louis Jaques (1975), S. 37 - 55; Hankel, Wilhelm (1975), S. 9 - 27.

97. Zur Entwicklung der Arbeitsproduktivität in der ostelbischen Landwirtschaft für die erste Hälfte des 19. Jahrhunderts s. Dickler, Robert Alan (1975), S. 269 - 292. Für das Handwerk und die Protoindustrie liegen leider noch keine Zahlen zur Produktivitätsentwicklung vor.

98. Zu Fragen der Kapitalbildung in Deutschland im Vorfeld der Industrialisierung s. Borchardt, Knut (1972), S. 216 - 236; Tilly, Richard (1973), S. 146 - 165 und Wehler, Hans-Ulrich (1987²), S. 50 f. und S. 95 - 107.

zurückzuführen, als auf die Gewerbefreiheit. Ihr Einfluß auf die Entwicklung der ländlichen Gebiete Ostelbiens scheint dagegen von größerer Bedeutung zu sein, da nach Erlass der Gewerbefreiheit ein fiskalisch motiviertes staatliches Vorgehen gegen die Verbreitung des Landhandwerks unterblieb, so daß es sich ungehinderter als vorher ausbreiten konnte.[99] Die ständig steigende Getreidenachfrage Westeuropas hatte seit dem ausgehenden 18. Jahrhundert zu einer permanenten Ausdehnung der Ackerflächen geführt. Durch die forcierte Separierung der Gemeinheiten seit ca. 1820 war ein Landesausbau großen Stils möglich geworden. Das Problem der ausgeprägten Saisonalisierung des Arbeitskräftebedarfs stellte sich somit auch verstärkt in den ostelbischen Getreideanbaugebieten. Bis 1830 war durch die Urbarmachung riesiger Gebiete die ganzjährige Beschäftigung des ständig wachsenden Arbeitskräftepotentials gesichert. Nach 1830 wurde das Problem der chronischen Unterbeschäftigung für die ländlichen Unterschichten Ostelbiens immer drückender. Die Möglichkeit einer Beschäftigung außerhalb des Agrarsektors wurde für sie zunehmend zur Überlebensfrage.[100] Hier scheint das wachsende Landhandwerk eine Ventilfunktion gehabt zu haben, bis nach 1870 dann die massive Abwanderung in die neuen Industriereviere einsetzte. Abschließend läßt sich zur Beurteilung der Reformpolitik sagen, daß die Reformer die strukturellen Probleme der ländlichen Ökonomie im Zuge forcierter Marktintegration unter den Bedingungen stetigen Bevölkerungswachstums bei langsamem technischen Fortschritt erkannt haben. Es bleibt auch ihr Verdienst, eine den ökonomischen Realitäten angepaßte liberale marktkonforme Wirtschaftspolitik betrieben zu haben. Obwohl sie in ihrem von Adam Smith geprägten Politikkonzept die Macht anonymer Marktmechanismen ausdrücklich anerkannten, erlagen sie doch der Illusion, durch diskretionäre politische Maßnahmen binnen weniger Jahre das Wirtschaftswachstum forcieren zu können. Zumindestens kann nicht betritten werden, daß die preußischen Reformer den Aufbau eines einer Marktwirtschaft angepaßten institutionellen Rahmens beschleunigt haben. Damit wurde die staatliche Wirtschaftspolitik eher den ökonomischen Realitäten angepaßt, als daß sie diese schuf. Die "preußische Perestroika" wäre gescheitert, wenn die Kommerzialisierung und Marktorientierung großer Bereiche der Wirtschaft nicht schon

99. Vogel, Barbara (1983), S. 148 f.

100. Dickler, Robert Alan (1975), S. 269 - 292
Harnisch, Hartmut (1984), S. 136 - 168 u. S. 310 - 342
Schissler, Hanna (1978), S. 59 - 62 u. S. 159 - 164.

weit fortgeschritten gewesen wäre. Sowohl die Gewerbefreiheit als auch z.B. die Agrarreformen konnten nur dort Wirkung zeigen, wo die Marktintegration schon weit entwickelt war,[101] sie schufen aber von sich aus keine neuen Märkte mit erhöhter Nachfrage.

Das preußische Zollgesetz von 1818 gilt heute als das wirtschaftspolitische Meisterwerk der preußischen Reformer. Sein Zolltarif wurde 1834 vom Zollverein übernommen. Es schuf erstmals einen gesamtpreußischen Markt bei weitestgehender Deregulierung des Binnenhandels. De facto kam für die gewerbereichen westlichen Provinzen der neue Zoll gegenüber den vorangegangenen Jahrzehnten allerdings einem Schutzzoll gleich. Akzisen und Zölle hatte es hier kaum gegeben, da die Grundsteuer die wichtigste Abgabe war. Der Zwischen- und Transithandel in den westlichen Provinzen wurde durch das neue Zollsystem erheblich behindert.

Die Staffelung des Tarifes nach Fertigwaren, Vorprodukten und Rohstoffen war aber ideal auf die Bedürfnisse der wachsenden Industrie abgestimmt. Der Zolltarif entsprach hier einem List'schen Erziehungszoll. Gerade die preußische Textilindustrie erfuhr erhöhten Schutz gegenüber ausländischer Konkurrenz. Die preußische Regierung erkannte im Laufe der Jahre sehr wohl die schutzzöllnerische Wirkung der Zollreform, war aber nicht bereit, Tarifrevisionen durchzuführen, da der ursprüngliche Freihandelsgedanke immer stärker von fiskalischen Motiven überlagert wurde. Über die Wohlfahrtseffekte der preußischen Integration (Produktions- und Konsumtionseffekt versus Abschließungseffekt) liegen bisher keine Untersuchungen vor. Immerhin wurde für das westdeutsche Gewerbe in Ostelbien eine Markteintrittsbarriere beseitigt, in einer Zeit, als Frankreich und die Niederlande eine protektionistische Zollpolitik betrieben. Die Allokation der Produktionsfaktoren und der Binnenhandel wurde in Altpreußen durch die Beseitigung der Akzisen und Innenzölle erleichtert.

---

101. Für die Landwirtschaft ist jetzt verstärkt auf diesen Zusammenhang hingewiesen worden. S. Brakensiek, Stefan (1991), S. 402 f.
Zur Neubewertung der Wichtigkeit der Marktintegration für den Fortschritt im Agrarsektor s. Harnisch, Hartmut (1986), S. 37 - 70 und Harnisch, Hartmut (1989), S. 87 - 108.

Zusammenfassend läßt sich sagen, daß die Zollreform von 1818 einen Beitrag leistete zur Schaffung eines preußischen Binnenmarktes und in den ostelbischen Gebieten zur Beseitigung fiskalisch motivierter institutioneller Barrieren für die ländliche Gewerbetätigkeit führte. Es gilt für das Zollgesetz aber dasselbe wie für die Gewerbefreiheit. Es konnte keine Warenströme induzieren, wohl aber Rahmenbedingungen schaffen, die wirtschaftliches Wachstum erleichterten.

Die Abschaffung von Einfuhrverboten und Prohibitivzöllen stellen unzweideutig eine deutliche Zäsur preußischer Außenhandelspolitik, als Mittel zur Förderung der heimischen Wirtschaft, gegenüber dem merkantilistischen Zeitalter dar. Bezeichnend für diese liberale Reform ist aber, daß sie ohne Mitsprache und Konsultation der privaten Wirtschaft von der Bürokratie durchgeführt wurde. Noch Ende 1814 forderten z.B. Berliner Fabrikanten die Rückkehr zum alten Sperrsystem für ausländische Manufakturwaren. Doch die Zeiten änderten sich.

Im folgenden Kapitel sollen nun die Belastungen für die wirtschaftliche Entwicklung bis zur Revolution von 1848 behandelt werden, die daraus resultierten, daß die preußische Bürokratie, nach der weitestgehenden Entmachtung der Reformer um 1820, und der Adel ihre dominierende Machtposition in der Ausgestaltung der Wirtschaftspolitik nicht durch die Mitsprache der aufstrebenden Marktklassen, in erster Linie der Unternehmer, gefährdet sehen wollten.

c. Bürgertum gegen Adel und Staatsapparat

Die Schaffung einer Gesellschaft mündiger Staatsbürger mit ökonomischen Entscheidungsspielräumen in einer liberalen Marktwirtschaft durch die Erziehungsdiktatur einer aufgeklärten Beamtenelite war an sich schon ein Paradoxon. Die Probleme traten deutlich zutage, als seit Anfang der 1830er Jahre ein erstarkendes Unternehmertum immer vehementer Mitsprache im politischen Leben, insbesonders in der Gestaltung der Wirtschaftspolitik forderte.

Als Erwerbsklasse hatte die Bürokratie ein starkes Interesse am Erhalt und Ausbau ihrer Machtposition. Dies war die notwendige Voraussetzung zur Sicherung und Verbesserung ihrer ökonomischen Lage und ihres Sozialprestiges. Ideologisch begründete die Bürokratie ihren Herrschaftsanspruch mit der Lehre vom beschränkten Untertanenverstand, der nur fähig wäre, eigene Partikularinteressen zu sehen. Nur die Beamten seien dagegen in der Lage, über den Dingen stehend, das Gemeinwohl zur Geltung zu bringen. Jede politische Mitsprache des Bürgertums und Kontrolle der Verwaltung durch Volksvertretung und Verfassung war von Seiten der Bürokratie unerwünscht. Hier trafen sich ihre Interessen mit der des Adels, der Schicht mit der mächtigsten Lobby im Staatsapparat.[102]

Die Bürokratie bediente sich im Kampf gegen die Emanzipationsbestrebungen der Unternehmer v.a. wirtschaftspolitischer Maßnahmen. Im Gegensatz zur historischen Legende des vorausschauenden industriefreundlichen preußischen Beamtentums wurde die Industrialisierung von Staats wegen eher behindert. Besonders über seine Eingriffsmöglichkeiten in den Geld- und Kapitalmarkt gelang es dem Staatsapparat, die aufstrebende Unternehmerschicht ökonomisch zu schwächen. Als die Staatspapiere und Hypotheken der ritterlichen Landschaften, einer günstigen Kreditquelle für den Adel, beim Aufkommen der Eisenbahnaktien ab Anfang der 1840er Jahre erhebliche Kursverluste erlitten, setzte sich das konservative Establishment noch einmal durch. Um die billigen Kreditmöglichkeiten für Staat und Adel zu erhalten, kam es in den Jahren 1844/45 geradezu zu einer "antikapitalistischen Strafexpedition".[103] Der Handel mit ausländischen Papieren wurde vollständig verboten und der Handel mit preußischen Aktien erheblich erschwert. Ein Großteil der Aktiengeschäfte konnte nur noch ohne gesetzlichen Schutz und ohne einklagbare Rechte illegal durchgeführt werden. Die Aktienspekulation brach zusammen, das Börsengeschäft stagnierte bis 1848. Diese Maßnahmen wurden mitten in der Aufschwungsphase des ersten industriell geprägten Konjunkturzyklus in Deutschland durchgeführt. Mit der Ministerialinstruktion vom 22. April 1845 war es der Bürokratie sogar möglich, Aktiengesellschaften aufzulösen, falls sie nicht dem "allgemeinen" Interesse dienen würden. Konzessionen zur Gründung von Aktiengesellschaften wurden nur noch sehr selten vergeben und die Ausgabe neuer Aktien schon bestehender Gesellschaften erheblich erschwert. Diese Politik bewirkte bei schon vorhandener Geldknappheit eine

---

102. Zur Diskussion der Rolle der Bürokratie in der neueren deutschen Geschichtsschreibung s. Koselleck, Reinhart (1970), S. 79 - 112; Kocka, Jürgen (1989), S. 49 - 65; Landes, David S. (1980), S. 30 - 48; Vogel, Barbara (1978), S. 70 ff.; Vogel, Barbara (1979), S. 67 - 74; Vogel, Barbara (1983), S. 30 - 47 u. S. 224 - 232; Nolte, Paul (1990), S. 9 - 42 u. S. 191 - 208.

103. Wehler, Hans-Ulrich (1987[2]), S. 621.

erhebliche Erschwernis der doch so notwendigen Kapitalmobilisierung und verschärfte die Finanzierungsprobleme industrieller Unternehmen. Die staatliche Politik bewirkte, daß der erste industrielle Boom der deutschen Wirtschaft sich unter der Bedingung einer nicht funktionstüchtigen Börse vollziehen mußte.

Erklärt werden kann diese industriefeindliche Politik mit der Furcht der Verwaltung, daß die Gründung von Aktiengesellschaften und Privatnotenbanken zur Entstehung einer vom Staat unabhängigen Geldmacht führen würde. Dies hätte den Bankiers und Unternehmern die Möglichkeit gegeben, aktiv die staatliche Politik mitzugestalten und zu erheblichen Machteinbußen der Bürokratie geführt.[104]

Auch in der Geldpolitik wurde auf den enorm ansteigenden Geldbedarf im Zuge des einsetzenden industriellen Wachstums kaum Rücksicht genommen. Die Preußische Bank, vormals Königliche Bank, eine halb öffentliche, halb private Aktiengesellschaft unter staatlicher Leitung, hatte das Geldnotenausgabemonopol für Preußen. De jure war sie zwar keine Zentralbank, de facto übte sie aber diese Funktion im preußischen Wirtschaftsleben aus. Durch ihre enge Bindung an den Staat stand sie den Bedürfnissen der Wirtschaft nicht zur Verfügung. Die im Gefolge der napoleonischen Kriege erfolgte Zerrüttung der Staatsfinanzen hatte ab 1818 Preußens Auslandsverschuldung enorm in die Höhe schnellen lassen. Kreditwürdigkeit am Kapitalmarkt durch eine stabile Währung wurde zum obersten Gebot preußischer Geldpolitik. Am Kapitalmarkt war es dem Königreich Preußen noch am ehesten möglich, sich illegal Finanzmittel zu beschaffen, ohne zu politischen Zugeständissen an die Untertanen gezwungen zu sein. Eine verstärkte Genehmigung von Privatnotenbanken als das beste Mittel zur Befriedigung des enorm ansteigenden Kreditbedarfs der Wirtschaft und der Beseitigung der extremen Geldknappheit hätte die Monopolstellung der Preußischen Bank als einzige Notenbank gefährdet. Diese Monopolstellung, so kann vermutet werden,

---

104. Tilly, Richard (1980^2), S. 15 - 28.
Zunkel, Friedrich (1962), S. 141.
Wehler, Hans-Ulrich (1987^2), S. 106 und S. 113.
Spree, Reinhard (1977), S. 213.

wollte die Bürokratie unbedingt erhalten, da sie dem Staat u.a. reiche Einnahmen bescherte. Von einer den ökonomischen Notwendigkeiten angepaßten Geldpolitik kann so keine Rede sein.[105]

Bis 1848 verfolgte die preußische Regierung in der Eisenbahnpolitik keine einheitliche Linie. Mit dem Eisenbahngesetz vom 24. November 1838 wurde trotz seiner Mängel erstmals eine sichere Rechtsgrundlage für den Eisenbahnbau geschaffen. Die im Herbst 1842 erlassene staatliche Zinsgarantie für Eisenbahnaktien und die Steuerbefreiungen für Eisenbahngesellschaften förderten private Investitionen im Eisenbahnbau. Die oben beschriebenen staatlichen Interventionen der Jahre 1844/45 wirkten sich dagegen hemmend auf die Mobilisierung privaten Kapitals aus. Im Gegensatz zu anderen deutschen Staaten war das Königreich Preußen bis 1848 nicht bereit, bedeutende öffentliche Mittel für den Ausbau der Eisenbahn zu verwenden.

Aufgrund der angespannten Finanzlage wäre eine staatliche Finanzierung nur über nicht mehr zu verheimlichende Staatsanleihen realisierbar gewesen. Dies war nach der Staatsschuldenverordnung vom 17. Januar 1820 nur erlaubt, wenn die reichsständische Versammlung einer Anleihe zugestimmt hätte. Die Zustimmung der Stände wäre in den 1840er Jahren aber nur durch konstitutionelle Zugeständnisse seitens des halbabsolutistischen Staates möglich gewesen. Dazu war der preußische König in keiner Weise bereit. Politische Inflexibilität und Machtkämpfe erschwerten über ein Jahrzehnt eine effektive widerspruchsfreie staatliche Eisenbahnpolitik.[106]

Erst die Revolution von 1848 ermöglichte einen Wandel staatlicher Wirtschaftspolitik, die nun den Interessen der Industrie eher entgegenkam. Das konservative Lager, König, Adel und große Teile der Bürokratie, erkannten, daß sie ihre

105. Tilly, Richard (1980²), S. 27 f.
Tilly, Richard (1980¹), S. 29 - 54.
Kubitschek, Helmut (1962), S. 57 - 78.
Wehler, Hans-Ulrich (1987¹), S. 437 ff.
Wehler, Hans-Ulrich (1987²), S. 378 ff.

106. Eichholtz, Dietrich (1962), S. 105 ff.
Tilly, Richard (1980³), S. 55 - 64.
Klee, Wolfgang (1982), S. 97 - 113.
Wehler, Hans-Ulrich (1987²), S. 618 f.

dominierende Rolle in Staat und Gesellschaft auf Dauer nur halten konnten, wenn sie ihre Herrschaft auf eine breitere Basis stellen würden. Dies ging nur über partielle Zugeständnisse an einzelne soziale Gruppen. Die Unternehmer selber hatten nach den revolutionären Wirren ein immer stärkeres Verlangen nach einem starken Staat, um die ihrer Meinung nach drohende soziale Revolution zu verhindern. So kam es zum "historischen Kompromiß" zwischen Adel und Bürgertum. Der Adel machte Zugeständnisse auf wirtschaftlichem Gebiet zugunsten der aufstrebenden Industrie, und das Bürgertum verzichtete auf liberale Verfassungsreformen im politischen Bereich. Der preußische Staat kam der Industrie insofern entgegen, daß nach 1848 erhebliche staatliche Finanzmittel in den Eisenbahnbau flossen, die Gründung von Aktiengesellschaften erleichtert wurde, die Preußische Bank ihre restriktive Geldpolitik auflockerte und die Geldmenge beträchtlich erhöht wurde.[107] Gerade dieses Kapitel zeigt, wie massiv staatliche Wirtschaftspolitik auch von außerökonomischen Zwängen beeinflußt werden kann.

F. Kurzes Fazit

Ziel dieses Artikels ist es, aufzuzeigen, welch fundamentale Kursänderung im Bereich staatlicher Wirtschaftspolitik durch die Entstehung einer Marktgesellschaft nötig geworden war. Liberale Wirtschaftspolitik führte in der Theorie zu einer scharfen Unterscheidung von ökonomischem und politischem Bereich. Erstmals konnte die Wirtschaft von staatlicher Seite nicht nur unter fiskalischen oder "staatsnotwendigen" Gesichtspunkten betrachtet werden. Genuin ökonomische Gesetzmäßigkeiten und Marktnotwendigkeiten mußten von staatlicher Wirtschaftspolitik berücksichtigt werden. Gerade in England konnte sich staatliches Handeln im ökonomischen Bereich nur legitimieren, wenn es vorgab, den ehernen Marktgesetzen nicht zu widersprechen. Dies führte nicht zu einer wirtschaftspolitischen Abstinenz des Staates. Ganz im Gegenteil. Oft wurde

107. Wehler, Hans-Ulrich (1987[2]), S. 771 ff.
Zunkel, Friedrich (1962), S. 176 ff. und 184 ff.
Tilly, Richard (1980[3]), S. 64.
Klee, Wolfgang (1982), S. 114 - 131.
Sprenger, Bernd (1982), S. 33 ff. und S. 83 ff.

staatlicher Druck, auch im Mutterland des Liberalismus, in England, angewendet, um der Gesellschaft ein den Marktnotwendigkeiten angepaßtes Verhalten aufzuzwingen.

Das Beispiel Preußen sollte zeigen, daß liberale Wirtschaftspolitik auch in autoritären Systemen durch staatliche Intervention realisiert werden kann, ohne daß damit zwangsläufig ein politischer Demokratisierungsprozeß einhergehen muß. Liberale Wirtschaftspolitik war die Antwort auf die Entstehung eines eigenständigen ökonomischen Subsystems mit spezifischer Rationalität innerhalb einer komplexer werdenden Gesellschaft.

Es stellt sich nun die Frage nach den Einflußmöglichkeiten staatlicher Wirtschaftspolitik auf die ökonomische Entwicklung in der ersten Hälfte des 19. Jahrhunderts. Ging die ältere historische Literatur, sowohl für das englische Armengesetz als auch für die preußischen Reformen davon aus, daß ökonomische Strukturveränderungen hin zur Marktwirtschaft erst durch staatliche Gesetze ermöglicht wurden, so ist diese Position bis heute erheblich revidiert worden. Weder schuf das neue Armengesetz von 1834 in England einen freien Arbeitsmarkt noch können die preußischen Reformen als die treibende Kraft im Modernisierungsprozess der deutschen Wirtschaft am Vorabend der Industrialisierung angesehen werden. Der niedrige Grad innerer Staatlichkeit, die minimale Staatsquote und die oft selbst verwässerte liberale Gesetzgebung[108] schränkten die Gestaltungsmöglichkeiten staatlicher Politik gegenüber ökonomischen Entwicklungstrends erheblich ein. Letztendlich konnte der Sinn liberaler Reformen nur darin bestehen, die sich vollziehenden Strukturbrüche in der Wirtschaft anzuerkennen, zu legalisieren und dadurch die weitere Entwicklung zu erleichtern. Wo allerdings das ökonomische und gesellschaftliche Umfeld für einen Aufschwung fehlte, konnte auch staatliche Politik und ordnungspolitische Reformen keinen Wachstumsprozess initiieren.[109] Zeitgenössische Entwicklungen wie die Krise der keynesianischen Globalsteuerung in den 1970ern, der Untergang der sozialistischen Planwirtschaft

108. In vielen preußischen Städten blieb die alte Zunftordnung noch bis 1845 in Kraft. In den 1820er Jahren konnten König und Stadtmagistrate Fortschritte in Richtung liberaler Gewerbereform erfolgreich abwehren. S. Vogel Barbara (1983), S. 203 ff. und Koselleck Reinhart (1967), S. 596 ff.

109. Für die preußische Wirtschaftspolitik in den östlichen Provinzen nach 1815 s. Fischer, Wolfram, und Simsch, Adelheid (1990), S. 122.

und das Scheitern der Gorbatschow'schen Perestroika, als der "Revolution von oben" par excellence, scheinen darauf hinzudeuten, daß die Ökonomie keine beliebig dem Primat des Politischen unterzuordnende Kraft ist. Traditionelle Historiker haben Preußens Weg in die vollentfaltete Marktwirtschaft oft als "Revolution von Oben", als eine Art Perestroika, dargestellt. Dabei wurde übersehen, daß ein liberales Wirtschaftssystem nicht von oben verordnet werden kann. Sind in einer Volkswirtschaft nicht schon die ökonomischen und gesellschaftlichen Bedingungen für einen anhaltenden Wachstumsprozeß gegeben, so kann auch die Schaffung eines liberalen ordnungspolitischen Rahmens durch den Gesetzgeber nur aus sich selbst heraus keine wirtschaftliche Entwicklung in Gang setzen. Erstmals in der Geschichte findet in Osteuropa der Transformationsprozeß hin zur Marktwirtschaft ohne vorherige Anlaufphase statt. Wie dieses gigantische Experiment enden wird, weiß noch niemand.

Liberale Wirtschaftspolitik stieß allerdings an ihre Grenzen, wo sie nicht nur genuin ökonomischen Anforderungen zu genügen hatte. Die Übertragung von Marktgesetzmäßigkeiten auf alle gesellschaftlichen Bereiche führte zum Entstehen von Institutionen, die die von der Gesellschaft unerwünschten Marktergebnisse durch Intervention zu korrigieren suchten. Die Rolle ungleich verteilter Marktmacht beim Zustandekommen von Marktergebnissen auf der Basis sogenannter "freiwilliger" Entscheidungen der Lohnabhängigen führte zum Entstehen der Gewerkschaften und einer politischen Arbeiterbewegung. Die gewaltigen negativen externen Effekte im Zuge des Industrialisierungs- und Urbanisierungsprozesses (Umweltzerstörung, Bevölkerungsmassierungen in urbanen Ballungsräumen etc.) und der steigende Bedarf an öffentlichen Gütern (allgemeine Bildung, Infrastruktur, soziale Sicherheit), die vom Markt nicht in ausreichendem Maß zur Verfügung gestellt wurden, erzwangen das Entstehen zentralisierter Administrationen, sowie effizienter Kommunalverwaltungen und pragmatisches staatliches Handeln, um schwere soziale Unruhen zu verhindern. Die Zukunft des Kapitalismus lag nicht im konsequenten "Laissez-faire". Die durch liberale Ökonomen erstmals aufgeworfene Frage über das optimale Verhältnis von Markt und Staat ist aber bis heute eine der zentralen Debatten der Wirtschaftspolitik geblieben, die jede Generation neu für sich beantworten muß.

IV. Infragestellung des ökonomischen Liberalismus in Deutschland von ca. 1870 bis 1913.

Thomas Wellenreuther

A. Einleitung

Offensichtlich haben auch wirtschaftspolitische Leitbilder ihre Konjunkturen. Während im merkantilistischen Zeitalter die Wirtschaftspolitik zu Dirigismen neigte, versuchte man in der nachfolgenden liberalen Ära von direkten Eingriffen der öffentlichen Hand in das wirtschaftliche Geschehen möglichst abzurücken.

Im Deutschen Kaiserreich scheint zumindestens bei großen Teilen der Gesellschaft dann die Begeisterung für den Liberalismus wieder abgenommen zu haben. Zum Teil kann dies auf dessen Erfolg zurückzuführen sein. So brachte das enorme Wirtschaftswachstum ja auch Probleme mit sich, von denen man nicht sehen konnte, wie Märkte diese hätten automatisch lösen können. Besonders die Urbanisierung und das Entstehen einer Arbeiterklasse werden in diesem Zusammenhang genannt. Andererseits sorgten auch exogene Einflüsse, wie etwa der Verfall von Weltmarktpreisen für Agrargüter für einen Aufschwung merkantilistischen Gedankengutes.

Im folgenden soll zunächst versucht werden, die Situation und die Entwicklungen zu beschreiben, mit denen die Wirtschaftspolitiker des Deutschen Kaiserreichs konfrontiert waren. Hierbei soll nicht allein auf die tatsächliche ökonomische und soziale Situation eingegangen werden, sondern auch auf deren Rezeption in wichtigen gesellschaftlichen Gruppen.

Im Anschluß daran werden einzelne Märkte daraufhin analysiert, wie sie wirklich funktionierten, und wie stark dieses Funktionieren vom Idealbild des ökonomischen Liberalismus abwich. Es zeigt sich ein differenziertes Bild.

Trotz dieser Verschiedenheit der Entwicklungen auf den einzelnen Märkten wird im Schlußteil versucht, ein generalisierendes Urteil über die ordnungspolitische Ausrichtung der Wirtschaftspolitik im Deutschen Kaiserreich vor dem Ausbruch des Ersten Weltkrieges abzugeben.

B. Herausforderungen an die Wirtschaftspolitik in Deutschland 1871 - 1913

Vergleicht man Deutschland bei der Reichsgründung (1871) mit der Situation zur Jahrhundertwende am Beginn des 19. Jahrhunderts, so läßt sich eine deutliche ökonomische und auch soziale Modernisierung feststellen. In vielen Bereichen nahm die Geschwindigkeit des Wandels im letzten Drittel des Jahrhunderts sogar noch zu.

Industrialisierung und Urbanisierung sind die beiden zentralen Begriffe, die diesen Wandel beschreiben. Es entstanden neue soziale Gruppen wie die der industriellen Arbeiter, Angestellten und Unternehmer. Die räumliche Verteilung der Bevölkerung wandelte sich. Ein immer größerer Anteil bewohnte die Städte, insbesondere die Großstädte wuchsen in einem nie gekannten Ausmaß. Die wachsende Wirtschaft wurde, nicht zuletzt durch den Beitritt zum Goldstandard, mehr in die Weltwirtschaft integriert. Diese Strukturveränderungen lösten nicht nur Probleme, sondern brachten auch neue Probleme mit sich, deren Aufkommen nicht ohne Einfluß auf die Wirtschaftspolitik blieb.

Als besonders bedrückend wurde der niedrige Lebensstandard der städtischen Unterschichten, insbesondere der Arbeiter, empfunden. Verglichen mit den bürgerlichen Schichten ging es den arbeitenden Klassen tatsächlich sehr schlecht. Ein Vergleich mit ländlichen Unterschichten wurde weder damals vorgenommen, noch scheint er heute möglich. Die ständige Zuwanderung in die Städte läßt aber vermuten, daß die Situation auf dem Lande nicht besser war. Jedenfalls bezog sich die Kritik an den damaligen Zuständen fast ausnahmslos auf die Situation in den Städten und in den Fabriken. Wenn sich auch die Weltanschauungen der gesellschaftskritischen Gruppen zum Teil erheblich voneinander unterschieden und sie deshalb unterschiedliche Lösungsvorschläge anzubieten hatten, so waren sie sich doch einig darin, daß die Zustände verändert werden mußten. Für die Wirtschafts- und Sozialpolitik bedeutete dies, daß hier Handlungsbedarf bestand.

Zu den besonders kritisierten Zuständen gehörte die hohe Säuglings- und Kindersterblichkeit, die man auf die schlechten Ernährungs-, Wohn- und Hygieneverhältnisse zurückführte. Besonders katastrophale Auswirkungen hatten der Ausfall des Ernährers durch Invalidität oder Tod für den Rest der Familie. Auch die Kinderarbeit wurde als Ursache für den schlechten Gesundheitszustand der Kinder und Jugendlichen angesehen. Den unzureichenden Wohnungen wurde auch eine demoralisierende Wirkung auf die Bewohner zugeschrieben. Schlafgängertum und das Bewohnen von einzelnen Räumen durch mehrere Familien wurde als Ursache für Prostitution und Alkoholismus angesehen.

Die Marxisten sahen in der Not der Arbeiter eine zwangsläufige Nebenerscheinung des kapitalistischen Prozesses. Sie (die Marxisten) waren im Deutschen Kaiserreich keine große Gruppe, jedoch versorgten sie die öffentliche Diskussion mit Argumenten. Die Sozialisten, insbesondere die Sozialdemokraten, sahen in einer gerechten Verteilung des Volkseinkommens die Lösung des Problems, während die eher bürgerlichen Sozialisten (Verein für Sozialpolitik, christliche Sozialisten) die einzelnen Problemfelder direkt angehen wollten; z.B. durch den Bau von Kleinwohnungen, Verbot von Kinderarbeit etc. Eine besondere Erwähnung verdient hier der Verein für Sozialpolitik, in dem sich die damals führenden Volkswirte zusammenfanden, um die soziale Frage zu analysieren und Lösungsvorschläge zu erarbeiten. Ihre unumstrittene Leitfigur war Gustav Schmoller.

Eng mit der Arbeiterfrage verbunden waren die Agglomerationsprobleme in den Städten. Mit dem schnellen Städtewachstum konnte die Infrastrukturentwicklung zeitweise nicht mithalten. Darmtyphus- und Choleraepidemien waren nachweislich auf unzureichende Wasserversorgungs- und -entsorgungseinrichtungen zurückzuführen. Das Städtewachstum mit zunehmender Citybildung im Kern der Städte führte zu steigenden Grundstücks- und Häuserpreisen. Die Wohnbevölkerung wurde an den Rand gedrängt, neue Straßen und Baugrundstücke mußten erschlossen werden. Ebenfalls mit zunehmender Stadtgröße stiegen die zurückzulegenden Entfernungen für die Bevölkerung etwa von der Wohnung zur Arbeitsstelle. Hier wurde ein leistungsfähiges Nahverkehrssystem gefordert. Mit den Städten wuchs auch der Bedarf an städtischen Krankenhäusern, Schlachthöfen, Schulen, Friedhöfen etc. Die Märkte lieferten diese Infrastruktur nicht automatisch, die Politik war gefordert.

Aber nicht nur innerhalb der Städte, auch überregional entstand ein neuer Bedarf an Infrastrukturleistung. Man hatte gesehen, wie die Eisenbahnen dazu in der Lage waren, Transportpreise zu reduzieren und erhoffte sich von einer aktiven Staatstätigkeit auf dem Verkehrssektor weitere Verbesserungen der Angebotsbedingungen.

Die mit dem Wirtschaftswachstum immer weiter fortschreitende Kommerzialisierung stellte auch entsprechende Anforderungen an das Geld- und Banksystem. Im Vergleich zu England war das deutsche System bei der Reichsgründung weit zurück. Zu einer Modernisierung der deutschen Wirtschaft gehörte also auch die Einführung eines leistungsfähigen Geldsystems.

Schließlich sei noch auf außenwirtschaftliche Einflüsse hingewiesen, die einzelne Gruppen der Wirtschaft dazu veranlaßten, nach dem Staat zu rufen. Die Weltmarktpreise für landwirtschaftliche Produkte und für Stahl sanken gegen Ende des Jahrhunderts. Dies veranlaßte die Landwirte und die Stahlerzeuger dazu, Schutzzölle zu fordern. Bei steigenden Weltmarktpreisen hätten sie dies sicherlich nicht getan.

Dies waren also die Rahmenbedingungen, unter denen die Wirtschaftspolitik im Deutschen Kaiserreich zu agieren hatte.

C. Ordnungspolitische Optionen

Die folgenden Ausführungen sollen dazu dienen, einen theoretischen Rahmen zu bilden, mit dessen Hilfe die ordnungspolitische Problematik des Deutschen Kaiserreiches besser eingeschätzt werden kann.

Ordnungspolitische Schemata werden bezugnehmend auf Walter Eucken oft nach dem Kriterium aufgestellt, wer die ökonomischen Entscheidungen zu treffen hat. Es werden dann die beiden extremen Idealtypen dargestellt. Auf der einen Seite steht die Zentralverwaltungswirtschaft, in der eine zentrale Planungsstelle alle ökonomischen Entscheidungen zu treffen hat, auf der anderen Seite die liberale Verkehrswirtschaft, in der die ökonomischen Entscheidungen von den einzelnen Wirtschaftssubjekten getroffen und durch Märkte koordiniert werden.

Diese beiden Idealtypen von Wirtschaftsordnungen sind in der Realität nicht anzutreffen. Diese Idealtypen sind vielmehr theoretische Konstruktionen, um existierende Ordnungen beschreiben zu können. Real existierende Wirtschaftsordnungen werden nach diesem Schema als Mischungen der Idealtypen aufgefaßt. Das folgende Schaubild zeigt dies.

Abbildung 1

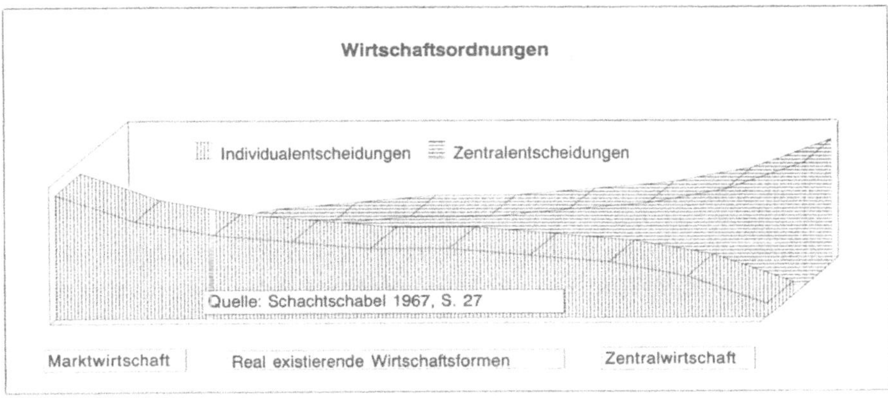

Die ordnungspolitischen Optionen des Deutschen Kaiserreiches könnte man deshalb auch als unterschiedliche Positionen auf der x-Achse des obigen Schaubilds definieren.

Bei der Anwendung des obigen Denkmodelles auf die wirtschaftliche Wirklichkeit im 19. Jahrhundert stößt man jedoch schnell auf Schwierigkeiten. Um zu entscheiden, ob eine Wirtschaftsform liberaler oder dirigistischer ist als eine andere, scheint es nicht sehr sinnvoll, alle ökonomischen Entscheidungen zu zählen und auszurechnen, wieviel Prozent vom Staat und wieviel Prozent von den einzelnen Unternehmen und Haushalten getroffen wurden. Schließlich haben die Entscheidungen ja unterschiedliches Gewicht. Eine weitere Schwierigkeit besteht darin, daß ökonomische Entscheidungen ja auch von Kollektiven getroffen werden können, die zwar kleiner sind als der Staat, jedoch mehrere Wirtschaftssubjekte umfassen, zum Beispiel Kartelle, Verbände, Gemeinden usw.

Diese Überlegungen zeigen jedoch andererseits, daß das Spektrum der ordnungspolitischen Optionen sehr groß ist. In einer konkreten Situation, wie z.B. im Deutschen Kaiserreich, sind diese Optionen durch die historische Situation eingeschränkt. Da spielt neben der politischen Rahmenbedingung auch der ordnungspolitische Status quo eine einschränkende Rolle.

Die ordnungspolitischen Aktivitäten können wir nach den obigen Überlegungen als eine Umverteilung von ökonomischen Entscheidungskompetenzen zwischen verschiedenen Institutionen betrachten. Der Staat hatte nun die Möglichkeiten, diese Umverteilung nach einem ordnungspolitischen Leitbild oder rein pragmatisch vorzunehmen.

Zu Beginn des Deutschen Kaiserreichs gab es ja ein solches Leitbild, das des Liberalismus. Nach diesem Leitbild hätte der Staat dafür sorgen müssen, daß möglichst viele ökonomische Entscheidungen in privater Initiative hätten gefällt werden können. Der Staat hätte sich dann gegen Sonderinteressen einzelner Gruppen wenden müssen. Er hätte z.B. den Agrariern und den Schwerindustriellen Schutzzölle verweigern müssen. Er hätte Kartelle zerschlagen müssen, anstatt sie zu fördern. Die Städte hätten daran gehindert werden müssen, mit ihren Kommunalbetrieben den Privaten Konkurrenz zu machen. Und die Unfall-, Renten- und Krankenversicherungen hätten von Privaten gegründet werden müssen, nicht vom Staat.

Wir wissen, daß das Deutsche Reich dieses Leitbild verworfen hat. Es ist allerdings auch nicht zu erkennen, daß ein anderes Leitbild anstelle des liberalistischen getreten wäre. Weder eine zentralistische Planwirtschaft, in der der Staat die Wirtschaft in gleicher Weise verwaltet wie etwa die Armee, wurde zum Leitbild erhoben, noch ein Ständestaat, in dem die Berufsgruppen, ähnlich wie früher die Zünfte, über die ökonomischen Vorgehensweisen entscheiden. Das Deutsche Reich, das, wie noch später gezeigt wird, massiv Ordnungspolitik betrieb, war also keinem Leitbild verpflichtet. Bei Gäfgen (Gäfgen 1972, S. 83) wurde diese Phase deshalb auch mit dem Begriff des "liberalen Staatsinterventionismus" bezeichnet, einem Begriff, der in gewisser Weise einen Widerspruch in sich selbst bildet.

D. Wirtschaftspolitische Vorstellungen wichtiger gesellschaftlicher Gruppen

1. Der Staat

Ganz im Sinne der "ökonomischen Theorie der Politik" war das Deutsche Reich, wie zuvor der preußische Staat, stets bemüht, wichtigen gesellschaftlichen Gruppen etwas anzubieten, um sich deren Zustimmung sicher sein zu können. Nach dieser Interpretation war der Staat also bemüht, gute Tauschgeschäfte mit seiner Wirtschaftspolitik zu machen. Der Staat hatte demnach kein wirtschaftspolitisches Dogma, sondern bot an Wirtschaftspolitik an, was die wichtigsten Gruppen nachfragten, bzw. was die Gruppen an Wirtschaftspolitik bevorzugten, die der Staat für die wichtigsten hielt. Man könnte diese Wirtschaftspolitik pragmatisch nennen oder, weniger wohlmeinend, auch opportunistisch.

Das Deutsche Reich hat, wie vorher schon der preußische Staat, immer darauf geachtet, die Großagrarier zufriedenzustellen. In Zeiten steigender Agrarpreise lieferte der preußische Staat diesen Agrariern Eigentumsrechte an Grund und Boden und setzte sich für Freihandel ein, damit diese Agrarier sich für ihr Getreide neue Märkte erschließen konnten. Nach der Reichsgründung kam eine Phase sinkender Getreidepreise, und das Reich konnte sich durch die Gewährung von Schutzzöllen bei dieser Gruppe nützlich machen. Als Gegenleistung konnte der Staat sich durch die Zolleinnahmen stabilisieren. Dasselbe gilt analog für die Schwerindustriellen, die ebenfalls eine wichtige staatstragende Gruppe im Deutschen Reich waren. Das Dreiklassenwahlrecht machte den Staat von der Zustimmung durch diese beiden Gruppen abhängig.

Eine weitere Gruppe, mit der sich der Staat befassen mußte, war die Arbeiterschaft. Die Aufstände der Pariser Kommune hatten Bismark signalisiert, daß er für diese Gruppe etwas tun müßte, wollte er sie nicht in die Arme der Sozialdemokratie und damit in die Gegnerschaft zum Staat treiben. Nach dieser Interpretation hätte der Staat seine wirtschaftspolitische Neuorientierung nicht vorgenommen, weil objektive Gründe dafür bestanden haben, sondern weil eine Nachfrage für die neue, mehr interventionistische Wirtschaftspolitik bestand. Für eine ökonomische Bewertung der damaligen Wirtschaftspolitik spielt die Motivation jedoch keine

Rolle. Allerdings ist die Einbeziehung des politischen Umfeldes von Bedeutung, wenn man über die Realisierbarkeit von möglichen Alternativen zu der damaligen Politik nachdenkt.

2. Die Arbeitnehmer

Da viele der neuen Problembereiche vor allem die Arbeiterschaft und deren Familien betrafen, wäre es interessant zu ermitteln, welche wirtschaftspolitischen Vorgehensweisen diese Gruppe präferierte.

Während es relativ leicht ist, etwas über die wirtschaftspolitischen Leitbilder ihrer Fürsprecher (Marxisten, Kirchen, Kathedersozialisten usw.) herauszufinden, ist es nicht so leicht, aus der Literatur etwas über die Einstellungen der Arbeiterklasse selbst zu erfahren. Hier soll das Programm der Sozialdemokratie als repräsentativ für die Präferenzen der Arbeiter angenommen werden. Die sozialdemokratische Bewegung war, wie Wahlstatistiken belegen, die bei Arbeitnehmern mit Abstand beliebteste Gruppierung. Daran konnte auch das Verbot der Sozialdemokratie zwischen 1878 und 1890 nichts ändern. Von Anfang an (1869 Eisenacher Programm) gab es bei den Sozialdemokraten das wirtschaftspolitische Ziel, die Verteilung des Volkseinkommens zugunsten der Arbeitnehmer zu verändern. Gemäß der marxistischen Lehre gingen sie ja davon aus, daß der Arbeiterklasse ein Teil des Produktes ihrer Arbeit durch die kapitalistische Produktionsweise vorenthalten wurde. Ebenfalls von Anfang an waren die Sozialdemokraten aber darüber hinaus auch an weiteren Verbesserungen der Lebensbedingungen der arbeitenden Klassen interessiert. Hierzu gehörten die Einführung eines Normalarbeitstages, die Einschränkung der Frauenarbeit, die Abschaffung der Kinderarbeit, die Unentgeltlichkeit des Unterrichts sowie die Unentgeltlichkeit der Rechtspflege.

Die Sozialdemokraten machten auch Vorschläge, mit welchen Methoden die wirtschaftspolitischen Ziele erreicht werden könnten. Hier ergab sich ebenfalls von Anfang an ein Widerspruch. Während einerseits auf lange Sicht geplant war, das kapitalistische Wirtschaftssystem durch ein sozialistisches zu ersetzen, waren die kurzfristigen Forderungen darauf ausgerichtet, das bestehende System zu reformieren und damit zu stabilisieren.

Da von Seiten der Sozialdemokraten keine ernsthaften Schritte unternommen wurden, Privateigentum und Staat durch Kollektiveigentum und genossenschaftliche Organisation zu ersetzen, sollen hier die reformerischen Kräfte als für die Arbeiterklasse repräsentativ angesehen werden. Diese wollten sich nämlich des Staates bedienen, um ihre Ziele zu erreichen. Die staatlichen Gesetze sollten die tägliche Arbeitszeit regeln, die Frauenarbeit einschränken und die Kinderarbeit verbieten sowie die Sonntagsarbeit abschaffen. Eine progressive Einkommens- und Erbschaftssteuer sollte für eine Umverteilung der Einkommen zugunsten der Arbeiter sorgen. Schließlich sollte der Staat einen unentgeltlichen Unterricht und eine unentgeltliche Rechtspflege bereitstellen und die Bildung von Gewerkschaften und deren Aktivitäten zur Erzielung höherer Löhne dulden.

Diese wirtschaftspolitischen Methoden sind natürlich nicht liberalistisch und entsprechen eher einem interventionistischen wirtschaftspolitischen Leitbild, wobei der Interventionismus zugunsten der arbeitenden Klassen eingesetzt werden sollte, wie die Forderung nach der Beseitigung der Lebensmittelzölle im Erfurter Programm 1891 belegt. Diese Zölle nutzten den ländlichen Produzenten und schadeten den städtischen Konsumenten, zu denen ja das Klientel der Sozialisten gehörte.

Für die These, daß die reformerische Position der Sozialdemokratie am ehesten die Wünsche und politischen Vorstellungen der Arbeiterschaft widerspiegelt, spricht neben den Wahlerfolgen der SPD und der hohen Zahl ihrer Mitglieder bei den Arbeitern auch, daß viele dieser Ideen auch von den christlichen Gruppen aufgenommen wurden, um Arbeiter an sich zu binden. So machte das katholische Zentrum (Meyers Konversationslexikon) zum Beispiel damit Propaganda, sich für die Einführung von Sozialversicherungen eingesetzt zu haben. Auch die ab ca. 1890 erstarkenden Gewerkschaften übernahmen die oben aufgeführten Positionen. Ihre Bedeutungszunahme läßt sich an den steigenden Mitgliederzahlen ablesen (1891: 350.000 Mitglieder/1913: 3 Mio. Mitglieder).

3. Die industriellen Unternehmer

Ebenso wie die Arbeitnehmer waren auch die Industrieunternehmer eine Klasse, deren Bedeutung durch die Industrialisierung stark zugenommen hatte und weiter zunahm. Wenn man die wirtschaftspolitischen Vorstellungen dieser Gruppe analysiert, stellt man fest, daß sich eine Analogie zu den Vorstellungen der Arbeitnehmer ergibt, erwartungsgemäß mit umgekehrtem Vorzeichen. Die langfristige Strategie, wie sie z.B. in Äußerungen des unternehmerfreundlichen "Deutschen Ökonomist" zum Ausdruck kommt, war wirtschaftsliberal. Somit sollte im genauen Gegensatz zu den langfristigen Vorstellungen der Sozialdemokraten ein System von freien Märkten basierend auf der Institution des Privateigentums die Probleme lösen. Der Staat sollte nicht in die Wirtschaft eingreifen. Kurzfristig waren die Industrieunternehmer aber sehr wohl mit staatlichen Interventionen einverstanden, wenn sie zu ihren Gunsten verliefen. Besonders wenn es um die Stabilisierung ihrer Erlöse ging, forderten die Unternehmer staatliche Eingriffe wie das Erheben von Schutzzöllen und die Bildung von Zwangskartellen. Sie organisierten sich in zahlreichen Verbänden, um die Wirtschaft unter Umgehung der Märkte zu beeinflussen. Die zunächst lockeren Gruppen konsolidierten sich seit 1870 zu überregionalen Verbänden, denen jeweils die Unternehmer einer Branche angehörten. 1876 entstand der "Centralverein deutscher Industrieller", 1904 der Reichsverband aller Arbeitgeberverbände. Dieser Reichsverband aller Arbeitgeberverbände hatte eine strikt gewerkschaftsfeindliche Zielrichtung. Die Arbeitnehmer sollten sich also den Konkurrenzmärkten stellen, während die Unternehmer durch Absprachen versuchten, Marktmechanismen zu ihren Gunsten außer Kraft zu setzen.

Der Liberalismus erhielt also von der Unternehmerseite, die ihn ja auf ihre Fahnen geschrieben hatte, nicht die volle Unterstützung. Zwar wurde er bemüht, wenn es darum ging, Reformen zugunsten der Arbeitnehmer abzuwehren, sollten jedoch Unternehmerinteressen durchgesetzt werden, kehrten sich auch die Unternehmer von den liberalen Prinzipien ab. Deshalb scheint es berechtigt zu sein, auch dem Unternehmerlager ein interventionistisches Leitbild zu unterstellen, wobei der Interventionismus besonders die Gewinnmöglichkeiten der heimischen Industrie verbessern sollte.

Bezeichnend ist, daß es keine politische Partei gab, die sich dem Wirtschaftsliberalismus ausgesprochen verpflichtet fühlte und daß sich die industriellen Unternehmer den Konservativen zuwendeten, denen ein wirtschaftsliberales Leitbild weit weniger zuzutrauen war als den Liberalen, die in der Vergangenheit immerhin an den liberalen Wirtschaftsreformen (Stein, Hardenberg) mitgewirkt hatten.

4. Die Agrarier

Wie schon weiter vorne bemerkt wurde, hatten die Agrarier im Deutschen Reich einen bedeutenden Einfluß, so daß es zur Analyse der Wirtschaftspolitik des Kaiserreiches notwendig erscheint, die wirtschaftspolitischen Vorstellungen dieser Gruppe zu berücksichtigen.

Die Landarbeiter artikulierten sich kaum. Möglicherweise ist hier in einem "voting by feet" die einzige Möglichkeit gesehen worden, die Lebenssituation nachhaltig zu verändern.

Die Bauern, insbesondere die Großagrarier, hatten in den zurückliegenden Jahrzehnten von der Reichsgründung im großen und ganzen eine für sie günstige wirtschaftliche Entwicklung durchgemacht. Die Getreidepreise waren ständig gestiegen und der Freihandel hatte Exportchancen eröffnet. Zum Beispiel lieferten die ostelbischen Junker Getreide nach England. In der hier betrachteten Periode (1871-1914) hatte sich das Bild deutlich zuungunsten der Bauern verändert. Gesunkene Transportkosten sowie Produktivitätsfortschritte in der Landwirtschaft führten zu einer Zunahme der internationalen Konkurrenz und zu einem Sinken der Preise für landwirtschaftliche Güter. Zunächst täuschten sich die Landwirte noch über die Auswirkungen dieses Preisverfalls. Während die westdeutschen Bauern dachten, daß ihnen dieser Preisverfall schaden würde, und sie deshalb bereits gegen Ende der 1870er Jahre Schutzzölle forderten (Henning 1987, S. 121 ff.), glaubten die ostelbischen Bauern zunächst, daß sie nach wie vor vom Freihandel profitierten. Beide hatten sich getäuscht. Die westdeutsche Landwirtschaft profitierte von den gesunkenen Weltmarktpreisen insofern, als daß sie durch billigere Futtermittelimporte die Kosten bei der hier vorherrschenden Fleischproduktion senken konnten. Die ostelbischen Bauern hatten ihr Arbeitsgebiet nicht so sehr in der Veredelung und bekamen deshalb tatsächlich Schwierigkeiten durch die ausländische Konkurrenz. Nach 1880 wurden deshalb die ostelbischen Landwirte zu den deutlichsten Befürwortern einer Schutzzollpolitik. Sie setzten ihren politischen Einfluß mit Hilfe von Verbänden dazu ein, den wirtschaftlichen Liberalismus auf dem Gebiet des Welthandels einzuschränken.

Der Schutz des Privateigentums stand jedoch in der Prioritätenliste dieser Bauernverbände ganz oben. Man könnte die wirtschaftspolitische Zielsetzung der Landwirte damit bezeichnen, daß es ihnen darum ging, ihren Besitzstand zu wahren, also den Status quo zu erhalten. Eine konservative Einstellung, die sich auch darin niederschlug, daß die schutzzöllnerischen Agrarier, die im Bund der Landwirte organisiert waren, auch in der Regel die konservative Partei bevorzugten (Henning 1978, S. 164-166).

5. Der Mittelstand

Wie das Wort schon zeigt, handelt es sich hier nicht um eine homogene Gruppe, die sich etwa durch den ökonomischen Sektor, auf dem sie tätig ist, definieren ließe. Der Mittelstand definiert sich vielmehr dadurch, daß er zwischen der Arbeiterschaft einerseits und den Industriellen und Großagrariern andererseits angesiedelt ist. Zu diesem Mittelstand können die selbständigen Handwerker, Beamte, Lehrer, Ärzte, Selbständige usw. gezählt werden. Diese auch zahlenmäßig bedeutende Gruppe (Sombart schätzt allein den Anteil der Handwerker am Vorabend des Ersten Weltkrieges noch auf 25 % (Sombart 1954, S. 464)) wurde von den Parteien umworben. Sowohl das katholische Zentrum als auch die Konservativen warben damit, eine Mittelstandspolitik zu machen.

Welche ordnungspolitischen Vorstellungen überwogen nun in diesen sozialen Gruppen? Offensichtlich fühlten sich diese Gruppen von den anonymen Marktkräften bedroht. Sie meinten, zu ihrem ökonomischen Überleben eine Art staatliche Überlebensgarantie zu benötigen. Diese schien ihnen in einem ständisch gegliederten Gemeinwesen am besten zu verwirklichen zu sein. Also "weg vom Liberalismus, hin zum Ständestaat". Der Regierung versuchten die mittelständischen Lobbyeinrichtungen ihre Vorstellungen dadurch schmackhaft zu machen, daß sie den Mittelstand als staatstragende Einrichtung propagierten, gleichsam als Puffer zwischen Arbeiterschaft und Kapital. Diese mittelständischen Ordnungsvorstellungen fanden auch durch die Kirchen Unterstützung.

An konkreten Forderungen, von denen auch etliches durchgesetzt werden konnte, seien die folgenden Beispiele genannt:

Zugangsbeschränkungen zu den mittelständischen Berufen; Steuererleichterungen für Mittelständler; Steuererhöhungen für die Konkurrenz von Mittelständlern (z.B. Warenhaussteuern) usw.

Die ordnungspolitischen Vorstellungen des Mittelstandes waren also durch und durch zünftisch und antiliberal. (vgl. Biermer 1910, S. 734-763)

6. Marxisten und Kathedersozialisten

Neben den Gruppen, die durch ihr ökonomisches Potential und durch die Anzahl ihrer Mitglieder von Bedeutung waren, gab es auch solche, die zwar zahlenmäßig zu vernachlässigen sind, die aber dadurch Bedeutung hatten, daß sie die Öffentlichkeit mit Argumenten versorgten. Zu diesen gehörten die Marxisten und die Kathedersozialisten. (Schumpeter 1965, S. 931-933)

Die Marxisten gingen davon aus, daß der Kapitalismus automatisch untergehen müßte und daß deshalb eine revolutionäre Umgestaltung der Gesellschaft stattfinden würde. Sie erwarteten, wenn man es so ausdrücken will, einen ordnungspolitischen Neubeginn. Diese Vorstellungen haben jedoch in die tagespolitische Diskussion im Kaiserreich kaum Eingang gefunden. Hingegen wurden andere Fragmente der marxistischen Theorie von den Sozialdemokraten in der Argumentation permanent benutzt. So die Arbeitswertlehre und die Mehrwerttheorie. Aus diesen Theoriebausteinen ging nämlich hervor, daß die Einkommensverteilung die Arbeiter zu Unrecht benachteiligte. Eine Korrektur dieser Verteilung stand im Mittelpunkt der sozialdemokratischen Forderungen.

Im Gegensatz zu den Marxisten hielten die Kathedersozialisten das liberale System für reformierbar und forderten soziale Reformen. Diese sollten vom Staat durchgeführt werden. Die ordnungspolitischen Vorstellungen dieser Gruppe können also mit "interventionistisch" bezeichnet werden.

Der Begriff "Kathedersozialisten" wurde von einem liberalen Abgeordneten geprägt, der damit eine Gruppe von Akademikern meinte, die sich mit dem Ruf nach Reformen in die Wirtschafts- und Sozialpolitik einmischten. (Lexis 1910, S. 804-806) In den Wirtschaftswissenschaften dominierte damals in Deutschland die "jüngere historische Schule", deren bekanntester Vertreter Gustav von

Schmoller (1838-1917) war. Die "jüngere historische Schule" war durch eine radikale Abkehr von der Tradition der klassischen Nationalökonomie gekennzeichnet (im Gegensatz zu den Marxisten). Nach ihrer Lehre ließen sich ökonomische Phänomene nicht isoliert betrachten, sondern waren nur als Ergebnis der gesamten historischen Situation zu verstehen (vgl. Methodenstreit Schmoller-Menger). Institutionen spielten eine zentrale Rolle in der Erklärung wirtschaftlicher Situationen.

Viele der damaligen Volkswirte schalteten sich in die wirtschafts- und sozialpolitische Diskussion ein. Sie gründeten den "Verein für Sozialpolitik", dessen zahlreiche Veröffentlichungen auf soziale Mißstände hinwiesen und konkrete Vorschläge dazu machten, wie durch Staatseingriffe Abhilfe geschaffen werden sollte. (Schumpeter 1965, S. 977-1006)

7. Kirchen

Die ordnungspolitischen Vorstellungen der Kirchen standen ebenso wie die der übrigen Gruppen dem uneingeschränkten Liberalismus eher skeptisch gegenüber. Während die katholische Kirche ebenso wie die Zentrumspartei und große Teile des Mittelstandes sich eine Art "kooperativen Staat" auf der Basis von Berufsverbänden vorstellten, neigte die evangelische Kirche eher den Forderungen des Vereines für Sozialpolitik zu. Sie wandte sich von dem liberalen Postulat des Eigennutzes ab und verlangte, daß auch in der Wirtschaft nach "evangelischer Sittlichkeit" verfahren werden sollte. (Schneemelcher 1909, S. 377-387). Interessant in diesem Zusammenhang ist die Tatsache, daß sich im Jahre 1891 eine päpstliche Enzyklika (rerum novarum) mit der sozialen Frage befaßte. Diese Enzyklika forderte ebenfalls eine Korrektur von Marktergebnissen nach dem Subsidiaritätsprinzip.

E. Wirtschaftspolitische Einwirkungen auf einzelne Märkte

1. Freiheit des Wettbewerbs

Nach dem liberalen Leitbild sollen Wettbewerb und Märkte die ökonomische Koordination übernehmen. Die Freiheit des Wettbewerbes wird jedoch von zwei

Seiten permanent bedroht. Einerseits sind staatliche Interventionen wettbewerbsfeindlich, da durch sie die Preise verzerrt oder im schlimmsten Falle sogar ganz außer Kraft gesetzt werden. Wo jedoch die Preie ihre Signal- und Anreizwirkung nicht entfalten können, wird der Wettbewerb gestört.

Andererseits drohen auch aus der Wirtschaft selbst dem Wettbewerb Einschränkungen. Unternehmen können so stark wachsen, daß sie auf bestimmten Märkten alleinige Anbieter sind, und sich hier keinem Wettbewerb mehr stellen müssen. Auch können Unternehmen Vereinbarungen über Preise und Absatzmengen treffen, um den für sie unbequemen Wettbewerb einzuschränken. Im folgenden soll die Wettbewerbssituation am Beispiel der wichtigsten Märkte beschrieben und gezeigt werden, welche Politik das Deutsche Reich auf diesen Gebieten verfolgte.

2. Agrarmärkte

Während die Agrarproduzenten sich im Inland weitgehend dem Wettbewerb stellten, wurden sie seit 1879 durch Zölle von ausländischen Wettbewerbern geschützt. Hierdurch wurde zwar der Wettbewerb der deutschen Bauern untereinander nicht eingeschränkt, jedoch wurde die ausländische Konkurrenz benachteiligt. Im Inland bewirkte eine solche Wirtschaftspolitik eine Umverteilung von Einkommen zugunsten der Bauern und zum Schaden der Konsumenten. Schließlich mußten die Konsumenten ja einen höheren Anteil ihres Einkommens für Agrargüter ausgeben, um die über dem Weltmarktpreis liegenden inländischen Preise zu bezahlen. Ebenfalls profitierte von dieser Politik der Staat, da ihm ja die Zolleinnahmen zuflossen. Aus neoklassischer Sicht ist allerdings zu vermuten, daß die Verluste insgesamt größer als die Gewinne waren, da es günstiger gewesen wäre, das Gesetz der komparativen Kostenvorteile zu nutzen und die Agrarprodukte zu importieren, um im Inland mit den freigesetzten Ressourcen Produkte herzustellen, bei denen das Deutsche Reich komparative Kostenvorteile hatte, um diese dann zu exportieren. (vgl. Rose, *Theorie der Außenwirtschaft*, 10. Aufl., München 1989)

Die Entwicklung einzelner Zölle auf dem Agrarsektor ist im folgenden Schaubild dargestellt.

Tabelle 1 **Einfuhrzoll in Mark je t im Deutschen Reich von 1871 bis 1914.**

Jahre des Zolltarifs	Weizen	Roggen	Gerste	Hafer
1871/1879	0,00	0,00	0,00	0,00
1880/1885	10,00	10,00	5,00	10,00
1885/1887	30,00	30,00	15,00	15,00
1887/1891	50,00	50,00	22,50	40,00
1892/1902	35,00	35,00	20,00	28,00
1902/1914*	75,00 (55,00)	70,00 (55,00)	70,00 (40,00)	70,00 (55,00)

Quelle: Henning 1978, Tab. 4, S. 125.

* 1902/1914 konnten die Zölle durch bilaterale Verträge bis auf den Betrag, der in Klammern steht, gesenkt werden.

Wie stark der Einfluß der Zölle auf das inländische Preisgefüge im Agrarsektor war, läßt sich grob mit der Berechnung der Protektionsrate darstellen.

Die effektive Protektionsrate E.R.P. (Effective Rate of Protection, vgl. Webb 1980, S. 315 u. 316.) berechnet sich wie folgt: (siehe n. Seite)

$$E.R.P. = \frac{T_o - \Sigma A_i - T_i}{P_o - \Sigma A_i - P_i}$$

mit T_o = Outputzoll

T_i = Inputzoll

P_o = Weltpreise Output

P_i = Weltpreise Input

A_i = Input-Output Koeffizienten

Die Idee, die in dieser Formel ihren Ausdruck findet, ist die, daß der Zoll als Prozentsatz des Weltmarktpreises angibt, wieviel die Inlandspreise über dem Weltmarktpreis liegen dürfen, ohne daß mit einem Nachfragerückgang aufgrund der ausländischen Konkurrenz gerechnet werden muß. Dieser Prozentsatz wird nun noch bereinigt um die Nachteile, die die inländischen Produzenten dadurch haben, daß sich ja eventuell deren Inputs auch durch die Zölle verteuern. Dieser Effekt vermindert die tatsächliche Protektion, die ein Sektor durch Einfuhrzölle erfährt.

Hier nun einige effektive Protektionsraten für die wichtigsten landwirtschaftlichen Produkte im Deutschen Kaiserreich.

Tabelle 2 **Effektive Protektionsraten für die wichtigsten landwirtschaftlichen Produkte im Deutschen Kaiserreich 1882 - 1913 (in Prozent der Wertschöpfung).**

	1882 - 1885	1889 - 1890	1894 - 1896	1900 - 1902	1906 - 1908	1911 - 1913
Roggen	9	49	46	37	42	48
Weizen	7	34	33	28	39	37
Hafer	9	36	33	27	47	47
Gerste	4	17	22	19	12	12
Rohzucker	19	20	2	42	0	0
Lebende Schweine	2	4	4	k.A.	k.A.	k.A.
Schweinefleisch	k.A.	k.A.	k.A.	16	31	27
Lebende Rinder	0	-4	-3	k.A.	k.A.	k.A.
gefr. Rindfleisch	k.A.	k.A.	k.A.	10	28	36
Milch	19	12	13	12	9	6
Eier	2	-3	-3	-1	-2	-2

Quelle: Webb 1982, S. 314 und 319.

3. Eisen und Stahl

Ähnlich wie im Agrarbereich wurde auch der Bereich der Stahlindustrie durch eine protektionistische Zollpolitik vor ausländischer Konkurrenz geschützt.

In diesem Bereich gingen die Eingriffe in das Marktgeschehen jedoch noch viel weiter. Die Anbieter von Stahl schlossen sich in Kartellen zusammen, um Preise und Mengen abzusprechen. Der Schutz vor ausländischer Konkurrenz wurde also, mit Billigung und Unterstützung des Staates, dazu genutzt, auch im Inland die Konkurrenz massiv einzuschränken. An Argumenten für eine solche Politik der Eingriffe in die äußeren wie die inneren Märkte fehlte es nicht. Die umfangreichen Investitionen, die zur Errichtung einer modernen Stahlindustrie notwendig sind, könnten nur aufgebracht werden, wenn der Staat durch Zölle und die Investoren durch Kartellierung sicher stellten, daß die Investitionen auch rentabel sein würden. Tatsächlich konnte die deutsche Stahlindustrie in der Ära des Protektionismus gute Erfolge vorweisen. So konnte Deutschland in diesem Zeitraum England, welches bislang mit Vorsprung die führende Industrienation war, in diesem Schlüsselsektor einholen.

Um zu zeigen, wie durchorganisiert (organisierter Kapitalismus) die Eisen- und Stahlindustrie war, sind im folgenden die Namen der wichtigsten Kartelle in diesem Sektor aufgeführt.

Die Kartellierung mit ihren preiserhöhenden Wirkungen hatte auf die einzelnen Firmen des Eisen- und Stahlsektors zwei Effekte. Einerseits konnten die Verkaufspreise erhöht werden, andererseits jedoch erhöhten sich auch die Input-Preise, wenn die Firmen Rohmaterial aus der Eisen- und Stahlindustrie zu ihrer Produktion benötigten. Dies schmälerte die Gesamtwirkung der Kartellierung bei Firmen, die in der Wertschöpfungskette relativ nahe beim Endverbraucher angesiedelt waren. Durch vertikale Integration konnte dieser Effekt ausgeschaltet werden. Wenn Firmen mit ihren Lieferanten fusionierten, konnte die negative Wirkung der Kartelle beim Einkauf aufgehoben werden, ohne auf die positive Wirkung der Kartellierung beim Verkauf zu verzichten. (Selbstverständlich handelt es sich hier um eine rein einzelwirtschaftliche Sichtweise, die bei einer Betrachtung der Gesamtwirtschaft oder nur der Gesamtbranche nicht mehr in dieser Weise gültig ist.)

Auch für die Eisen- und Stahlindustrie hat Steven Webb (1980) die effektiven Protektionsraten berechnet. (Zum Verfahren siehe den vorherigen Abschnitt des hier vorliegenden Beitrages.)

Die Tabelle zeigt deutlich die Abhängigkeit der Kartellierungswirkung von der Position in der Wertschöpfungskette und von der vertikalen Integration. Eine Ausnahme machen die Walzwerke zwischen 1906 und 1908, die, obwohl sie nicht am Beginn der Wertschöpfungskette stehen und auch nicht vertikal integriert waren, dennoch kurzfristig eine hohe Protektionsrate erreichen konnten.

Tabelle 3. Namen der wichtigsten Kartelle in der Eisen- und Stahlindustrie.

Verband der Roheisenproduzenten	1873-79
Verband der Giesserei-Roheisen Produzierenden Hochofenwerke Rheinland-Westfalens, Hessen-Nassau und des Harzgebietes	1879-86
Qualitäts-Puddeleisen Konvention rheinisch-westfälischer und nassauischer Hochofenwerke	1882-85
Rheinisch-Westfälischer Roheisen-Verband für Giesserei-, Thomas- und Qualitätspuddeleisen	1886-93
Rheinisch-Westfälische Verkaufsstelle für Qualitätspuddeleisen	1888-97
Verkaufsstelle für Giesserei-Roheisen	1893-97
Verein für den Verkauf von Siegerländer Roheisen	1894-1908
Rheinisch-Westfälisches Roheisensyndikat	1897-1908
Lothringisch-Luxemburgisches Kontor für den Verkauf von Roheisen	189?-1908
Roheisensyndikat zu Düsseldorf	1899-1908
Oberschlesisches Roheisensyndikat	1901-08
Verkaufsvereinigung deutscher Hochofenwerke	1910-17
Halbzeugverband	1898-1904
Schienen-Verband	1876-92
Deutsche Schienengemeinschaft	1892-1901
Verein deutscher Stahlschienen Walzwerke	1901-04
Deutscher Trägerverband	1898-1904
Deutsches Walzdraht-Syndikat	1897-1901
Verband deutscher Drahtwalzwerke	1902-07
Deutsche Drahtwalzwerke	1907-14
Siederohr-Vereinigung	1889-95
Gasrohr-Syndikat	1893-1903
Siederohr-Syndikat	1895-1903
Verkaufsstelle der deutschen Gas- und Siederohrwerke	1903-10
Deutscher Walzwerkverband	1887-189?
Deutscher Stahlwerksverband	1904-17

Quelle: Webb 1980, S. 328 u. 329

Tabelle 4. Effektive Protektion in verschiedenen Produktionsbereichen in der deutschen Eisen- und Stahlindustrie. (in Prozent der Wertschöpfung)

	1883 - 85	1894 - 96	1900 - 02	1906 - 08	1911 - 13
Vertikal integrierte Firmen in zumindest teilweise kartellierten Branchen					
1. Roheisen zum Verkauf	18	48	70	67	52
2. Grob gewalzter Stahl	26	17	47	12	14
3. Fein gewalzter Stahl	2	4	38	8	5
4. Stahl (insgesamt)	12	8	34	9	9
5. Roheisen- und Stahlerzeugnisse	13	11	37	13	11
Vertikal nicht-integrierte Firmen in nicht-kartellierten Branchen					
6. Gehämmertes Eisen	5	3	19	6	-
7. Stahl (feuergehärtet)	-	-	-	3	-9
8. Walzstahl von unabhängigen Walzwerken	-	-	-1	29	0
9. Gewichteter Durchschnitt von 6, 7 u. 8	-	-	-	8	-4
Vertikal nicht-integrierte Firmen in nicht-kartellierten Branchen					
10. Draht (Eisen)	-9	-10	-10	-9	-5
11. Produkte der Kleineisenindustrie	0	0	-1	0	0

Quelle: Webb, 1980, S. 317.

Diese Protektion galt selbstverständlich nur für den inneren Markt. Auf dem Weltmarkt gaben die kartellierten Produzenten großzügige Rabatte, um konkurrenzfähig zu sein (Exportdumping). Kurzfristig betrachtet mußten also die inländischen Konsumenten die Zeche bezahlen, wie bei der Landwirtschaft. Langfristig ist das Urteil nicht so leicht zu fällen, da nicht gesichert ist, wie sich die deutsche Eisen- und Stahlindustrie ohne Protektion entwickelt hätte und welche Auswirkungen dies für die Gesamtwirtschaft und damit auch für die Konsumenten gehabt hätte.

4. Märkte für Primärenergie

Das Zeitalter der Industrialisierung ist eng verknüpft mit dem Einsatz der Kohle als Energiequelle. Sowohl die im vorherigen Abschnitt beschriebene Eisen- und Stahlindustrie als auch einige weitere bedeutende Sektoren (Eisenbahn, Schiffahrt, Hausbrand usw.) bezogen ihre Energie aus diesem Rohstoff. Deshalb hat die Ordnungspolitik auf diesem Sektor für die gesamte Volkswirtschaft eine große Bedeutung.

Nach den Erfahrungen mit heftigen Preisschwankungen im Kohlebergbau und der damit verbundenen Erlösunsicherheit gab es vielerlei Bestrebungen zur Kartellierung des Kohlebergbaus im Ruhrgebiet, in Oberschlesien, in Sachsen, im Saargebiet sowie in den Braunkohlegebieten West- und Mitteldeutschlands. Am bekanntesten dürfte das Rheinisch-Westfälische-Kohlesyndikat (gegr. 1893) sein, welches den Abschluß der Kartellierungsbestrebungen im Revier bildete.

Die kartellierten Betriebe des gesamten Bergbaus erreichten 1906 einen Marktanteil von 74 %. (Borchardt, 1985, S. 183)

Carl Ludwig Holtfrerich (Holtfrerich, 1973, S. 20 ff.) meint, daß durch die Kartellierung tatsächlich die Erlösunsicherheit gemindert werden konnte. Er zeigt dies am Beispiel des Ruhrkohlebergbaus. Sein Modell basiert darauf, daß die Erlösschwankungen in diesem Sektor außer auf Schwankungen in der Nachfrage insbesondere auch auf Schwankungen im Angebot zurückzuführen waren.

Diese Angebotsschwankungen waren die Folge eines Koordinationsproblems der Anbieter, welches wiederum durch die lange Ausreifungszeit der Investitionen auf diesem Sektor verstärkt wurde. Waren die Preise für Kohle nämlich hoch, wie dies Ende der 1850er und Anfang der 1870er Jahre der Fall war, entschieden sich die Kohleanbieter zu verstärkten Investitionen in neue Schächte. Nach etlichen Jahren (nach Holtfrerichs Berechnungen waren es 8 Jahre) waren die neuen Schächte nun soweit, Kohle zu fördern. Da die Investitionen nicht koordiniert waren, entstand ein Überangebot, welches zu einem Verfall der Preise führte. Wegen des hohen Fixkostenanteils bei der Kohleförderung führte dieser Preisverfall kurzfristig zu keinem nennenswerten Rückgang des Angebotes. Die Investitionen unterblieben von nun an jedoch, bis nach etlichen Jahren durch das ständige Steigen der Nachfrage die Preise sich wieder so weit erholt hatten, daß Gewinne gemacht werden konnten. Der nächste Investitionszyklus begann und bereitete die neuen Überkapazitäten vor. Holtfrerich nennt dieses Phänomen entsprechend der volkswirtschaftlichen mikroökonomischen Theorie das "Ruhrkohlen-Cobweb". Erst die Kartellierung beendete diese angebotsinduzierten Preis- und Mengenschwankungen und stabilisierten die Erlöse der Anbieter. Das folgende Schaubild zeigt die stabilisierende Wirkung des rheinisch-westfälischen Kohlesyndikates.

Abbildung 2

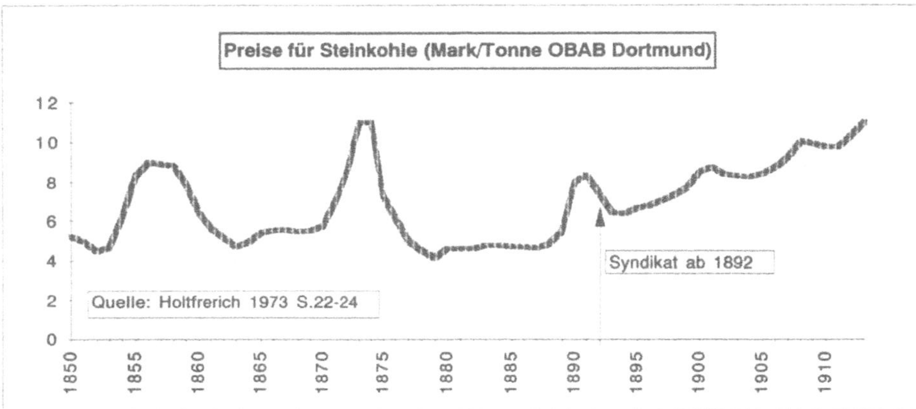

5. Textil

Neben den Industriellen der Eisen- und Stahlindustrie gehörten die Vertreter der Baumwollindustrie zu den frühesten Verfechtern einer protektionistischen Zollpolitik. (Webb 1977/78, S. 336)

Die Baumwollindustrie konnte erreichen, daß die Importzölle auf ihre Produkte zu Beginn der Existenz des Deutschen Reiches nicht abgeschafft wurden und daß 1879 die Tarife angehoben wurden. (Webb 1977/78, S. 345) Allerdings profitierte nicht die gesamte Baumwollindustrie im gleichen Maße von den Schutzzöllen. So waren die Färber- und Textildruckereien durch die Zölle benachteiligt, da diese ihre

Inputpreise erhöhten. Die Spinnereien und Webereien profitierten von den Zöllen auf Garne und Tuche, falls sie, wie die großen Spinnereifabriken und die Tuchfabriken hauptsächlich für den Binnenmarkt. Die in Heimarbeit produzierenden Jacquard-Weber jedoch arbeiteten für den Export und konnten deshalb von den Zöllen nicht profitieren. Sie mußten auf den internationalen Märkten konkurrieren und erhielten nur Weltmarktpreise.

Die folgende Tabelle zeigt den Einfluß der Zollpolitik des Deutschen Kaiserreiches auf die verschiedenen Sparten des Baumwollsektors mit Hilfe der effektiven Protektionsraten. (Die Berechnung der "effektiven Protektionsrate" ist im Abschnitt zu den Agrarmärkten beschrieben.)

Tabelle 5. Effektive Protektionsraten durch Zölle in der deutschen Baumwollindustrie.

	1874-6	1883-5	1894-6	1900-2	1906-8	1911-3
Mechanisierte Industrie						
Spinnerei	18 %	31 %	16 %	20 %	15 %	14 %
Weberei	?	93 %	97 %	17 %	19 %	-7 %
Hausindustrie						
Jacquard-Weberei	0 %	0 %	0 %	0 %	0 %	0 %

Quelle: Webb, 1977/78, S. 344.

6. Wohnungsmärkte

Obwohl die städtische Wohnungsnot zu den meistdiskutierten Fragen des Vereins für Sozialpolitik gehörte (siehe den Abschnitt "Wirtschaftspolitische Vorstellungen wichtiger gesellschaftlicher Gruppen" in dem hier vorliegenden Beitrag) und die Sozialreformer immer wieder staatliche Eingriffe in die Wohnungsmärkte forderten, enthielt sich der Staat jedoch weitgehend.

Massive Eingriffe durch den Staat in das Marktgeschehen gab es in Deutschland erst in der Zeit nach dem Ersten Weltkrieg. (Blumenroth 1975, S. 159 ff.)

Wir haben es hier also mit einem Bereich zu tun, in dem weder die Lobbyisten des Angebotes (Haus- und Grundbesitzer) noch die der Nachfrage (Mieter) das Deutsche Kaiserreich zu Eingriffen bewegen konnten.

Hier stellt sich die Frage, ob nicht vielleicht Markteingriffe angemessen gewesen wären. Tatsächlich zeigt die Entwicklung auf den Wohnungsmärkten enorme Ausschläge.

Die Zahl der leerstehenden Wohnungen kann als ein Indikator für das schlechte Funktionieren des Wohnungsmarktes dienen. Als Beispiel sei die Situation in Hamburg gezeigt.

Abbildung 3

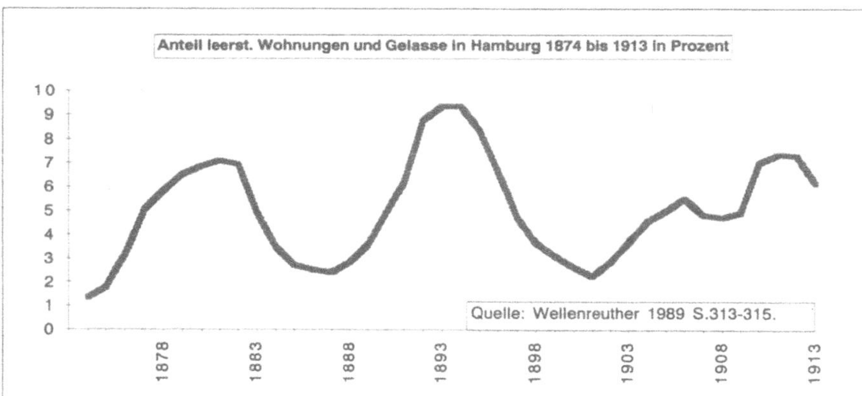

Man sieht, daß es, ähnlich wie im Bergbau, regelmäßig zu Überinvestitionen gekommen ist. Ähnlich wie im Bergbau läßt sich auch im Wohnungsbau eine einmal aufgebaute Kapazität nicht so schnell vermindern.

Betrachtet man die Reihe der Wohnungsbauinvestitionen als Prozentsatz vom Bestand für Deutschland, so stellt man fest, daß ab ca. 1880 eine Glättung der Reihe stattfindet.

Abbildung 4

Diese Glättung ist weder auf Eingriffe des Staates in den Wohnungsmarkt noch auf Kartellierungen der Wohnungsanbieter zurückzuführen. Der Wohnungsmarkt hat auch ohne diese Eingriffe zunehmend besser funktioniert. Allerdings war das Marktergebnis sozial unbefriedigend, wie die vielen Abhandlungen über die Wohnungsnot zeigen.

7. Infrastruktur

Aus theoretischer Sicht gibt es gegen die private, also marktwirtschaftliche Versorgung mit Infrastrukturleistungen einige Vorbehalte. Es wird befürchtet, daß die Versorgung mit diesen Leistungen suboptimal sein könnte. Das Free-rider-Phänomen, das Prisoner's Dilemma und die Monopoltheorie (natürliche Monopole) werden häufig zur Argumentation herangezogen.

Die Versorgung der schnell wachsenden Städte mit Wasser, Gas und Strom wurde im Deutschen Kaiserreich im Laufe der Zeit fast vollständig kommunalisiert. Das folgende Schaubild zeigt die Entwicklung bei den Gaswerken.

Abbildung 5

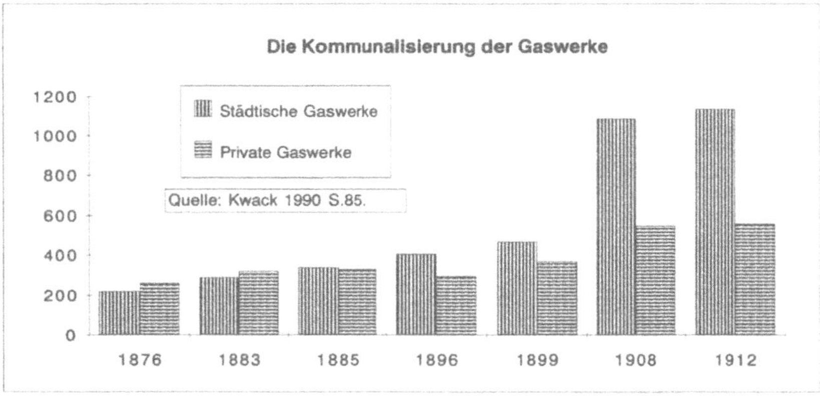

Wohlfahrtsökonomisch gerechtfertigt wären diese massiven Eingriffe, die auch mit dem Begriff "Munizipalsozialismus" belegt werden, wenn sie ein besseres Preis-Leistungs-Verhältnis hervorgebracht hätten als eine private Lösung.

Tatsächlich kommen Studien für England (Howe 1905, S. 141) zu diesem Ergebnis. Vergleicht man jedoch die Preis- und Mengenpolitik der Privaten mit der der öffentlichen Gaswerke in Deutschland, so kann kein so deutlicher Unterschied festgestellt werden.

Möglicherweise wären in Deutschland die Eingriffe in die Märkte für die städtischen Versorgungsleistungen nicht nötig gewesen, da sich die privaten Anbieter nicht an einer kurzfristigen Gewinnmaximierungsstrategie orientierten, sondern möglicherweise an einer Strategie der langfristigen Marktsicherung. Monopolisten müssen nicht den Cournot-Punkt anstreben. Im Gegenteil, dieses Verhalten wäre für Monopolisten, die ja immer auch mit Staatseingriffen rechnen müssen, suboptimal gewesen.

Abbildung 6

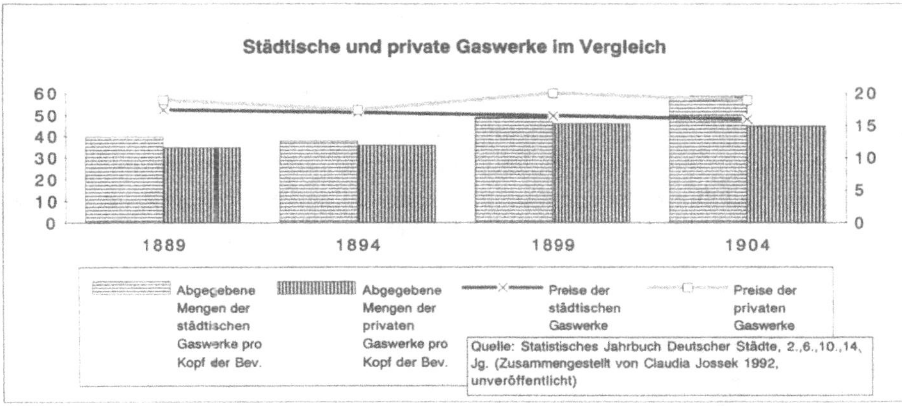

Ein weiterer Bereich der Infrastruktur, der als natürliches Monopol gilt, ist die Eisenbahn. Bei Gründung des Deutschen Reiches war dieser Bereich sehr heterogen organisiert. In einigen Staaten des Reiches, wie z.B. in Württemberg, Sachsen und Oldenburg waren die Bahnen rein staatlich, während in anderen Staaten wie z.B. in Preußen die privaten Eisenbahnen dominierten. Im weiteren Verlauf der Geschichte wurden nahezu alle wichtigen Bahnen von den Staaten aufgekauft, in denen sie lagen. Wir haben hier also massive Staatseingriffe in das Marktgeschehen, die jedoch nicht von der Zentralregierung des Reiches, sondern von den Regierungen der Einzelstaaten durchgeführt wurden. (vgl. Leyen, 1909, S. 863-869) Das Reich griff jedoch auch massiv in das Marktgeschehen ein. Seit ca. 1877 gab es für ganz Deutschland ein einheitliches Tarifsystem und eine Beförderungspflicht zu diesen Tarifen. (Herrmann, 1909, S. 884-896)

Die Tarife wurden von einer Tarifkommission festgelegt, in der auch die Vertreter der Nachfrage (Industrie, Handel, Landwirtschaft) saßen. So versuchte man zu gewährleisten, daß die natürlichen Monopole nicht zu Lasten der Versorgung der Wirtschaft mit Transportleistungen ausgenutzt wurden.

In einem aufstrebenden Industriestaat, wie das Deutsche Reich einer war, spielte die Versorgung mit Humankapital (Ausbildung, Bildung, Forschung usw.) eine große Rolle. So gesehen können Schulen, Universitäten und Einrichtungen des gewerblichen Unterrichtes als Infrastruktur für die Wirtschaft angesehen werden. Bei der Bereitstellung dieser Güter ergibt sich das Problem der "Internalisierung externer Effekte". Hiermit meint die Finanzwissenschaft, aus der dieser Begriff stammt, daß diejenigen, die in den Genuß dieser Leistungen kommen, auch die Aufwendungen für diese Leistungen tragen sollen. Nach Buchanan ist diese Internalisierung dann optimal, wenn Kollektive gebildet werden, in denen jeweils die Nutznießer und Träger der Lasten zusammengefaßt sind. Im Deutschen Reich wurde bezüglich des Bildungs- und Ausbildungssystems in einer Weise verfahren, die diesen Forderungen nach Internalisierung ziemlich nahe kommt. Dies läßt sich anhand des gewerblichen Unterrichts zeigen, der wegen seiner Praxisnähe besonders wichtig als Input für die Wirtschaft gewesen sein dürfte.

Hermann von Laer schildert in seiner Arbeit (Laer, 1977) die Initiierung und die Finanzierung der "Technischen Hochschule Aachen". Diese Art der Mischfinanzierung kann durchaus als typisch für solche Einrichtungen angesehen werden. Alle Interessenten an einer verbesserten Forschung und Ausbildung mit Praxisbezug wurden zur Finanzierung herangezogen: die Wirtschaft, die Stadt, der Staat. Da für das Studium in der Regel Studiengebühren von den Studenten zu entrichten war, war auch diese Gruppe der Nutznießer mit in den Kreis der Finanzierung einbezogen. Die folgende Tabelle zeigt die Art der Finanzierung:

Dieses Beispiel zeigt auch die Bedeutung von Institutionen, ohne deren Vorhandensein diese Art der Finanzierung kollektiver Güter nicht möglich wäre. Die staatliche Wirtschaftspolitik im Deutschen Reich hat den Aufbau und den Erhalt solcher Institutionen gefördert. Damit machte Sie sich das Subsidiaritätsprinzip zu eigen.

Tabelle 6. Die Finanzierung der Technischen Hochschule Aachen.

Geldgeber	Betrag	Bemerkung
Aachener und Münchener Feuerversicherungsgesellschaft	1.000.000 60.000 726.000	1859 Einmalzahlung jährlich für verschiedene Zwecke 1865-1898.
Der preußische Staat	30.000	jährlich
Aachener Verein zur Beförderung der Arbeitsamkeit (getragen hauptsächlich von Industriellen)	60.000 1.135.000 32.500 45.000	jährlich für verschiedene Zwecke 1885-1903 für Exkursionen von Studenten 1885-1903 für die Errichtung eines Kurses Handelswissenschaften
Die Stadt Aachen	195.187 1.110.000 90.000	zum Defizitausgleich bis 1894 Baukosten für innere Ausstattung
Studenten	30.000	jährlich Schulgeld
Handelskammer Aachen	18.000	für die Errichtung eines Kurses Handelswissenschaften

<u>Quelle:</u> Laer, 1977, S. 317

8. Sozialversicherung

Wertschöpfung durch Risikoausgleich

Die Einnahmen, die eine durchschnittliche Arbeiterfamilie im Deutschen Kaiserreich zu erwarten hatte, stiegen nach der Gründung des Kaiserreiches an (Desai, 1968, S. 36) und reichten dazu aus, die allgemeinen Erwartungen zu erfüllen. Not und Elend entstanden deshalb, weil es zu starken Abweichungen vom Durchschnitt kam. Durch Unfälle, Krankheiten, Invalidität oder Tod des Ernährers, Arbeitslosigkeit usw. konnten die Einnahmen eine Familie plötzlich unter das Existenzminimum abrutschen. Da die Arbeiterfamilien in der Regel über kein nennenswertes Eigentum verfügten, führten solche Einkommensreduktionen zur materiellen Not.

Mit Hilfe des Versicherungsprinzipes läßt sich nun diese materielle Not ausschalten. Ex ante erklären sich diejenigen, denen kein Unglück zustößt, bereit, auf einen Teil ihres Einkommens zu verzichten, zugunsten derjenigen, denen ein solches Unglück zustößt. Ex ante bedeutet dies für die Wirtschaftssubjekte, daß sie einen Teil der Höhe ihres Einkommens gegen eine erhöhte Sicherheit ihres Einkommens eintauschen. Ex post geht es um eine Umverteilung von denen, die Glück hatten, zu denen, die nicht so viel Glück hatten. Für die Versicherungsidee ist die ex-ante-Betrachtung relevant. Bei negativer Risikopräferenz (Angst vor großen Unglücken) fließt den Wirtschaftssubjekten aus der Anwendung des Versicherungsprinzipes ein zusätzlicher Nutzen zu. Es entstehen also Werte, für die der Versicherte bereit ist, etwas zu bezahlen. Deshalb spricht zunächst nichts gegen eine marktwirtschaftliche Lösung des Problems. Betrachtet man jedoch die Kostenseite, so sind gerade auf diesem Sektor enorme economies of scale zu erwarten.

Eine Sozialversicherung muß, um rationell arbeiten zu können, als Großorganisation konzipiert werden. Allein dem Staat war es möglich, durch die Einführung einer allgemeinen Versicherungspflicht aus dem Stand eine solche Großorganisation mit hoher Wertschöpfung einzurichten. Dieser Staatseingriff hat möglicherweise einen Prozeß abgekürzt, der vielleicht auch als Marktergebnis eingetreten wäre, jedoch wegen der späteren Ausnutzung der economies of scale länger gedauert hätte und teurer gewesen wäre.

1881 ff. wurde eine gesetzliche Unfall-, Kranken- und Invaliditäts- bzw. Altersversicherung eingeführt, mit dem Ziel, die Marktergebnisse auf diesem Gebiet in der Weise zu modifizieren, daß es zu einem höheren Sicherheitsniveau bei den Einnahmen der unteren Klassen kam. Diese Politik soll auch dazu gedient haben, den Sozialdemokraten das Wasser abzugraben.

In den folgenden Jahren wurden die einzelnen Bereiche der Sozialversicherung eingeführt:

1883 Krankenversicherung
1884 Unfallversicherung
1889 Invaliden- bzw. Altersversicherung

(Borchardt, 1985, S. 196 u. 197)

9. Arbeitsmärkte

Auf dem Arbeitsmarkt werden von den Arbeitern Versprechen auf Arbeitsleistung angeboten und gegen Zahlungsversprechen von den Unternehmern getauscht. In Arbeitsverträgen werden die Verpflichtungen aus dem Tausch festgehalten.

Durch Kartellisierung kann die Angebots- ebenso wie die Nachfrageseite versuchen, die Bedingungen dieser Verträge zu ihren Gunsten zu verändern. Hierdurch kann der Marktmechanismus teilweise oder ganz außer Kraft gesetzt werden. Der Staat kann ebenfalls regulierend in die Arbeitsmärkte eingreifen. Er kann das Marktgeschehen dadurch unterstützen, daß er den Arbeitsverträgen den notwendigen Rechtsschutz zuteil werden läßt. Er kann aber auch die Rechte einzelner Marktteilnehmer aufgrund von übergeordneten Zielen einschränken, indem er nur bestimmte Arbeitsverhältnisse als gültig erklärt und als rechtens anerkennt. Schließlich greift der Staat in die Arbeitsmärkte ein, indem er selbst als Nachfrager nach Arbeit auftritt.

Das Deutsche Reich hatte, wie die anderen Industrienationen auch, eine umfassende Arbeitsschutzgesetzgebung, die im Laufe des 19. Jahrhunderts ausgebaut wurde und massiv in die einzelnen Märkte eingriff.

Durch Bestimmungen aus der Gewerbeordnung, aus dem Handelsgesetzbuch und durch Spezialgesetze wurde die Vertragsfreiheit auf dem Arbeitsmarkt in den folgenden Bereichen eingeschränkt:

- Verbot der Arbeit an Sonn- und Feiertagen
- Verbot des Trucksystems (Lohnzahlung in Warenform)
- Regelungen bezüglich der Arbeitszeugnisse
- Schutz gegen Gefahren für Leben, Gesundheit und Sittlichkeit
- Höchstarbeitszeiten und Pausenregelungen
- Vorschriften über Arbeitsordnungen
- Spezielle Regelungen zur Frauenarbeit incl. Schwangerschaftsschutz
- Spezielle Regelungen für die Arbeit von Jugendlichen
- Bestimmungen zur Lehrlingsausbildung usw.

(Landmann, 1909)

10. Geld- und Kapitalmärkte

Von Anfang an übernahm das Deutsche Reich die Führung bei der Organisation der Geld-, Währungs-, Kredit- und Kapitalmärkte. Das bis dahin dezentral organisierte Münzwesen wurde verstaatlicht und beim Reich zentralisiert, ebenso das Banknotenwesen.

Dies bewirkte im Vergleich zu dem vorher existierenden, völlig zersplitterten und konfusen Geldsystem eine bedeutende Senkung der Transaktionskosten. (Borchardt, 1976, S. 3-4)

Ab Januar 1876 wurde die Geld- und Währungspolitik für Deutschland zentral von der dafür eingerichteten Reichsbank betrieben. Die Privatbanken konnten sich auf die Industriefinanzierung spezialisieren und hatten für das Management kurzfristiger Liquiditätsengpässe immer eine funktionsfähige Reichsbank im Rücken. (Tilly, 1990, S. 66)

Auch bei der Industriefinanzierung spielte der Staat eine wichtige Rolle. Zwar gab es die Unternehmensform der Aktiengesellschaft auch in Deutschland schon seit langem, jedoch war die Gründung einer solchen an die Konzession des jeweiligen Staates gebunden. Das Deutsche Reich erlaubte die Gründung von Aktiengesellschaften generell und erleichterte damit die Kapitalaufnahme der großen Firmen.

Die internationale Kapitalmobilität wurde durch den Beitritt des Deutschen Reichs zum Goldstandard gefördert. Insgesamt hat die Wirtschaftspolitik im Deutschen Reich also einiges dazu getan, das Finanzsystem zu modernisieren, und damit die Basis geschaffen, auf der sich die Finanzmärkte national wie international entfalten konnten.

Aber nicht nur ordnungspolitisch, sondern auch durch Aktivitäten, in denen der Staat selbst Marktteilnehmer war, beeinflußte der Staat das Geschehen auf den Finanzmärkten. So trugen die deutschen Staaten, insbesondere Preußen, durch den Aufkauf von Eisenbahnaktien im Zuge der Verstaatlichung massiv zur Stabilisierung der Kapitalmärkte bei. Die Finanzierung der Aktivitäten der Gemeinden durch Schuldverschreibungen absorbierte ebenfalls einen großen Teil des privaten Kapitals.

Die steigenden Aufgaben der öffentlichen Hand waren häufig mit steigenden Ausgaben verbunden, so daß der Finanztheoretiker Adolph Wagner die Forderung erhob, dem Staat die benötigten neuen Einnahmequellen zu erschließen. Die Annahme eines inneren Zusammenhanges zwischen wirtschaftlicher Entwicklung und steigendem Staatsanteil wird auch "Wagnersches Gesetz" genannt. Das Deutsche Reich und die Gebietskörperschaften erhöhten in der Zeit zwischen 1870 und 1913 tatsächlich ihre Einnahmen beträchtlich. Dieser illiberale Charakter einer solchen Fiskalpolitik wurde jedoch dadurch gedämpft, daß die öffentlichen Eingriffe sich zum großen Teil auf Gemeindeebene abspielten, so daß über ein "voting by feet" die Marktmechanismen nicht gänzlich außer Kraft gesetzt waren.

F. Schluß

Wie aus den vorhergehenden Ausführungen zu erkennen ist, nahmen die Regulierungen und Interventionen im Deutschen Kaiserreich zwischen 1871 und 1914 eindeutig zu. Allerdings war dies nicht das Ergebnis einer zielgerichteten antiliberalen Politik, sondern kann als Reaktion auf sich ändernde Umweltbedingungen und auf Ansprüche einzelner Gruppen an den Staat gesehen werden. In einigen Bereichen wie z.B. auf dem Wohnungsmarkt beharrte der Staat sogar auf einer liberalen Politik, obwohl er massiv zu Interventionen aufgefordert wurde.

So gesehen hatte die Wirtschaftspolitik des Deutschen Reiches kein ordnungspolitisches Leitbild, welches für alle Bereiche der Wirtschaft gegolten hätte. Jedoch lassen sich dennoch einige generalisierende Aussagen zum Stil der deutschen Wirtschaftspolitik machen.

Erstens: Wenn auch die wirtschaftliche Entwicklung nicht dem Marktautomatismus überlassen wurde, so wurden doch die Märkte als das Hauptinstrument der ökonomischen Koordination angesehen und auch dann genutzt, wenn es darum ging, wirtschaftspolitische Ziele durchzusetzen. Das Deutsche Reich verfolgte keine Wirtschaftspolitik gegen die Märkte, sondern nutzte die Märkte. Mehr noch, es tat einiges dazu, Märkte zu installieren und funktionsfähig zu halten (besonders was die Geld-, Währungs- und Kapitalmärkte betrifft). In dieser Beziehung knüpfte das Deutsche Reich an eine preußische Tradition an. Die Stein-Hardenbergischen Agrarreformen hatten durch ihre Begründung von Eigentumsrechten ja maßgeblich dazu beigetragen, hier Märkte zu installieren. Andererseits zeigte auch damals die Ausgestaltung der Reformen mit der Bevorzugung der ehemaligen Feudalherren, daß auf eine staatliche Lenkung nicht verzichtet wurde. Eine andere ordnungspolitische Parallele kann zur Sozialen Marktwirtschaft in der Bundesrepublik Deutschland nach 1849 gezogen werden. Auch hier wurden Märkte genutzt, um mit Hilfe von Steuern, Subventionen, Staatsausgaben etc. bestimmte wirtschaftspolitische Vorstellungen (Wiederaufbau etc.) durchzusetzen.

Auffällig ist, wie differenziert die Ausgestaltung der deutschen Wirtschaftspolitik zwischen 1871 und 1914 war. Trotz der Hegemonie Preußens waren doch viele Bereiche (z.B. Eisenbahnwesen) zum Teil auf Basis der Einzelstaaten organisiert, so daß hier eine Konkurrenz der Staaten stattfinden konnte. Auch vertikal war die wirtschaftspolitische Einflußmöglichkeit gegliedert. Da ganze Bereiche der Wirtschaftsbeeinflussung auf der Gemeindeebene angesiedelt waren (Munizipalsozialismus), gab es eine Konkurrenz auch unter diesen.

Man kann das ordnungspolitische System des Deutschen Kaiserreiches als föderalistisch und subsidiär bezeichnen. Damit liegt es zwischen den Extremen der liberalen Marktwirtschaft und der zentralen Planwirtschaft. In einem solchen System spielen Institutionen (Gemeinden, Staaten, Reich, Reichsbank, Kartelle, Verbände usw.) eine wichtige Rolle.

Für die stärkeren Eingriffe des Staates, der Gebietskörperschaften und anderer Institutionen in die Marktabläufe gab es nachvollziehbare Gründe. Zum Teil waren diese Eingriffe rational, zum Teil wurden ökonomisch bedenkliche Eingriffe zugunsten anderer Ziele (Verteilung) durchgeführt. Die Bevorzugung der Agrarier durch die Schutzzölle ist durch die Machtstellung dieser Gruppe und durch die sinkenden Weltmarktpreise zu erklären, eine einleuchtende ökonomische Begründung läßt sich hierfür jedoch nicht so leicht konstruieren. Die Kartellierung in der Industrie wurde damals mit dem erhöhten Koordinationsbedarf bei Investitionen mit langen Ausreifungszeiten begründet. Tatsächlich scheinen die Überinvestitionen in der Kartellphase zurückgegangen zu sein. Die Theorie der öffentlichen Güter kann die Verstaatlichung und Zentralisierung des Geld- und Währungssystems gut erklären. Diese sowie die Institutionalisierung der Kapitalmärkte durch Reichsgesetze kann als Stärkung der Funktionsfähigkeit der Marktwirtschaft betrachtet werden. Ebenfalls mit der Theorie der öffentlichen Güter sowie mit der Theorie der natürlichen Monopole lassen sich die Aktivitäten der Gemeinden begründen. Economies of scale können angeführt werden, wenn man eine ökonomische Begründung für die staatliche Regie bei der Einführung der Sozialversicherung geben will.

Allerdings ist fraglich, ob ökonomische Überlegungen bei der Ausgestaltung der Wirtschaftspolitik im Deutschen Kaiserreich tatsächlich im Vordergrund gestanden haben. Schließlich hatten die einzelnen Maßnahmen ja auch Verteilungswirkungen. Und wie die hier vorliegende Abhandlung zeigte, wurde für die relevanten Gruppen von Seiten der Wirtschaftspolitik etwas getan. Landwirtschaft und Industrie profitierten vom Protektionismus. Die Arbeiterschaft erhielt die Sozialversicherung. Schlechter schnitt der Mittelstand ab, für den nicht solche Privilegien installiert wurden.

Insgesamt blieb das System bis zum Ausbruch des Ersten Weltkrieges stabil. Es barg jedoch im Gegensatz zu einem liberalen System eine Gefahr in sich. Ein System, in dem allen wichtigen Gruppen ein gewisser Schutz durch den Staat zukam, war in einer wachsenden Wirtschaft leichter zu verwirklichen als bei Stagnation oder gar bei Rückgang.

Als nach dem Ersten Weltkrieg das Sozialprodukt stark gesunken war, blieb das Anspruchsdenken dieser Gruppen erhalten, jetzt war aber der Staat damit überfordert, diesen Ansprüchen gerecht zu werden.

In der Phase bis zum Ausbruch des Ersten Weltkrieges war diese Marktwirtschaft mit starker Regulierung durch Staat und Institutionen jedoch sehr erfolgreich, vielleicht sogar die erfolgreichste Wirtschaft der damaligen Welt.

V. Wirtschaftspolitik zwischen Weltkrieg und Weltwirtschaftskrise

Norbert Huck

A. Einleitende Bemerkungen

Wirtschaftliche und politische Turbulenzen prägen das Bild der Zwischenkriegszeit. Von den Anpassungsproblemen der auf Kriegsproduktion eingestellten Weltwirtschaft, der deutschen Hyperinflation bis hin zur Weltwirtschaftskrise und dem damit verbundenen Untergang des deutschen Parlamentarismus spannt sich der Bogen einer Epoche, die in Gestalt des Keynesianismus tiefe Spuren in der Entwicklung von Wirtschaftstheorie und Wirtschaftspolitik hinterlassen hat.

Die zwanziger Jahre sind aber auch das Paradebeispiel für die Bedeutung internationaler Kooperation auf wirtschaftspolitischem Gebiet, oder - besser gesagt - der negativen Folgen fehlender internationaler Zusammenarbeit. Durch den 1. Weltkrieg wurde das sensible weltwirtschaftliche Geflecht gestört und es gelang nicht, stabile Strukturen wiederherzustellen.

Ein Grund für die Instabilität des weltwirtschaftlichen Systems liegt in der - im Gegensatz zum 19. Jahrhundert - mangelhaften Funktionsweise des Goldstandards, dem Kern des internationalen Währungssystems.

Ein anderer Grund findet sich in den Reparationsforderungen der alliierten Siegermächte des Weltkriegs an Deutschland, Deutschlands Unfähigkeit oder zumindest Unwilligkeit, die Reparationen zu zahlen, und der Koppelung interalliierter Kriegsschulden mit der Reparationsfrage.

Wie schwerwiegende Folgen die Zerrüttung des wirtschaftlichen Systems hatte, wurde spätestens mit der Wahl Hitlers zum Reichskanzler deutlich, können doch kaum Zweifel daran bestehen, daß die Erfolge der Nationalsozialisten bei den letzten Reichstagswahlen durch die hohe Arbeitslosenquote begünstigt wurden. (Frey/Weck, 1981)

B. Der 1. Weltkrieg aus wirtschaftspolitischer Sicht

1. Unmittelbare Folgen des Krieges

Durch den 1. Weltkrieg starben insgesamt 7 % der europäischen Bevölkerung durch direkte oder indirekte Kriegseinwirkungen, d. h. ca. 22 Millionen Menschen ohne Einrechnung der Bevölkerungsverluste Rußlands.

Die zerstörten Vermögenswerte werden - ohne Einbeziehung von Kriegsmaterialien - auf 200 Milliarden Pfund geschätzt.

Nach Schätzungen von W. A. Lewis wurde die weltweite Produktion durch den Weltkrieg im Bereich der Lebensmittelproduktion um 5,2 Jahre, in der Industrieproduktion um 4,5 Jahre und bei der Rohstoffproduktion um 1,25 Jahre verzögert.

Weit wichtiger als diese quantitativen Verluste waren wahrscheinlich die durch den Krieg verursachten bzw. beschleunigten Strukturveränderungen.

Der Anteil Europas an der Weltproduktion sank von 43 Prozent (1913) auf 34 Prozent (1923), der Anteil am Welthandel ging von 59 Prozent (1913) auf 50 Prozent (1924) zurück. (G. Hardach, 1973)

Analog hierzu wandelte sich die Struktur der internationalen Kapitalbewegungen. Großbritannien, vor dem Krieg die größte Gläubigernation, verlor seine Position als Weltfinanzzentrum an die USA. Sowohl C. Kindleberger (1973) als auch Gerd Hardach (1973) betonen die Bedeutung dieser Verlagerung und der Unwilligkeit der USA, ihre Verantwortung als wirtschaftliche Führungsmacht zu akzeptieren. "Die Weltwirtschaft vor 1914 hatte auf der britischen Freihandelspolitik und der internationalen Orientierung des Londoner Geld- und Kapitalmarktes beruht. Dagegen waren die USA eher protektionistisch, und das internationale Kreditgeschäft war in den USA trotz des Engagements einzelner New Yorker Banken relativ unbedeutend, so daß es zwangsläufig an Interesse, Erfahrung und Kontinuität fehlte." (G. Hardach, 1973, S. 297 f.)

2. Das Währungssystem im Krieg

Vor dem 1. Weltkrieg bildete der Goldstandard den Kern des multilateralen weltwirtschaftlichen Systems. Dieses internationale Währungssystem beruhte auf der Koppelung der nationalen Währungen an das Gold, so daß feste Austauschrelationen zwischen den einzelnen Währungen und dem Goldpreis bestanden.

Daraus ergaben sich - über das Gold - feste Paritätskurse zwischen den Währungseinheiten des In- und Auslandes. Es ist von zentraler Bedeutung, daß die Staaten unter dem Goldstandard einen festen Prozentsatz ihres Notenumlaufs durch Gold deckten und verpflichtet waren, Banknoten jederzeit in Gold einzutauschen. Hierdurch ergaben sich Anpassungsmechanismen, die für den Ausgleich der Zahlungsbilanz sorgten.

Unter den "Spielregeln" des Goldstandards kommt es in einem Staat, dessen Zahlungsbilanz (beispielsweise durch Importüberschüsse) defizitär ist, zu Goldabflüssen. Wegen der Koppelung des Notenumlaufs an den Goldbestand ist die Notenbank des betreffenden Landes gezwungen, den Notenumlauf durch Erhöhungen des Diskontsatzes zu verringern. Nach der Quantitätstheorie des Geldes folgt aus der Abnahme der Geldmenge eine proportionale Senkung des Preisniveaus, wodurch die inländischen Produkte international wettbewerbsfähiger werden. Die Exporte werden - bei "normalen" Außenhandelselastizitäten - steigen, während die Importe zurückgehen und die Zahlungsbilanz kehrt ins Gleichgewicht zurück.

Es ist wichtig, darauf hinzuweisen, daß dieser Geldmengen-Preis-Mechanismus nur bei Flexibilität der Preise und - da die Löhne als bedeutendster Kostenfaktor der Unternehmen in hohem Maße für die Preisbildung verantwortlich sind - auch der Flexibilität der Löhne nach unten wirken kann.

Darüberhinaus setzt der Goldstandard - wie auch jedes andere System mit festen Wechselkursen - den Möglichkeiten nationaler Geldpolitik enge Grenzen. Die Geldpolitik ist im System des Goldstandards kein Mittel, die inländische Beschäftigung zu erhöhen, sondern dient dem Ausgleich der Zahlungsbilanz.

In der Zeit vor dem 1. Weltkrieg erwies sich der Goldstandard als beinahe ideales Mittel, internationale Handelsströme zu ermöglichen und für die Wertbeständigkeit der Währungen zu sorgen. Es war klar, daß das System des Goldstandards während des Krieges keinen Bestand haben konnte, da unter den Bedingungen des Goldstandards der enorme Importbedarf der kriegführenden Nationen nicht gedeckt werden konnte. Der Goldstandard brach aber bereits vor Beginn der Kampfhandlungen zusammen, da spekulative Goldabflüsse die europäischen Zentralbanken zwangen, den Goldumtausch - häufig noch vor der gesetzlichen Ermächtigung - einzustellen.[110]

Dennoch waren die kriegführenden Staaten bemüht, auch während des Krieges ihren Bestand an Goldreserven aufrecht zu erhalten und so den Schein einer Goldwährung zu bewahren, obwohl dies nach der Suspendierung der Goldabgabepflicht nicht mehr nötig war.

In den nunmehr vollkommen funktionslos gewordenen Goldreserven manifestierte sich die Ansicht, der Krieg stelle lediglich eine vorübergehende Unterbrechung eines wohlgeordneten internationalen Wirtschaftssystems dar, dessen Institutionen bewahrt bzw. nach Kriegsende restauriert werden sollten. In diesem Sinn stellte die Beibehaltung von Goldreserven eine wichtige Voraussetzung für die Wiederherstellung des Goldstandards nach dem Waffenstillstand dar.

Unter den Bedingungen eines Weltkriegs aber konnte der Goldstandard nicht bestehen bleiben. Innerhalb der kriegführenden Bündnisse war dies unmöglich, da in allen in den Krieg verwickelten Staaten die Geldmenge zur Kriegsfinanzierung erheblich ausgedehnt wurde. Aber auch für die Neutralen hätte eine Rückkehr zum Gold während des Krieges sicher keinen Sinn gemacht. "Vor dem Krieg hatte man die Qualität einer Währung daran gemessen, ob sie jederzeit in Gold einlösbar war. Umgekehrt beruhte aber auch die währungspolitische Qualität des Goldes darauf, daß es jederzeit in beliebige Währungen umtauschbar war, und das war im Krieg eben nicht der Fall." (G. Hardach (1973), S. 154).

110. Den Verfallsprozeß des Währungssystems schildert insbesondere G. Hardach (1973), S. 151 - 162.

An die Stelle des Goldstandards trat damit ein duales System mit administrierten Wechselkursen innerhalb der Bündnisstaaten und flexiblen Wechselkursen auf den neutralen Finanzplätzen.

3. Die Finanzierung des Krieges

Die Währungsprobleme in der Nachkriegszeit sind indes nicht allein auf die Suspendierung des Goldstandards während des Krieges zurückzuführen. Mindestens ebenso wichtig ist die Tatsache, daß mit dem ersten Weltkrieg in Europa ein Krieg stattfand, der nicht durch einen relativ bescheidenen Einsatz von Mitteln wie dem im Juliusturm von Spandau angelegten Kriegsschatz, der 1914 knapp über 200 Mio. Mark betrug, geführt werden konnte. Es wurde daher für alle kriegsführenden Staaten in höchstem Maße wichtig, ihre volkswirtschaftlichen Ressourcen für den Kriegseinsatz zu mobilisieren, also die Produktion von privaten Konsum- und Investitionsgütern auf Kriegsgüter umzustellen oder die Produktionsmöglichkeiten zu erhöhen, wobei diese zweite Möglichkeit nur dann möglich ist, wenn in einer Wirtschaft unbeschäftigte Produktionsfaktoren existieren.

Die Methode, mit der die kriegsführenden Parteien vorgingen, war dabei in allen Staaten prinzipiell gleich. Der Staat weitete die Geldmenge durch die Plazierung kurzfristiger Staatsschuldscheine bei der Zentralbank und bei Geschäftsbanken aus und versuchte anschließend, diese schwebende Schuld durch die Herausgabe von Kriegsanleihen zu fundieren bzw. durch erhöhte Steuereinnahmen zurückzuzahlen.

Die expansiven Impulse der Geldschöpfungspolitik führten zusammen mit der Mobilmachung der Truppen bereits Anfang 1915 zur Vollauslastung des Produktionspotentials der kriegführenden Staaten. Die Produktion kriegswichtiger Güter konnte von da an nur auf Kosten des privaten Konsums bzw. der privaten Investitionen durchgeführt werden. Damit wurden die Belastungen des Kriegs auch für die Bevölkerung deutlich, die jetzt auf Konsum verzichten mußte.

Welche Möglichkeiten hatten die Regierungen nun, diese Umleitung von bislang für die Produktion von Friedensgütern genutzten Ressourcen auf Kriegsgüter durchzuführen?

Theoretisch gibt es hierfür zwei Möglichkeiten. Die erste besteht in der zusätzlichen Geldschöpfung. Über inflationäre Effekte reduziert diese Methode die Kaufkraft der Bevölkerung zu Beginn eines Krieges und trägt damit zur erwünschten Reduzierung des privaten Konsums bei. Problematisch ist der hierbei entstehende Geldüberhang, also Geld, dem keine zusätzlichen Güter gegenüberstehen. Um hohe Preissteigerungsraten zu vermeiden, sind die Regierungen gezwungen, Höchstpreise für bestimmte Güter einzuführen und die Einhaltung dieser Vorschriften zu kontrollieren oder die Abgabe von Gütern beispielsweise durch Lebensmittelkarten, die an die Bevölkerung ausgegeben werden, zu bewirtschaften. Das Geld büßt hierbei seine Funktion als Tauschmittel allmählich ein.

Die zweite Möglichkeit besteht darin, den monetären Überhang durch erhöhte Steuern oder langfristige Kriegsanleihen abzuschöpfen oder gar nicht erst entstehen zu lassen. Da das Geld seine Tauschfunktion hierbei behält, kann man diese Form der Finanzierung als die marktwirtschaftliche Variante bezeichnen.

Wir werden sehen, daß alle Staaten während des 1. Weltkriegs die 1. Variante der Finanzierung bevorzugten und daher überall ein erheblicher monetärer Überhang entstand.

Im Deutschen Reich wurden im August 1914 besondere Darlehenskassen geschaffen, die eigene jederzeit in Geld umwandelbare Darlehenskassenscheine gegen Lombardierung von Waren und Wertpapieren emittieren konnten. Die Geldschöpfung für die private Wirtschaft wurde von der Reichsbank auf diese Weise zu den Kassen verlagert. Da die Reichsbank ermächtigt war, diese Darlehenskassenscheine in die Deckung ihrer Noten einzubeziehen, erhielt sie mehr Spielraum für die staatliche Kreditfinanzierung. sie hatte es damit "selbst in der Hand, über die Kreditvergabe der Darlehenskassen die Grenze ihrer eigenen Geldschöpfungskapazität hinauszuschieben." (Holtfrerich 1980, S. 111)

Tabelle 1 (Holtfrerich Tab. 20) zeigt, in welchem Ausmaß die Reichsregierung den Zugang zur Notenpresse genutzt hat.

Die Reichsregierung konnte zwar zunächst die bei der Reichsbank untergebrachten Schatzwechsel durch die Ausgabe von Kriegsanleihen fundieren, doch waren diese

Tabelle 1. Entwicklung der schwebenden Schuld des Reiches 1914-23. (Jahresendwerte)

Jahr	Schuld aus diskontierten Schatzanweisungen (Gesamt) in Mrd. Mark	Davon wurden außerhalb der Reichsbank gehalten in %
1914	2,9	6,9
1915	5,7	8,8
1916	12,6	29,4
1917	28,6	50,4
1918	55,2	50,7
1919	86,4	52,2
1920	152,8	62,3
1921	247,1	46,5
1922	1495,2	20,8
1923	191580465422,1	0,9

Quelle: C.-L. Holtfrerich (1980), S. 64 f.

Kriegsanleihen ähnlich liquide wie Bargeld, da sie jederzeit bei den Darlehenskassen lombardiert werden konnten. Die Aufblähung der Geldmenge wurde dadurch nicht verhindert.

Als seit 1916 auch der Voranschlag für den ordentlichen Haushalt, d. h. den Haushalt ohne die zusätzlichen Kriegsausgaben, Defizite aufwies, wurden neue Steuern (Kriegsgewinnsteuer, Warenumsatzsteuer) und ab 1918 einige spezielle Verbrauchssteuern neu eingeführt. Die ordentlichen Staatseinnahmen stiegen vor allem durch diese Maßnahmen von 2,1 Mrd. Mark auf 7,4 Mrd. Mark im Jahr 1918. Die Kriegsausgaben des Deutschen Reiches von ca. 150 Mrd. Mark wurden somit fast ausschließlich aus Kriegsanleihen (100 Mrd.) und Erhöhung der schwebenden Schuld (50 Mrd.) finanziert.[111]

Frankreich finanzierte seine Kriegsausgaben zunächst ausschließlich über Kredite. Erst Mitte 1916 erhöhte die französische Regierung einige der bestehenden Steuern und führte eine Einkommens- und eine Kriegsgewinnsteuer ein. Dennoch

111. In diesem Zusammenhang ist es wichtig darauf hinzuweisen, daß die Reichsregierung keinen Zugriff auf die Einkommensteuer hatte. Die Einkommensteuer fiel in Deutschland den Bundesstaaten zu, wo sie ausschlaggebend für die Verteilung der Wahlstimmen im Rahmen des Dreiklassenwahlrechts der Bundesstaaten war.

blieb die Steuerpolitik in höchstem Maße ineffektiv. 1918 lagen die Zinsen der Staatsschuld um 230 Mio. Francs über den Steuereinnahmen. Ähnlich wie in Deutschland wurden nur rund 15% der Ausgaben durch Steuern gedeckt.

Der Hauptteil der Finanzmittel wurde in Frankreich durch Kreditoperationen - von 1914-1918 insgesamt 130 Mrd. Francs - beschafft. "Davon entfielen 42 Prozent (55 Mrd.) auf kurz- und mittelfristige Schatzanweisungen, 25 Prozent (32 Mrd.) auf Auslandskredite, 19 Prozent (25 Mrd.) auf Kriegsanleihen, 13 Prozent (17 Mrd.) auf Notenbankkredite, 1 Prozent (1,3 Mrd) auf verschiedene Quellen" (G. Hardach (1973) S. 176).

Im Gegensatz zum Deutschen Reich und zu Frankreich gelang es Großbritannien in stärkerem Umfang, die Kriegsausgaben über Steuern zu finanzieren, und zwar über die Einkommensteuer, die während des Krieges von 6,25 Prozent auf 30 Prozent erhöht wurde, verschiedene indirekte Steuern und eine neu eingeführte Kriegsgewinnsteuer. Trotz einiger Steuererhöhungen stieg das Staatsdefizit während des Krieges an. Im Zeitraum von 1914-1919 wurden aber immerhin 28 Prozent der Staatsausgaben durch Steuereinnahmen gedeckt. Ansonsten lag der Schwerpunkt der Kriegsfinanzierung auf der Anleihepolitik.

Der kurze Abriß über die Kriegsfinanzierung zeigt, daß durch die Art der Finanzierung in den kriegführenden Ländern ein erheblicher Inflationsdruck entstand, der allerdings dadurch zurückgestaut wurde, daß in allen Ländern Preiskontrollen, insbesondere für Lebensmittel, eingeführt wurden. Mit dieser Einschränkung gibt Tabelle 2 einen Überblick über die Entwicklung der Großhandelspreise.

Tabelle 2. Index der Großhandelspreise (1913 = 100)

	1914	1915	1916	1917	1918	1919
Deutschland	106	142	153	179	217	415
Frankreich	102	140	189	262	340	357
Großbritannien	100	127	160	206	227	242
Italien	96	133	201	299	409	264
Kanada	100	109	134	175	205	216
Indien	100	112	128	147	180	198
Japan	95	97	117	149	196	239
USA	98	101	127	177	194	206
Schweden	116	145	185	244	339	330

Quelle: G. Hardach (1973), S. 185.

Das im internationalen Vergleich gute Abschneiden Deutschlands in Bezug auf inflationäre Entwicklungen ist darauf zurückzuführen, daß hier die Preiskontrollen besonders konsequent durchgeführt wurden und Schwarzmarkttransaktionen besonders ausgeweitet waren. Diese Preiskontrollen erschwerten nach Beendigung des Krieges die Wiederherstellung "richtiger" Währungsparitäten, da die Preisentwicklung keinen Rückschluß mehr auf die tatsächliche Kaufkraft der Währungen zuließ.

Die USA, Japan und einige andere Neutrale blieben nach dem Krieg bei der alten Goldparität, der sich Großbritannien nach mühsamer Deflationspolitik anschloß. Belgien, Frankreich und Italien durchlebten eine Phase mittlerer Inflation und stabilisierten die Währungen schließlich unter Vorkriegsparität, während die Währungen in Deutschland und Österreich im Zuge der Hyperinflation vollkommen außer Kontrolle gerieten.

C. Die Inflationszeit

1. Das Für und Wider inflationärer Politik

Nach Beendigung des Krieges wurde es insbesondere im Deutschen Reich deutlich, daß die Kriegsfinanzierung allein darauf ausgerichtet gewesen war, möglichst schnell und komplikationslos die Kriegsausgaben zu finanzieren. Über die Belastungen der aufgestauten Inflation hatte man sich in Deutschland kaum Gedanken gemacht, ging man doch davon aus, nach - aus deutscher Sicht - erfolgreichem Kriegsausgang die Kriegskosten nebst Entschädigungen den Kriegsgegnern aufbürden zu können. Diese Haltung der deutschen Politik trug sicher dazu bei, daß die Alliierten nach Beendigung des Krieges nun ihrerseits erhebliche Reparationen vom Deutschen Reich einforderten.

Umso dringender wurde es gerade für das Deutsche Reich, die enorme Staatsverschuldung abzubauen. Um die Belastung des Staatshaushaltes zu konkretisieren, sollen hier einige Zahlen genannt werden. Der Haushaltsplan für das Jahr 1919 sah Ausgaben in Höhe von 17,5 Mrd RM vor. Davon entfielen allein 10 Mrd. RM auf die Tilgung und die Zinsen von Reichsschulden. Hinzu kam, daß die alliierten Reparationsforderungen an das Deutsche Reich sich in ihrer Höhe noch nicht absehen ließen.

Zwei Optionen wurden 1919 in Deutschland diskutiert, die es ermöglichen sollten, den Kaufkraftüberhang abzuschöpfen und den Staatshaushalt zu konsolidieren.

Der erste Vorschlag ging dahin, die schwebende Schuld des Reiches in Anleihen umzuwandeln und den öffentlichen Bedarf über Steuererhöhungen zu decken.

Ein zweiter Vorschlag sah vor, bewußt die Inflation als Mittel des staatlichen Schuldenabbaus einzusetzen. Grundsätzlich wäre es stattdessen auch möglich gewesen, die Kriegsanleihen ersatzlos zu streichen und dem Staat auf diese Weise finanziellen Spielraum zu verschaffen, allerdings auf Kosten der Glaubwürdigkeit des Staates potentiellen Kreditgebern gegenüber. Eine solche Politik hätte die Republik aber politisch zweifellos nicht überstanden.

Die tatsächlich durchgeführte Politik bestand in einer Mischung beider Möglichkeiten, schwerpunktmäßig wurde aber versucht, die Staatsverschuldung durch inflationäre Politik abzubauen. Dies war für die Regierung insofern sinnvoll als die inflationsbedingte Entwertung von Anleihen und Staatsschulden als reparationsbedingt und von außen kommend dargestellt werden konnten. Von dem Ökonomen Friedrich Bendixen stammt eine sehr plastische Darstellung der Vorteile inflationärer Politik. "Die Preisentwicklung erscheint wohl zuzeiten als das Werk unlauterer Machenschaften, im allgemeinen jedoch als eine Schickung, die der Mensch ertragen muß... . In dieser seelischen Disposition liegt ein bedeutsamer Wink für die staatsmännische Psychologie. Ist es einmal mit der Finanznot soweit gekommen, daß die Geldentwertung im Dienst des Staates hat leiden müssen, dann ist es besser, die Möglichkeiten, die die Geldschöpfung an die Hand gibt, grundsätzlich auszunutzen, als durch ein konfiskatorisches Steuersystem die Erwerbskraft und den Unternehmergeist zu lähmen und die Regierung dem allgemeinen Hasse preiszugeben." (zitiert nach Holtfrerich, 1980, S. 152),

Die inflatorische Geldpolitik wurde begleitet durch die Erzberger'sche Steuerreform, einem Versuch mit neuen Steuern und extrem hohen Steuersätzen den Staatsbankrott zu verhindern. Diese Steuerreform führte aber letztlich nicht zu den erhofften Ergebnissen. Es konnten weder die Staatsausgaben durch Steuern gedeckt werden, noch gelang es die Inflation hierdurch einzudämmen. Besonders deutlich wird dies am sogenannten "Reichsnotopfer". Diese Steuer war nicht - wie ursprünglich geplant - in einer Summe aufzubringen, sondern konnte in dreißig Jahresraten entrichtet werden. Damit verlor sie ihren Abschöpfungseffekt und empfahl den Steuerzahlern die Inflation als bequemes Mittel zur Steuerumgehung.

"Die Finanz- und Geldpolitik der Nachkriegsjahre unterschied sich somit im Ergebnis lediglich in den Dimensionen der wachsenden Geldschöpfung von den vorhergehenden Kriegsmaßnahmen". (Czada S. 27)

2. Die Politik der Reichsbank und das Problem der Reparationen

Den Mittelpunkt der geldttheoretischen Auseinandersetzung der Nachkriegszeit bildete die Frage, ob die Geldmenge für das Fallen des Wechselkurses der Reichsmark gegenüber anderen Währungen eine aktive Rolle spielte oder ob andere Faktoren, insbesondere die Reparationsleistungen, dafür verantwortlich zu machen waren. Zahlungsbilanz- und Quantitätstheorie beantworten diese Frage auf konträre Art und Weise.[112]

Die Zahlungsbilanztheorie rückte realwirtschaftliche Vorgänge in den Mittelpunkt. Sie erklärt Schwankungen des Wechselkurses durch Veränderungen der Angebots- und Nachfragebedingungen des Devisenmarktes. Bei erhöhter Nachfrage nach Devisen steigt der Preis für ausländische Währungen an.

Übertragen auf die Situation in Deutschland bedeutete dies folgendes: Die (unelastische) Wirtschaft benötige eine vorgegebene Menge an Rohstoffen zur Auslastung der Industrieanlagen und eine ebenfalls fest vorgegebene Menge an Nahrungsmitteln für die Bevölkerung. Beides könne, da es im Inland nicht in ausreichendem Maße vorhanden ist, nur durch Importe aus dem Ausland beschafft werden. Daneben sei durch die enormen Reparationsforderungen des Auslands ein zusätzlich steigender Devisenbedarf entstanden, dem ein verringertes Devisenangebot gegenüberstehe. Diese Devisenlücke ließe sich nur durch ausländischen Kapitalimport decken, allerdings nur so lange, bis ausländische Kapitalanleger ihr Vertrauen in die Stabilität der Reichsmark verlören. Sodann führe der Rückgang

112. Eine sehr gute Darstellung der Zahlungsbilanz- und der Quantitätstheorie findet sich bei C.L. Holtfrerich (1980), S. 154 - 162.

der Kapitalimporte über Devisenpreissteigerungen, Steigerungen der Importwarenpreise und schließlich einen Anstieg des gesamten inländischen Preisniveaus zu zusätzlichen Ausgaben des Reiches, die aufgrund der Defizitfinanzierung unweigerlich eine Erhöhung der Geldmenge nach sich zöge. Die Geldmengensteigerung sei mithin Folge und nicht Ursache des Wechselkursverfalls (siehe hierzu C.L. Holfrerich (1980) S. 158 f.)

Die Quantitätstheorie rückt dagegen die Wirkungen der Geldmenge auf das Preisniveau in den Mittelpunkt der Analyse. Grundannahme ist, daß es keinen starren Bedarf gibt, das wirtschaftliche System mithin elastisch reagiert und insofern anpassungsfähig ist. Passive Handelsbilanz und fallende Wechselkurse seien daher nicht Ursache sondern Folge der Kaufkraftschöpfung. "Wer das Gegenteil annimmt, müßte auch annehmen, daß in einem Land die Preise steigen, weil viele bedürftige Leute darin leben. In Wirklichkeit werden die Preise in einem solchen Land erst steigen, wenn die Bedürftigen dadurch, daß man sie mit Kaufkraft versieht, zahlungsfähig geworden sind" (Albert Hahn, zitiert nach Holtfrerich S. 161).

Die ökonomische Theorie hat die Frage, welche dieser beiden Theorien nun die zutreffende ist, inzwischen eindeutig zugunsten der Quantitätstheorie beantwortet. Die ungeheuere Popularität der Zahlungsbilanztheorie im Deutschen Reich ist oberflächlich darauf zurückzuführen, daß sie eine theoretische Begründung für die angebliche Unfähigkeit des Deutschen Reiches zur Zahlung von Reparationen lieferte. In dieser Hinsicht ist auch die Haltung der Reichsbank interessant. In ihren für die Öffentlichkeit bestimmten Verwaltungsberichten argumentierte sie auf der Grundlage der Zahlungsbilanztheorie, in den internen vertraulichen Schreiben forderte sie dagegen die Reichsregierung nachdrücklich zu einer Beendigung der inflationären Schuldenwirtschaft auf (siehe hierzu C.L. Holtfrerich,1980, S. 168f). Erst nach dem Londoner Ultimatum argumentierte die Reichsbank auch in den Verwaltungsberichten entlang der Quantitätstheorie, stellte jedoch die ständige Erhöhung der schwebenden Reichsschulden als - wegen der Reparationspolitik der Alliierten - unvermeidbar heraus. Die Entscheidung der deutschen Regierung, die Zahlungsbilanztheorie in den Mittelpunkt ihrer Inflationsanalyse zu rücken, läßt sich indes nicht allein mit ökonomischer Unkenntnis oder außenpolitischen Notwendigkeiten erklären. Die Zahlungsbilanztheorie enthält - da sie von einem starren Bedarf des wirtschaftlichen Systems ausgeht -

unverkennbar sozialpolitische Momente. Die Entscheidung für die Zahlungsbilanztheorie bedeutete daher gleichzeitig die Wahl der eher auf sozialpolitische Konfliktminderung ausgerichteten Option.

3. Die Bedeutung der Reparationen

Im Einklang mit Keynes wiesen deutsche Politiker und Wissenschaftler immer wieder auf die destabilisierende Wirkung der alliierten Reparationsforderungen hin. Wie sahen die Belastungen, die der deutschen Volkswirtschaft auferlegt wurden, denn nun konkret aus?

Im Versailler Vertrag war das Deutsche Reich zur Übernahme der alliierten Kriegsschäden verpflichtet worden, allerdings ohne daß eine konkrete Summe festgesetzt wurde. Diese sollte später von einer eigens dafür eingesetzten Reparationskommission festgelegt werden. Im April 1921 setzte die Reparationskommission die von Deutschland zu zahlende Summe auf 132 Mrd. Goldmark oder ca. 33 Mrd. Dollar fest. Zunächst sollte jedoch lediglich eine erste Tranche über 12 Mrd. sowie eine zweite über 38 Mrd. Goldmark bedient werden. Von deutscher Seite als besonders belastend empfunden wurde die dritte Rate über 82 Mrd. Goldmark. auf diese sogenannten C-Bonds wollten die Alliierten erst dann Anspruch erheben, wenn die wirtschaftliche Lage des Deutschen Reiches sich gebessert habe.

Abgesehen davon, daß die Höhe der Gesamtsumme teilweise auch von Sachverständigen der Alliierten, darunter Keynes, als zu hoch angesehen wurde, stellte das "Damoklesschwert" der C-Bonds und die damit einhergehende Ungewißheit über das zukünftige Ausmaß der Zahlungsverpflichtungen wahrscheinlich das Hauptgewicht bei der Destabilisierung der finanziellen Lage Deutschlands dar.

Ein Grund dafür, daß die Alliierten - allen voran Frankreich - so hartnäckig auf deutschen Reparationszahlungen bestanden, ist darin zu sehen, daß die Frage der Reparationen mit der Frage interalliierter Kriegsschulden verquickt war. Die interalliierten Schulden beliefen sich bei Kriegsende auf etwa 26,5 Milliarden Dollar. Hauptgläubiger waren die USA und Großbritannien, Hauptschuldner Frankreich.

Der größte Gläubiger, die USA, stellten hauptsächlich Forderungen an Großbritannien, Frankreich und Italien. Großbritannien hatte zwar Schulden bei den USA in Höhe von 4,7 Mrd. Dollar, aber selbst Außenstände bei anderen Ländern in Höhe von 11,1 Mrd. Dollar. Frankreich hatte Forderungen in Höhe von 3,5 Mrd. Dollar, stand aber bei den USA und Großbritannien mit insgesamt 7 Mrd. Dollar in der Kreide.

Da die USA auf der Rückzahlung ihrer Kriegskredite bestanden, blieb England und in erster Linie Frankreich keine andere Möglichkeit, als auf der Rückzahlung der eigenen Kriegskredite und der Bezahlung der Reparationen zu bestehen, was eine Lösung der Reparationsfrage natürlich erschwerte.

Hinzu kam, daß die Alliierten "paradoxerweise auf Reparationen bestanden, die sie meist überhaupt nicht annehmen wollten" (K. Hardach (1980) S. 55). Grundsätzlich war der Transfer der Reparationen nur möglich über Gratislieferungen deutscher Güter und Dienstleistungen an die Alliierten. Solche Gratislieferungen wurden aber von den Alliierten weitestgehend abgelehnt, da sie angesichts ähnlicher Produktionsstrukturen notwendigerweise auf Kosten der Industrie der Siegermächte gehen mußten. Ein problemloser Transfer der Reparationen wäre in der Tat nur dann möglich gewesen, wenn Deutschland in einer Rezession, die Siegermächte dagegen in einer Phase der Hochkunjunktur gesteckt hätten. In diesem Fall hätte Deutschland problemlos kostenlose Industriegüter an die expandierenden Volkswirtschaften liefern können, beziehungsweise - da die Alliierten i. d. R. die Reparationen in Devisen forderten - erforderliche Devisen über den Verkauf von Exportgütern erwirtschaften können. In der Nachkriegszeit war aber das Gegenteil der Fall.

So blieb der deutschen Regierung keine andere Möglichkeit, als mit frisch gedrucktem Geld Devisen aufzukaufen, um hiermit die Reparationen zu bezahlen. Die durch die Geldmengensteigerung einsetzende Inflation führte zum sinkenden Außenwert der Mark, was die deutschen Exporteure nutzten, um auf Kosten der Produzenten in den Siegermächten in ausländische Märkte einzudringen, was auf alliierter Seite zu einiger Verstimmung und zu der Forderung, Deutschland solle seine Währung stabilisieren, führte.

Die zunehmend nervöser gewordene französische Regierung ließ schließlich aufgrund verzögerter Holz- und Kohlelieferungen Truppen ins Ruhrgebiet einmarschieren; die deutsche Regierung konterte, indem sie zum passiven Widerstand aufrief.

Diese hier genannten Faktoren, nämlich 1. die Schwäche der deutschen Regierung, 2. die Höhe der Staatsschulden und 3. die unnachgiebigen Forderungen der Alliierten nach Reparationen führten zu einer fortschreitenden Eskalation der finanziellen Schwierigkeiten des Deutschen Reiches, die schließlich in die Besetzung des Ruhrgebiets und - während der Finanzierung des passiven Widerstands - in den völligen Zusammenbruch der Reichsmark mündete.

4. Das Einsetzen der Inflation

Es ist müßig darüber zu streiten, ob die deutsche Regierung die inflationäre Politik bewußt gefördert hat, um der Weltöffentlichkeit die eigene Zahlungsunfähigkeit zu zeigen, oder ob die Inflation gefördert wurde, weil die Regierung hierin ein bequemes Mittel erblickte, sich der Last der Staatsschulden zu entledigen. Klar ist, daß in Deutschland aufgrund der angespannten Finanzlage wohl kaum andere Möglichkeiten bestanden, die Staatsfinanzen zu sanieren ohne drastische Steuererhöhungen und eine Rezession in Kauf zu nehmen, was die noch junge Republik zweifellos erheblich destabilisiert hätte.

Im einzelnen verlief die Inflation in drei Phasen (siehe Czada S. 28ff). Die erste Inflationswelle nach dem Krieg mündete Anfang 1920 zunächst in eine kurze Stabilitätsphase, in der sich die Auswirkungen der Steuerreform bemerkbar machten. Im Verlauf des Jahres 1921 trat die Inflation in ein zweites Stadium, das durch die verstärkte Herausbildung von Inflationserwartungen durch die Wirtschaftssubjekte gekennzeichnet war und sie veranlaßte, ihr Vermögen in Sachwerten anzulegen. Auf Seiten der Industrie führte dies Verhalten zu einer immensen Aufstockung der Lager und einer Überführung der Kassenbestände in Devisen. Diese verstärkte Devisennachfrage führte zu einem weiteren Verfall der Währung, der aber zunächst durch den spekulativen Zufluß von Auslandsgeldern gebremst wurde. Erst als Mitte 1922 auch ausländische Kapitalanleger das Vertrauen in eine zukünftige Stabilisierung der Mark verloren und der Kapitalimport zum Erliegen kam, ging die Inflation in die Hyperinflation über und geriet schließlich während der Ruhrbesetzung seit 1923 und der damit verbundenen Finanzierung des passiven Widerstands durch die Notenpresse vollständig außer Kontrolle. (Der Dollarkurs erreichte Ende Juli eine Million Mark, Mitte Oktober eine Milliarde Mark, Mitte November eine Billion und Mitte November schließlich elf Billionen Mark.) Es ist klar, daß die Auswirkungen der Inflation den Menschen im alltäglichen Leben schwer zu schaffen machte. So entwickelte sich der Preis einer Tageszeitung wie folgt (Blaich S. 9):

1. Jan.	1922:	0,40 Mark
1. Jan.	1923:	30,-- Mark
1. Apr.	1923:	200,-- Mark
1. Juli	1923:	700,-- Mark
1. Sept.	1923:	150 000,-- Mark
1. Okt.	1923:	10 000 000,-- Mark
22. Nov.	1923:	100 000 000 000,-- Mark

Die Reichsdruckerei - bislang allein zuständig für den Druck der Banknoten - sah sich bereits im Sommer 1922 außerstande, der Nachfrage an Banknoten nachzukommen und vergab daher Aufträge für den Druck der Zahlungsmittel an private Druckereien.

Ähnlich schwierig sah auch der Transport der frischen Noten aus: größere Unternehmen, die nicht in der Lage waren, wertbeständiges Notgeld an ihre Belegschaft auszugeben, schickten LKW oder Pferdefuhrwerke zu den Bankfilialen, um die Lohngelder in Ballen aufzuladen. Der Handel versuchte, sich gegen den Kaufkraftschwund zu wehren, indem er die Preise von Woche zu Woche, dann von Tag zu Tag und schließlich stündlich heraufsetzte. Keynes berichtet 1923 von der österreichischen Inflation, daß die Menschen gleich 2 Bier bestellten, da das Bier weniger schnell verschalte als sein Preis stieg. Wir können annehmen, daß die Verhaltensweise in Deutschland ähnlich war.

Während die Industrie dazu überging, anstelle von Papiermark Devisen zu halten und die Arbeitnehmer sich durch den Indexlohn (der Lohn wurde an die Preisentwicklung gekoppelt) einigermaßen vor der Inflation schützen konnten, wurden die Landwirte in der Inflation zunächst begünstigt, da sie ihre Hypothekenschulden in nunmehr wertlosem Geld tilgen konnten, dann aber durch die Inflationssteuer (die dadurch entsteht, daß jemand Notenbankgeld, das an Wert verliert, hält) stark belastet.

Da es auf dem Land nicht im selben Ausmaß wie in den Städten möglich war, Geld auszugeben bevor es entwertet wurde, rebellierten die Landwirte im Sommer 1923 gegen die Ableitungspflicht, die die Regierung ihnen für einen Teil ihrer Produkte auferlegen wollte.

Das Währungssystem Deutschlands war damit faktisch zusammengebrochen. Die Mark wurde vom Publikum nicht nur als Wertaufbewahrungs-, sondern auch als Zahlungsmittel fast vollständig zurückgewiesen.

5. Die Beurteilung der Inflation

a. Die Inflationssteuer

Die inflationäre Politik Deutschlands während des Krieges und danach war eine effektive Methode, dem Staat finanzielle Mittel zufließen zu lassen. Die Inflation wirkte wie eine Steuer. Durch welche Mechanismen wirkt nun diese Inflationssteuer? Um die Argumentation zu vereinfachen, stellen wir uns ein Land vor, in dem es nur eine einzige homogene Güterart gibt.

Wir nehmen an, daß in unserer einfach strukturierten Volkswirtschaft 9 Millionen Banknoten im privaten Sektor gehalten werden, denen ein Gegenwert von 36 Millionen unserer homogenen Gütereinheiten gegenübersteht. Jede Banknote begründet damit einen realen Anspruch auf 4 Güter.

Wenn der Staat in dieser Situation 3 Millionen Banknoten zusätzlich druckt, erhöht sich der Bestand von neun auf 12 Millionen. Jeder Banknote entspricht jetzt ein realer Anspruch auf nur noch 3 Güter. Das bedeutet, daß der Staat jetzt 9 Millionen Gütereinheiten für sich beanspruchen kann und dem privaten Sektor lediglich noch 27 Millionen Gütereinheiten zur Verfügung stehen. Damit sind insgesamt 25 % reale volkswirtschaftliche Ressourcen vom privaten an den staatlichen Sektor transferiert worden. Die Inflationssteuer beträgt 25 % und entspricht in seiner Wirkung jeder anderen staatlichen Steuererhöhung. Der staatliche Sektor kann jetzt mehr verbrauchen, der private Sektor muß sich einschränken.

Die Inflationssteuer kann in dieser Form allerdings nur solange wirken, wie die Privaten bereit sind, eine konstante reale Kasse in Geld zu halten. Sobald die Bevölkerung merkt, daß es die Besitzer von Banknoten sind, die die Staatsausgaben bezahlen, wird sie ihre Nachfrage nach realer Kassenhaltung reduzieren, um der Steuer möglichst zu entgehen und die Umlaufgeschwindigkeit des Geldes wird gleichzeitig steigen. Der Staat muß jetzt mehr Geld drucken, den Inflationssteuersatz also erhöhen, um real konstante Einnahmen zu erzielen. (Cagan, *The Monetary Dynamics of Hyperinflation*, S. 27 ff.) Dieser Prozeß der sich immer schneller drehenden Inflationsspirale kommt erst dann zum Ende, wenn die Bevölkerung Banknoten der Regierung nicht mehr als Zahlungsmittel akzeptiert und Transaktionen stattdessen in Devisen durchführt oder zum Naturaltausch zurückkehrt.

Bis zu diesem Zeitpunkt aber wirkt die Inflation wie eine effektive und leicht durchsetzbare Steuer, die - zumindest zeitweise - darüber hinwegtäuschen mag, daß auch Staaten kein ungedecktes Defizit haben können. "Was eine Regierung ausgibt, muß die Bevölkerung bezahlen (...). Aber in einigen Ländern kann man, wenigstens eine Zeit lang, offenbar Beifall und Befriedigung in der Bevölkerung erregen, in dem man ihr für die Steuern, die sie bezahlt, fein gravierte Quittungen auf Papier mit Wassermarken gibt. Die Einkommensteuerquittungen, die wir in England vom Finanzamt bekommen, werfen wir in den Papierkorb; in Deutschland nennt man sie Banknoten und tut sie in die Brieftasche; in Frankreich werden sie als "Renten" bezeichnet und in den Familiengeldschrank eingeschlossen." (Keynes, *Traktat über Währungsreform*, S. 64)

b. Verteilungswirkungen

Eine Beurteilung des Inflationsprozesses in Deutschland ist nicht möglich, ohne die Frage zu klären, welche Verteilungswirkungen die Inflation hatte. Von Historikern wird überwiegend die These vertreten, daß die sozialen Kosten der Inflation hauptsächlich von den unteren Arbeitnehmerschichten getragen wurden, die durch die rasche Geldentwertung bei weniger stark steigenden Nominallöhnen erheblich an Einkommen einbüßten. In der Tat sank - dies läßt sich trotz der Schwierigkeiten, die mit der Berechnung von Realeinkommensindizes in der Inflation verbunden sind, sagen - das Lohnniveau nach dem Krieg ab und erreichte zumindest bis einschließlich 1923 nicht wieder das Vorkriegsniveau.

Tabelle 3. Indizes der durchschnittlichen Realwochenlöhne (Tariflöhne) 1913-23(1913= 100)

Jahr bzw. Monat	Eisenbahnarbeiter Gelernte	Eisenbahnarbeiter Ungelernte	Buchdrucker	Hauer und Schlepper im Ruhrgebiet
1914	97,2	97,2	97,2	93,3
1915	79,7	80,8	77,3	81,3
1916	69,2	73,8	60,6	74,4
1917	63,9	74,2	49,4	62,7
1918	83,3	99,8	54,1	63,7
1919	92,2	119,8	72,3	82,4
1920	66,7	89,1	60,8	77,6
1921	74,5	100,0	68,9	89,1
1922	64,2	87,6	60,9	69,9
1923	50,9	69,1	54,2	70,1

Quelle: C.-L. Holtfrerich (1980), S. 230 f.f

Dieses Absinken des Lohnniveaus ist jedoch nicht auf einen Rückgang der realen Tarifstundenlöhne, sondern auf die Verkürzung der Arbeitszeit und den Abbau von Überstunden zurückzuführen, d. h. dem Reallohnrückgang standen auf der anderen Seite Nutzengewinne gegenüber. Nimmt man - um den Effekt der Arbeitszeitverkürzung auszuschalten - die realen Stundenlöhne als Vergleichsmaßstab, so ergibt sich ein anderes Bild:

Seit der zweiten Jahreshälfte 1920 lagen die realen Stundenlöhne über dem Vorkriegsniveau. Erst im letzten Quartal 1922 sowie 1923 sank der reale Stundenlohn unter das Vorkriegsniveau ab. Die Kosten der Inflation sind daher anscheinend zunächst nicht den Arbeitnehmern auferlegt worden.

Zudem muß gesehen werden, daß in Deutschland aufgrund der nicht antizipierten Inflation in den ersten Nachkriegsjahren annähernd Vollbeschäftigung herrschte, während in England, das eine deflationäre Politik durchführte, die Arbeitslosenquote bei rund 20 % lag. Der Anteil der Arbeitnehmereinkommen am Volkseinkommen scheint daher in Deutschland während der ersten Nachkriegsjahre eher gestiegen zu sein. (siehe Holtfrerich, 1980, S. 244)

Erst nach dem Einsetzen der Hyperinflation im Sommer 1922 ging die Änderung der Verteilung tendenziell zu Lasten der Arbeitnehmer. Darüberhinaus muß betont werden, daß die Inflationspolitik die einzige Möglichkeit darstellte, das Ausland

Tabelle 4. Indizes für die Entwicklung der Tarifstundenlöhne für 29 Arbeiterkategorien in Frankfurt und Umgebung 1920-23 (1914= 1)

	Nominal-löhne	Lebens-haltungs-kosten	Real-löhne
	(1)	(2)	(3)
1920			
Jan.	6,32		
Juli	11,25	10,65	1,056
Sept.	11,44	10,15	1,127
Okt.	11,76	10,71	1,098
Nov.	12,01	11,18	1,074
Dez.	12,07	11,58	1,042
1921			
Jan.	11,90	11,79	1,009
Mai	13,84	11,20	1,236
Juli	14,16	12,50	1,133
Aug.	14,60	13,33	1,095
Sept.	16,68	13,74	1,214
Okt.	17,25	15,04	1,147
Nov.	19,33	17,75	1,089
Dez.	22,37	19,28	1,160
1922			
Jan.	23,60	20,41	1,156
Febr.	25,46	24,49	1,040
März	28,30	28,97	0,977
April	33,10	34,36	0,963
Mai	42,35	38,03	1,114
Juni	50,55	41,47	1,219
Juli	60,50	53,92	1,112
Aug.	93,14	77,65	1,199
Sept.	154,4	133,2	1,159
Okt.	213,1	220,7	0,966
Nov.	333,1	446,1	0,747
Dez.	586,7	685,1	0,856
1923			
Jan.	1140	1120	1,018
Febr.	2366	2643	0,895
März	3365	2854	1,179
April	3613	2954	1,223
Mai	4150	3816	1,088
Juni	7082	7650	0,926

Quelle: C.-L. Holtfrerich (1980), S. 240.

an den Kosten der Reparationen und der Last der Kriegsschulden zu beteiligen. Bis Mitte 1922 kam es zu einem erheblichen spekulativen Kapitalimport aus dem Ausland.

Erst danach überwogen offenbar die Meinungen, die nicht mehr mit einer baldigen Stabilisierung der Mark rechneten, sodaß der ausländische Kapitalimport nach Deutschland fast vollständig zum Erliegen kam. Es ist hierbei zu beachten, daß ausländische Kapitalimporte, soweit sie durch die Inflation entwertet wurden, nichts anderes als einen unentgeltlichen Wohlstandstransfer des Auslands an das Deutsche Reich darstellten. Die ausländischen Verluste durch die Entwertung der Mark werden für die Jahre 1919-1923 auf 7-8 Mrd. Goldmark geschätzt.

Demgegenüber standen Reparationszahlungen von nur 2,6 Mrd. Goldmark in bar an die Alliierten. Unter Einschluß der Sachleistungen wurden die Reparationen mit ungefähr 8 Mrd. Goldmark beziffert, was in etwa dem Transfer durch Verluste ausländischer Kapitalgeber entspricht. Keynes analysierte die Situation schon 1922 nicht zu Unrecht folgendermaßen. "Auf diese Weise hat Deutschland schon seine vieldiskutierte internationale Anleihe erhalten, und zwar zu den denkbar günstigsten Bedingungen; was Zinsen angeht, so sind die meisten dieser Kredite zinsfrei - was das Kapital betrifft, so ist es nur in dem Verhältnis zurückzuzahlen, das Deutschland selbst festsetzt, wenn es über das Niveau entscheidet, auf dem die Papiermark festgesetzt wird." (J.M. Keynes, zitiert nach Holtfrerich, S. 294).

6. Die Währungsreform

Es ist bereits darauf hingewiesen worden, daß die Inflation im Sommer 1922 in die Hyperinflation überging. Die damit letztlich einhergehende Zurückweisung der Reichsbanknoten als Zahlungsmittel machte eine Stabilisierung der Mark nötig.

Am 15. Oktober, nach dem Ende der Ruhrbesetzung, wurde die Rentenbank gegründet, mit dem Auftrag, die Rentenmark auszugeben, deren Wert auf 4,20 M pro Dollar festgesetzt wurde. die Deckung der Rentenmarknoten erfolgte nicht in Gold oder (wie auch diskutiert wurde) in Roggen, sondern durch eine fiktive hypothekarische Belastung des Vermögens und des landwirtschaftlich genutzten Bodens. Es war klar, daß diese Währungsreform nur dann Erfolg haben konnte, wenn Maßnahmen getroffen wurden, das Wachstum der Geldmenge einzuschränken. Zu diesem Zwecke wurde die Ausgabe von Rentenmark auf 3,2 Mrd. beschränkt, von denen je 1,2 Mrd. dem Staat zur Zahlung seiner laufenden Ausgaben und der Wirtschaft zur Verfügung gestellt werden.

Das Rentenmarkexperiment wurde ein erstaunlicher Erfolg, obwohl die Wertbeständigkeit der neuen Währung bis April 1924 noch unsicher war. Zu diesem Zeitpunkt wurden Deutschland von der Bank von England Devisen zur Verfügung gestellt. Dennoch ist es fraglich, ob die Währungsreform erfolgreich gewesen wäre, hätten nicht auch die Reparationen eine Neuregelung erlebt.

D. Die 20er Jahre: Stabilisierung oder Scheinprosperität

1. Der Dawes Plan

Die Hyperinflation brachte ein Umdenken in der Reparationsfrage mit sich. Durch den im September 1924 in Kraft gesetzten Dawes Plan wurde anerkannt, daß Deutschland nicht in der Lage war, Reparationszahlungen im bisherigen Umfang zu leisten. Die jährlichen Zahlungsraten wurden auf 1 Million Goldmark herabgesetzt und sollten bis 1929 stetig auf 2,5 Millionen steigen. Zusätzlich wurde die Position eines Reparationsagenten der Alliierten in Berlin geschaffen, der den Transfer zu überwachen hatte, aber auch - im Falle von Zahlungsschwierigkeiten - eine Aussetzung der Reparationen empfehlen konnte.

Das Transferproblem wurde damit aber letztlich nicht aus der Welt geschafft. Deutschland brauchte Handelsbilanzüberschüsse, um die Reparationen bezahlen zu können. Die Handelsbilanz war aber negativ. Dennoch war Deutschland 1924-1928 ohne Probleme in der Lage die Reparationen zu transferieren. Grund hierfür waren die ausländischen Kapitalimporte - vor allem aus den USA - aus denen die Reparationen bezahlt werden konnten. Hardach schätzt, daß die Reparationszahlungen um das zweieinhalbfache durch den Kapitalimport gedeckt waren.

Reichsbankpräsident Schacht wies seit 1925 wiederholt darauf hin, daß die ausländischen Kapitalimporte eine Zahlungsfähigkeit Deutschlands vortäuschten, die de facto nicht bestand. Die Versuche der Reichsbank, den ausländischen Kapitalimport zu bremsen führten indes lediglich zu einer Reduzierung der langfristigen Kreditvergabe an Deutschland. Die Weimarer Republik wurde damit in besonderer Weise abhängig von kurzfristigen Auslandsgeldern. Auf die Probleme, die diese Abhängigkeit mit sich brachte wird später noch näher einzugehen sein.

2. Die Rationalisierungsphase

Im Jahr 1924 erlebte Deutschland einen Wirtschaftsaufschwung, der Mitte 1925-1926 in die Stabilisierungskrise mündete. Der Grund hierfür lag in der Gründung und dem Ausbau unrentabel arbeitender Unternehmen in der Inflationszeit, von denen nun eine große Anzahl Konkurs anmeldete oder liquidiert wurde.

Zeitgleich mit der Krise erlebte der Begriff "Rationalisierung" einen plötzlichen Boom. Dieses Schlagwort diente der Industrie zur Rechtfertigung einiger spektakulärer Firmenzusammenschlüsse. Die bekanntesten Beispiele sind die Gründungen der IG-Farben im Dezember 1925 und der Vereinigten Stahlwerke AG (Vestag) im Januar 1926 mit jeweils 200000 Beschäftigten.

Durch Zusammenschlüsse dieser Art hofften die Unternehmensleitungen, die fixen Kosten zu senken, den technischen Fortschritt und die Produktivität zu erhöhen. Rationalisierung dieser Art bedeutete natürlich auch Reduzierung des Wettbewerbs. Da es in Deutschland 2500 Kartelle gab, ist es nicht weiter überraschend, daß die im Zuge der Rationalisierungsbewegung realisierten Kostensenkungen sich nicht in den Preisen niederschlugen. Von daher ist die Rationalisierungsbewegung auch als die Kunst bezeichnet worden, Kosten zu senken und die Preise zu erhöhen.

Allerdings diente die Rationalisierungsbewegung nicht nur als Vorwand zur stärkeren Konzentration der Wirtschaft, mit der die deutschen Konzerne der Konkurrenz am Weltmarkt entgegentraten. Es wurden auch z.T. technische Neuerungen eingeführt, die dazu führten, daß in einzelnen Bereichen die Produktivität erheblich anstieg. Das beste Beispiel hierfür bietet die rheinisch-westfälische Montanindustrie. Die durchschnittliche Leistung der Hochöfen erhöhte sich hier von 1924-1929 von 1655 to auf 2567 to je Ofen und Betriebswoche. Im Bergbau erhöhte sich der Förderanteil pro Bergmann von 857 kg 1924 auf 1352 kg im Jahr 1930. Parallel dazu wurde in beiden Bereichen ein Teil der Belegschaft abgebaut.

Die deutsche Handelsbilanz, die während der 20er Jahre größtenteils defizitär war, wurde durch die aufgrund der Rationalisierungswelle verbesserten Exportchancen 1929 ausgeglichen. "Die deutschen Reparationsexporte waren plötzlich Wirklichkeit geworden, insbesondere in der chemischen, der elektrotechnischen, der feinmechanischen und der optischen Industrie hatte Deutschland seine führende Rolle zurückgewonnen... . Zu diesem Zeitpunkt hatte sich die internationale Wirtschaftssituation aber bereits verändert und die deutschen Ausfuhren ... wurden im Ausland mit Zollerhöhungen, Quoten und anderen Handelsbeschränkungen beantwortet." (Hardach S. 43)

3. Gewerkschaften und Zwangsschlichtung

Die Gewerkschaftsbewegung gewann in der Zwischenkriegsphase erheblich an Bedeutung. Bereits während des Krieges waren die Gewerkschaften durch das Stinnes-Legien Abkommen als legitime Tarifvertragspartner der Unternehmer anerkannt worden. Der Staat überließ zunächst die Schlichtung von Tarifstreitigkeiten der Autonomie der Verbände.

Zahlreiche ausgedehnte Arbeitskämpfe im Jahr 1919, in denen das noch ungeübte Schlichtungsverfahren der Tarifpartner keine Einigung herbeiführen konnte, veranlaßte die Regierung, die Institution einer staatlichen Zwangsschlichtung einzuführen. Diese "Schlichtungsverordnung" wurde im Oktober 1923 von der Regierung Stresemann mit Hilfe eines Ermächtigungsgesetzes - also ohne parlamentarische Zustimmung - durchgesetzt und hatte, obwohl als Übergangsregelung geplant, bis zum Untergang der Weimarer Republik Bestand.

Gelang den Tarifvertragsparteien keine Einigung, so konnte ein im Beamtenstatus stehender Schiedsmann eine Zwangsschlichtung durchführen, die - auch ohne Zustimmung der Tarifparteien - als verbindlich galt. Der Staat konnte somit gegen den Willen beider Tarifverbände Tarifvereinbarungen von oben herab vorschreiben. Obwohl sowohl Arbeitgeber als auch Gewerkschaften "die Möglichkeit und Praxis der staatlichen Zwangsschlichtung ausdrücklich mißbilligten, scheint die Schlichtungsverordnung ihre Kompromißbereitschaft eher herabgesetzt zu haben. Da bei fortgesetzter Uneinigkeit kein tarifloser Zustand zu befürchten war, verflüchtigte sich die Notwendigkeit, von den eigenen Interessen so viel abzulassen, daß sie mit den anderen vermittelbar wurden. Die Neigung nahm zu, hartnäckig auf ursprünglichen Forderungen und Angeboten zu bestehen und es auf (den) Schiedsspruch ... ankommen zu lassen." (Hentschel S. 75)

Die Lohnbildung wurde daher während der Weimarer Republik immer stärker der Autonomie der Tarifverbände entzogen und in den staatlichen Bereich übertragen. Die Bedeutung dieser "politischen" Lohnbildung ist insbesondere von Knut Borchardt im Rahmen der Diskussion der Strukturkrise der Weimarer Republik hervorgehoben worden. Wir werden daher in Kapitel F.3. noch einmal auf mögliche Wirkungen der staatlichen Zwangsschlichtung eingehen.

E. Die Weltwirtschaftskrise

1. Die internationale Perspektive

Die Veränderung der weltwirtschaftlichen Situation, das Abrutschen in die Krise, ging oberflächlich gesehen von den USA aus, doch war der Kurssturz an der New Yorker Börse vom Oktober 1929 der sichtbare Ausbruch einer Krankheit, die schon während der gesamten 20er Jahre im Verborgenen schwelte.

Das weltwirtschaftliche System hatte sich in den Jahren nach dem ersten Weltkrieg als äußerst instabil und krisenanfällig erwiesen. Die Gründe für diese Instabilität liegen vermutlich zu einem großen Teil in den während der Kriegs- und Nachkriegszeit aufgetretenen Strukturveränderungen. Diese Strukturveränderungen lassen sich im wesentlichen auf 4 Gebieten nennen (siehe hierzu Eichengreen, S. 214-221 u. Fearon, S. 13-27).

Ein erster Punkt sind Veränderungen in der Zusammensetzung der Produktion. Bedeutungsvoll für den Verlauf der Krise in den USA war c.g.s. der wachsende Anteil langlebiger Konsumgüter am Gesamtkonsum. Nach Schätzungen von Eichengreen (Eichengreen 1992, S. 215) wuchs der Anteil von Kraftfahrzeugen, Möbeln, Haushaltsgeräten, Radios und Grammophonen am gesamten US-Konsum von 4,3 Prozent zwischen 1900-1919 auf 7,7 Prozent zwischen 1920-1929. Insofern als der Absatz langlebiger Konsumgüter besonders empfindlich auf Konjunkturschwankungen reagiert - in Phasen ökonomischer Unsicherheit schrecken die Haushalte davor zurück, für die Anschaffung teurer Konsumgüter ihre Ersparnisse aufzulösen -, scheint es nicht unplausibel, daß ihr steigender Anteil die Anfälligkeit der amerikanischen Industrie gegenüber zyklischen Schwankungen gesteigert haben könnte.

Für die anderen Industrienationen scheint dieses Argument eine geringe Rolle zu spielen, da die amerikanischen Konsumenten, was die Verfügbarkeit langlebiger Konsumgüter angeht, klar die Vorreiterrolle inne hatten.

Veränderungen der Produktionsstruktur scheinen sich in anderen Ländern stärker im Niedergang der traditionellen "Stapelgüterindustrien" (Eisen, Kohle, Stahl) und dem Aufstieg "neuer" Industriezweige (Chemie, Elektronik) ausgewirkt zu haben. Ein Aspekt, der insbesondere am Beispiel Englands problematisiert worden ist.

Als zweiter Punkt der ökonomischen Strukturveränderungen ist hier die veränderte Funktionsweise der Arbeitsmärkte in der Zwischenkriegszeit zu nennen. Hohe Arbeitslosenraten in den Industrienationen sind im Gegensatz zur Vorkriegszeit ein auffälliges Charakteristikum der Zwischenkriegszeit. Die durch den Krieg in ihrer Macht gestärkten Gewerkschaften schränkten in der Zwischenkriegszeit die Flexibilität der Nominallöhne nach unten möglicherweise zu stark ein, bzw. - so ein Argument, das von Knut Borchardt für Deutschland vehement vorgetragen wird - übten über die Löhne unangemessenen Druck auf die Gewinnspanne der Unternehmen aus. Wie bereits erwähnt, zieht die Inflexibilität der Löhne nach unten gerade unter den Regeln des Goldstandards Arbeitslosigkeit nach sich.

Ein dritter Punkt betrifft die Funktionsfähigkeit des Goldstandards als internationales Währungssystem in der Zwischenkriegszeit. Verstöße gegen die "Spielregeln" des Goldstandards wurden im Verlauf der 20er Jahre immer häufiger, so erhöhten die USA und Frankreich - zwei Länder mit Zahlungsbilanzüberschüssen - in der zweiten Hälfte der 20er Jahre den Zins und schränkten auf diesem Wege die Kreditvergabe ein, um hohe Goldreserven aufzubauen. Da kein Land für antizyklische Kredite sorgte, waren alle Staaten verstärkt darauf angewiesen, mit eigenen Mitteln für die Aufrechterhaltung der Goldkonvertibilität ihrer Währung zu sorgen. Internationale Unterstützungsaktionen - wie sie während des 19. Jahrhunderts stattgefunden hatten - kamen, wenn überhaupt, nur unter äußersten Schwierigkeiten zustande. In diesem Zusammenhang weist Kindleberger darauf hin, daß kein Land die weltwirtschaftliche Führungsrolle übernahm und - auch gegen eigene kurzfristige Interessen - für Diskontmöglichkeiten, antizyklische Kredite oder einen offenen Markt für Güter sorgte. England, das diese Rolle während des 19. Jahrhunderts gespielt hatte, war hierzu nicht mehr in der Lage; die USA, waren hierzu (noch) nicht bereit.

Eine weitere wichtige Strukturveränderung stellen die veränderten Finanzbeziehungen dar. Durch den 1. Weltkrieg entwickelten sich die USA vom Schuldner- zum Gläubigerland. Besondere Bedeutung kam dabei den Kriegsschulden und Reparationen zu. Die Siegermächte erhielten von Deutschland zwischen 1924 und 1929 ca. 2 Milliarden Dollar an Reparationen, ungefähr 1 Milliarde Dollar floß im Rahmen interalliierter Kriegsschulden von Europa in die USA.

Die hierdurch entstandenen Zahlungsbilanzdefizite in den Staaten Ost- und Mitteleuropas konnten durch amerikanische Kapitalexporte ausgeglich
en werden.

Eichengreen weist darauf hin, daß Länder mit Zahlungsbilanzdefiziten zwei Möglichkeiten haben, das Defizit auszugleichen. Die erste Möglichkeit besteht in der Finanzierung durch Kapitalimporte, die zweite in einem Anpassungsprozeß an veränderte Weltmarktbedingungen. Finanzierung durch Kapitalimporte sollte dann stattfinden, wenn die Verschlechterung der Außenhandelsposition nur vorübergehend ist. Permanente Defizite müssen dagegen durch Anpassungsprozesse, die die internationale Wettbewerbsposition verbessern, eliminiert werden, also z.B. durch eine die Wettbewerbsfähigkeit verbessernde Senkung der Reallöhne oder durch Abwertung der Währung.

Dieses Argument ist insbesondere im Fall Deutschlands von Bedeutung, da hier der Kapitalimport dem Ausgleich eines langfristigen Zahlungsbilanzungleichgewichts - verursacht vor allem durch die Reparationen - diente und dadurch "zuviel Finanzierung und zu wenig Anpassung" (Eichengreen 1992, S. 220) stattfand.

Diese hier genannten Strukturveränderungen bereiteten die Bühne für die Weltwirtschaftskrise, als deren Beginn in der Regel der "Schwarze Freitag" angesehen wird. Zwar leistet der Kurssturz an der New Yorker Börse nur einen geringen Beitrag zur Erklärung der Ursachen der Krise, insoweit sie aber durch den Börsen-Crash sichtbar an die Oberfläche des Geschehens trat, verlief die Entwicklung in ihren Grundzügen folgendermaßen:

Der Dow-Jones-Index erreichte im September 1929 die damals schwindelerregende Höhe von 381. Problematisch war indessen nicht die Höhe der Kurse, sondern vielmehr der diese Kurse stützende Kreditmechanismus, der über steigende Zinsen Druck auf die Finanzmärkte ausübte. Die steigenden Devisenabflüsse zwangen die mitteleuropäischen Zentralbanken Mitte 1929, den Diskontsatz zu erhöhen, obwohl aus konjunkturellen Gründen Zinssenkungen vonnöten gewesen wären. Mit Ausnahme Frankreichs setzte der Konjunkturabschwung bereits im Sommer 1929 ein, wobei die Situation in Deutschland mit bereits 1,9 Millionen Arbeitslosen im

Sommer 1929 am schlimmsten war. Auf die angespannten internationalen Kapitalmärkte wirkte der Börsenkrach zunächst entspannend. Beinahe sämtliche Zentralbanken senkten ihren Diskontsatz bis zum Jahresende, doch führten die Zinssenkungen nicht zu einer konjunkturellen Belebung.

Kindleberger argumentiert, daß "eine Aufwärtsentwicklung an der Börse die Wirtschaft durch die Kreditverknappung belasten kann, selbst wenn die Finanzierung durch Aktien leichter ist, und daraus müßte folgen, daß ein Rückgang eine hilfreiche finanzielle Entspannung mit sich bringt" (Kindleberger S. 128).

Die niedrigeren Zinssätze müßten dann vermutlich die verschlechterten Finanzierungsmöglichkeiten durch Aktienausgaben aufwiegen. "Aber die Wirtschaft verhält sich nicht immer symmetrisch, und es macht einen Unterschied, ob der Börsenverfall wesentlich schneller vor sich geht als der Kursanstieg. Es mag gut sein, daß dann die niedrigeren Zinssätze für die Wirtschaft keine Hilfe sind, da die schnelleren und mächtigeren Kräfte der Deflation ihnen zuvorkommen" (Kindleberger S. 129).

Die Verluste aus der Aktienkursentwicklung führten zu Liquiditätsschwierigkeiten im privaten Publikum und bei den Unternehmen. Der Index der Industrieproduktion der USA fiel saisonbereinigt von 110 im Oktober auf 100 im Dezember. Im selben Zeitraum gingen die US-Importe von 245 auf 201 Millionen Dollar zurück.

Die Erklärungsansätze für die Tatsache, daß die Wirtschaft immer tiefer in die Depression hineinrutschte sind vielfältig. Nach Kindleberger war es der Zusammenbruch des internationalen Finanzsystems, der die Bereitstellung von Anleihen zur Überwindung kurzfristiger Liquiditätsengpässe unmöglich machte und die im Gefolge der amerikanischen Smoot-Hawley Zolltarife international üblich werdende Zollschutzpolitik.

Die keynesianische Erklärung rückt den Verlust attraktiver Investitionsmöglichkeiten im Gefolge fehlender Nachfrage und die Unwirksamkeit einer Politik billigen Geldes in den Vordergrund und kritisiert insbesondere die in den führenden Nationen zunächst durchgeführte Politik des staatlichen Budgetausgleichs, während die Monetaristen den Rückgang der Geldmenge im Gefolge von Bankzusammenbrüchen in den Mittelpunkt rücken.

Tatsächlich gibt es gute Gründe, der restriktiven Geldpolitik des amerikanischen Federal Reserve Board einen Teil der Verantwortung für den Ausbruch der Krise zuzuschreiben. Offenbar aus Sorge über die fortgesetzte Aktienspekulation ging der FED 1928 zu einer restriktiven Geldpolitik über, Goldzuflüsse wurden sterilisiert, der Zinssatz in den USA stieg.

Hier taucht die Frage auf, über welche Transmissionsmechanismen die US-Geldpolitik die Weltwirtschaft beeinflussen konnte. Die restriktive Geldpolitik schränkte den US-Kapitalexport ein. Problematisch mußte dies für diejenigen Länder werden, die in den 20er Jahren in großem Umfang US-Kapitalexporte in Anspruch genommen hatten, so insbesondere Deutschland.

Unter den Spielregeln des Goldstandards zwang die Deflation in den USA die anderen Länder, ebenfalls zu deflationieren. Hier muß darauf hingewiesen werden, daß eine deflationäre Wirtschaftspolitik durchaus nicht ungefährlich ist. Die ökonomische Theorie betont traditionell, daß Deflation - ausgedrückt in fallenden Produktpreisen - nur dann nicht zu Arbeitslosigkeit führt, wenn die Nominallöhne ebenso stark fallen wie die Güterpreise. Ist dies nicht der Fall, so führen die real steigenden Produktionskosten zu einem Rückgang des ökonomischen Aktivitätsniveaus.

Abbildung 1 zeigt, daß zu Beginn der Krise das Reallohnniveau zumindest in Japan, den USA, Großbritannien und Deutschland anstieg.

Eine zweite Möglichkeit, durch die eine Deflation zur Rezession führen kann, betrifft den Kapitalmarkt. Fallende Preise erhöhen den realen Wert bestehender Schulden, so daß Schuldner größere Schwierigkeiten haben, ihre Schulden zu tilgen. Treten solche Zahlungsschwierigkeiten in größerem Ausmaß auf, wird das gesamte Bankensystem geschwächt. Hierdurch verursachte Bankenkrisen können dann die Versorgung der Wirtschaft mit Kapital gefährden und die Investitionstätigkeit insbesondere bei kleineren Unternehmen, deren Geschäfte stärker risikobehaftet sind, zum Erliegen bringen.

Tatsächlich waren Bankenkrisen in beinahe allen Staaten ein wichtiges Merkmal der Weltwirtschaftskrise.

Abbildung 1. Produktlöhne (Nominallöhne/Herstellungskosten) 1929-1937 (1929 = 100)

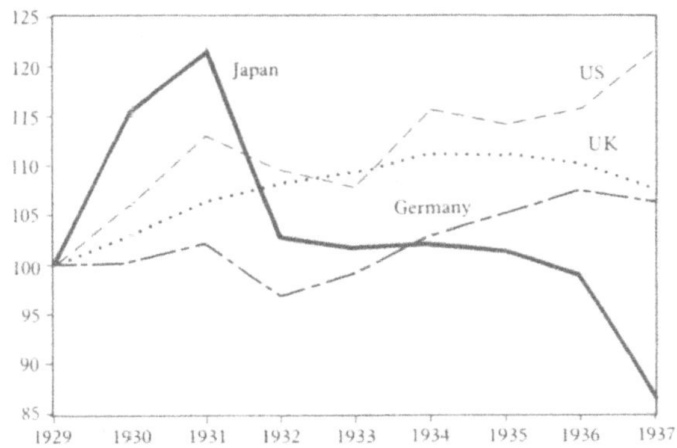

Quelle: B. Eichengreen (1992), S. 227.

Insoweit der Rückgang der ökonomischen Aktivität durch Bankenkrisen und den damit einhergehenden Kapitalmangel verursacht wurde, war es notwendig, daß die Zentralbanken expansive monetäre Maßnahmen einleiteten und als lender-of-last-resort auftraten. Doch hier erwies sich der Goldstandard erneut als Restriktion. Befanden sich die Gold- und Devisenreserven bereits nahe am Minimum, hatten die Staaten kaum Möglichkeiten, expansive monetäre Impulse zu setzen. Nach Eichengreen war daher die Suspendierung der Goldabgabepflicht eine Grundvoraussetzung für die Anwendbarkeit einer Politik der monetären Expansion.

Tabelle 5 zeigt, daß die wirtschaftliche Erholung in Ländern, die abwerteten bzw. zu Devisenkontrollen übergingen, eher und schneller zustande kam als in Ländern des Goldblocks.

Eine andere Frage ist, aus welchen Gründen die Erholung von der Wirtschaftskrise derart lange dauerte. Lediglich in Japan konnte die Krise schnell überwunden werden. (siehe Abbildung 2)

Tabelle 5. Wachstum der Industrieproduktion 1929-1936in Prozent.

Staaten	1929-1932	1929-1933	1919-1934	1929-1935	1929-1936
Goldblock	-28,17	-22,60	-21,84	-20,60	-13,94
Devisenkontrolle	-35,70	-31,70	-21,24	-10,28	-2,30
Sterling-Bereich	-8,75	-2,53	8,88	18,05	27,77
Andere Staaten m. abgewerteten Währungen	-17,48	-1,63	3,26	14,13	27,06

Goldblock: Belgien, Frankreich, Niederlande, Polen u. Schweiz
Devisenkontrollen: Östereich, Tschechoslowakei, Deutschland, Ungarn u. Italien
Sterling-Bereich: Dänemark: Finnland, Neu-Seeland, Norwegen, Schweden u. Großbritannien
Andere Abwerter: Brasilien, Kolumbien, Chile, Mexico, Costa Rica, Guatemala, Nicaragua, El Salvador u. USA

Quelle: B. Eichengreen (1992), S. 233.

Abbildung 2. Indizes der Industrieproduktion 1929 - 1937; 1929 = 100.

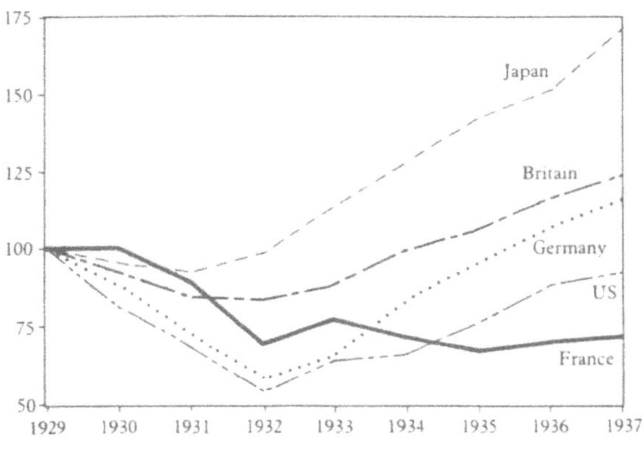

Quelle: B. Eichengreen (1992), S. 233.

In Großbritannien und Deutschland wurde erst Mitte der 30er Jahre das Produktionsniveau von 1929 erreicht, die USA und Frankreich konnten das Produktionsniveau von 1929 bis 1937 nicht wiederherstellen.

Die Gründe hierfür lagen vermutlich in dem zögernden Einsatz geld- und fiskalpolitischer Mittel. Die Budgetdefizite blieben während der 30er Jahre gering und die Geldpolitik diente in erster Linie der Bekämpfung einer Inflation, die es - angesichts deflationärer Entwicklungen - gar nicht gab.

2. Die Auswirkungen der großen Krise in Deutschland

Die Auswirkungen der Weltwirtschaftskrise trafen Deutschland sehr viel stärker als etwa die der Inflationszeit und führten letztlich zum Scheitern der Weimarer Republik. Kennzeichnend für die Weimarer Republik waren - mit Ausnahme der "Zwischenkrise" 1926 - zwar hohe, aber im Vergleich zur Weltwirtschaftskrise recht moderat scheinende Arbeitslosenquoten unter 10 % gewesen. Aufgrund der Erfahrungen des Jahres 1926 war im folgenden Jahr mit der Einführung der Arbeitslosenversicherung der letzte bis dahin noch fehlende Zweig des heutigen Sozialversicherungssystems eingeführt worden. Damals war man von einer durchschnittlichen Arbeitslosenzahl von ca. 800.000 ausgegangen. Als die Arbeitslosenzahl Anfang 1930 1,9 Millionen betrug, geriet die Arbeitslosenversicherung ins Defizit und die Regierung Müller in eine Krise. Die Sozialdemokraten forderten eine Abgabe auf Beamtengehälter, um die Arbeitslosenversicherung zu sanieren. Als die Koalitionsregierung daraufhin zerbrach, bildete Brüning ein neues Kabinett ohne parlamentarische Mehrheit und begann mit seiner Deflationspolitik.

Grundlage der Brüningschen Wirtschaftspolitik bildete die Vorstellung, daß die Konkurrenzfähigkeit der deutschen Wirtschaft am Weltmarkt durch Lohn- und Preissenkungen zu erreichen sei. Hierzu wurden die Staatsausgaben reduziert und versucht das Staatsbudget durch gleichzeitige Steuererhöhungen und die Einführung neuer Steuern auszugleichen. Auf die Wirtschaftspolitik Brünings wird später noch genauer einzugehen sein.

Gefahr drohte dem wirtschaftlichen System der Weimarer Republik noch von anderer Seite. Deutschland war von kurzfristigen Auslandskrediten in besonderer Weise abhängig. Eine Rolle hierbei spielten die Erfahrungen ausländischer - insbesondere amerikanischer - Kapitalanleger mit der deutschen Inflation, in der ihre Mark-Anlagen vollständig entwertet wurden. Ausländische Anleger waren daher kaum bereit, ihre Gelder langfristig nach Deutschland zu transferieren, doch induzierten die vergleichsweise hohen Zinsen zumindest kurzfristige Kapitalimporte nach Deutschland. Es ist bereits darauf hingewiesen worden, daß diese Kapitalimporte den relativ problemlosen Transfer der Reparationen an die Alliierten zwischen 1924 und 1928 sicherstellten. Als verhängnisvoll erwies es sich allerdings, daß die deutschen Banken diese kurzfristigen Gelder zu einem großen Teil als langfristige Kredite an die Wirtschaft weitergegeben hatten. Solange die in erster Linie amerikanischen Kapitalanleger bereit und in der Lage waren, ihre kurzfristigen Gelder zu verlängern, war das nicht problematisch.

Ein Stocken der amerikanischen Kapitalexporte nach Deutschland dagegen mußte das deutsche Bankensystem unweigerlich in Liquiditätsschwierigkeiten stürzen. Diese strukturelle Schwäche des deutschen Finanzsystems wurde offenbar, als der amerikanische Kapitalexport nach Deutschland zunächst seit 1929 im Gefolge des amerikanischen Börsenbooms zurückging und schließlich - nach einer kurzen Erholung - 1930 fast vollständig zum Erliegen kam.

Die Zahlungseinstellung der Wiener Creditanstalt im Mai 1931 löste schließlich einen Run in- und ausländischer Gläubiger auch auf deutsche Banken aus, wobei nicht klar ist, ob amerikanische Kapitalbesitzer zwischen Deutschland und Österreich unterscheiden konnten (Kindleberger, S. 159).

Die drohende Illiquidität der deutschen Banken sollte durch einen 150 Mio. Kredit der Zentralbanken der Alliierten und durch ein Moratorium für Reparationen verhindert werden, doch setzte diese Hilfe zu spät ein. Am 13. Juli - sechs Tage nachdem das Hoover-Moratorium in Kraft getreten war - wurde die Darmstädter und Nationalbank infolge des Zusammenbruchs des Nordwolle-Konzerns zahlungsunfähig. Die Regierung Brüning sah sich daraufhin gezwungen, zwei "Bankfeiertage" anzuordnen, da sich nach und nach herausstellte, daß die anderen deutschen Großbanken in ähnlichen Liquiditätsschwierigkeiten waren.

3. 100 Meter vor dem Ziel gescheitert? Die Wirtschaftspolitik Brünings im Widerstreit

Bei der Betrachtung der Weltwirtschaftskrise in Deutschland ist es unumgänglich, die wirtschaftspolitischen Maßnahmen des Kabinetts Brüning eingehender zu untersuchen, da Brüning während der Zuspitzung der Krise - vom 30. März 1930 bis zum 30. Mai 1932 - ohne parlamentarische Mehrheit und allein durch das Vertrauen des Reichspräsidenten gestützt, die Regierung stellte.

Im Gegensatz zu den nach dem 2. Weltkrieg zum Standardinstrumentarium gehörenden antizyklischen, in einer Krise also expansiven geld- und fiskalpolitischen Maßnahmen, wirkte die Wirtschaftspolitik prozyklisch. Grundlage seiner Politik bildete die Vorstellung, über sinkende Preise die Exportmöglichkeiten der deutschen Wirtschaft am Weltmarkt zu erhöhen und so den zur Zahlung der Reparationen notwendigen Außenhandelsüberschuß zu erwirtschaften. Brünings Politik zielte zwar darauf ab, die Reparationen zu streichen, doch versuchte er dies über die vorbildliche Erfüllung der Reparationslasten zu erreichen.

Wir wollen im folgenden versuchen, im Rahmen eines einfachen makroökonomischen Modells mit festen Wechselkursen zu erläutern, wie die Intention der Brüning'schen Politik mit einem den Ökonomen aus dem Grundstudium bekannten Instrumentarium erklärt werden kann.

Wir gehen in Abbildung 3 von einem Gleichgewichtszustand aus, bei dem auf Geld- und Gütermarkt ein Gleichgewicht herrscht und die Zahlungsbilanz ausgeglichen ist(Punkt a). Im Gegensatz zu den realen Verhältnissen zur Zeit der Regierung Brüning gehen wir davon aus, daß in unserem Gleichgewichtspunkt bei Y^* Vollbeschäftigung herrscht; in Wirklichkeit waren Anfang 1930 bereits 1,9 Millionen Arbeitslose registriert.

In unserem Modell zeigt die IS-Kurve sämtliche Kombinationen von Zins (i) und Einkommen (y), bei denen ein Gleichgewicht auf dem Gütermarkt herrscht, bei denen also gilt, daß die Summe der Investitionen, der Staatsausgaben und der Exporte der Summe der Ersparnis, der Steuern und der Importe entspricht.

Analog hierzu zeigt die LM-Kurve sämtliche i,Y-Kombinationen, bei denen die Geldnachfrage dem realen Geldangebot entspricht.

Da wir von einer offenen Volkswirtschaft, also einer Volkswirtschaft, die mit anderen Handelsbeziehungen unterhält, ausgehen, benötigen wir jetzt zusätzlich die Zahlungsbilanzkurve (Z), die diejenigen Zins-Einkommens-Kombinationen angibt, bei denen die Summe der Devisenabflüsse der Summe der Devisenzugänge

Abbildung 3

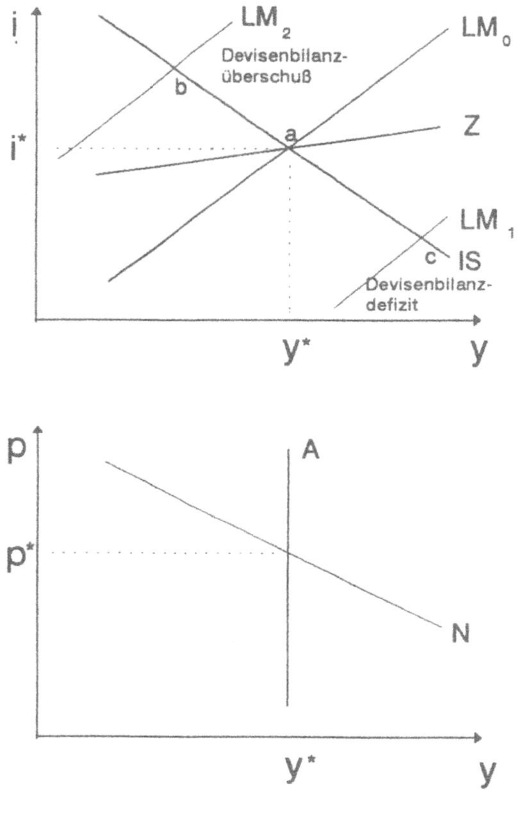

entspricht. Im Normalfall hat die Z-Kurve eine positive Steigung, da ein höheres Volkseinkommen zu höheren Importen und somit zu einem Abfluß von Devisen führt, der durch steigende Zinsen und den hierdurch induzierten Zustrom von Auslandskapital wieder ausgeglichen wird.

Für das weitere Verständnis ist es wichtig zu verstehen, daß Schnittpunkte der IS-LM-Kurven, die unterhalb (oberhalb) der Z-Kurve liegen, mit Devisenabflüssen (Devisenzuflüssen) verbunden sind.

Der untere Teil der Abbildung 3 zeigt die aggregierte Nachfragekurve N und die aggregierte klassische Angebotsfunktion A. Der Schnittpunkt der beiden Kurven ergibt das im Vollbeschäftigungsgleichgewicht geltende gesamtwirtschaftliche Preisniveau p^*.

Im Abbildung 4 gehen wir davon aus, daß unser Vollbeschäftigungsgleichgewicht (Punkt a) durch exogene Einflüsse gestört wird.

Abbildung 4

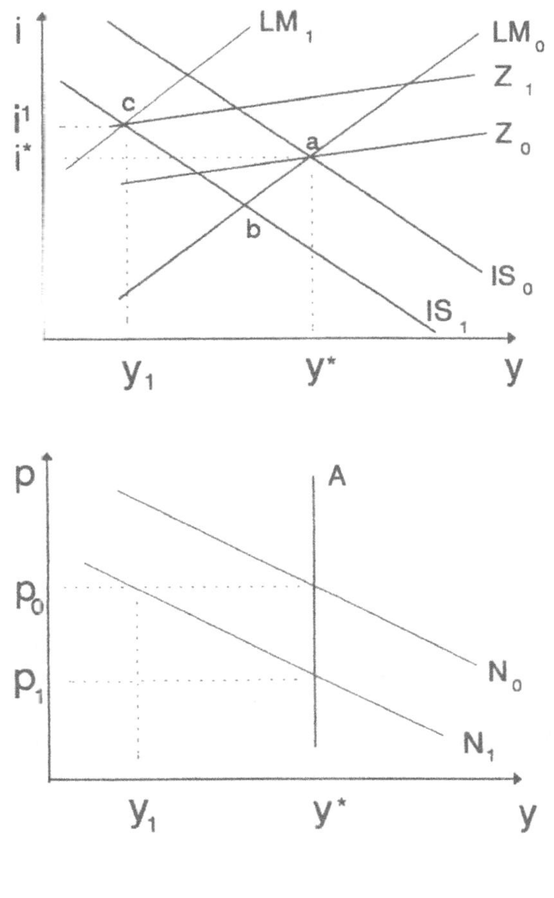

Wir nehmen an, daß die autonomen Kapitalexporte des Auslands zurückgehen und das Ausland überdies eine restriktive Handelspolitik betreibt. Der Rückgang der Kapitalimporte bewirkt eine Verschiebung der Z-Kurve nach oben, während die restriktive Handelspolitik des Auslands unsere IS-Kurve nach unten verschiebt. Im neuen Schnittpunkt der IS_1 mit der LM_0-Kurve herrscht Unterbeschäftigung bei einem Devisenbilanzdefizit (Punkt b). Der Abfluß von Devisen verknappt die inländische Geldmenge, wodurch sich die LM_0-Kurve auf LM_1 verschiebt. Im neuen Gleichgewichtseinkommen Y_1 (Punkt c) ergibt sich ein neues innen- und außenwirtschaftliches Gleichgewicht, allerdings bei Unterbeschäftigung.

Die Frage ist hier, ob dieses neue Unterbeschäftigungsgleichgewicht stabil ist. Die zur Zeit Brünings maßgebliche klassische Volkswirtschaftslehre verneinte diese Frage, da durch die Unterbeschäftigungssituation Druck auf die Preise ausgeübt wird. Die Arbeitslosigkeit wird die Arbeitnehmer dazu veranlassen, geringere Nominallöhne zu akzeptieren und die Unternehmer werden diese Kostensenkung in Form geringerer Preise weitergeben. Dieser Preisverfall muß alle drei Kurven im oberen Teil von Schaubild 2 beeinflussen. Die LM_1-Kurve wird sich in Richtung LM_0 verschieben, da sinkende Preise die Geldmenge erhöhen und über sinkende Zinsen die Investitionstätigkeit erhöhen. Die IS_1-Kurve verschiebt sich wieder in Richtung IS_0, da das sinkende Preisniveau die inländischen Exporte begünstigt und ebenso verschiebt sich die Z_1-Kurve Richtung Z_0, da der positive Außenbeitrag jetzt niedrigere Zinsen erlaubt. Die Volkswirtschaft kehrt zurück zur Vollbeschäftigung Y^*, jetzt allerdings beim niedrigeren Preisniveau P_1.

Brüning war offenbar nicht der Meinung, daß die Flexibilität der Löhne und Preise in Deutschland tatsächlich gegeben war. Mächtige Gewerkschaften und kartellierte Grundstoffindustrien standen den Preisanpassungen entgegen. Brüning versuchte daher, Löhne und Preise durch Notverordnungen zu reduzieren, um so Lohn- und Preisflexibilität zu simulieren.

Im Einzelnen ergriff Brüning folgende Maßnahmen: Steuererhöhungen, Kürzung der Beamtengehälter und der staatlichen Investitionsausgaben und Senkung der durch Tarifverhandlungen zustande gekommenen Löhne auf das Niveau von 1927. Zudem wurden die gebundenen Preise, also diejenigen Preise, die das Ergebnis von

Monopolbildungen oder Kartellabsprachen waren und dadurch auch in der Krise hochgehalten wurden, per Notverordnung um 10% gegenüber dem Stand vom 31. Juni 1931 gesenkt.

In Bezug auf die Erwirtschaftung von Außenhandelsüberschüssen war die deflatorische Politik Brünings ein Erfolg. Die Überschüsse betrugen 1930 1,6 Mrd. RM, 1931 2,8 Mrd. RM. Dagegen stieg die Arbeitslosigkeit während der Amtszeit Brünings von 2,3 auf 6 Millionen. Bezogen auf die Verminderung der Arbeitslosigkeit war Brünings exportorientiertes Wirtschaftsprogramm damit gescheitert.

Die deflatorische Politik Brünings wurde bereits seit den 50er Jahren im Lichte der keynesianischen Theorie schwer kritisiert. Brüning wurde vorgeworfen, durch völlige Unkenntnis konjunktureller Zusammenhänge die Auswirkungen der Krise erheblich verschärft und durch irrationale Inflationsängste die Chance, auf dem Wege eines durch Staatsdefizite finanzierten Arbeitsbeschaffungsprogramms - wie es beispielsweise der sogenannte WTB Plan der Gewerkschaften forderte - den Aufstieg des Nationalsozialismus einzudämmen, verspielt zu haben. Hier ist wichtig zu verstehen, daß Keynesianer den Erfolgen deflatorischer Politik mißtrauen. Die theoretischen Arbeiten Keynes wandten sich vor dem Hintergrund der Weltwirtschaftskrise vor allem gegen die Vorstellung, daß ein Vollbeschäftigungsgleichgewicht über sinkende Löhne und Preise wiederhergestellt werden könne. In Abbildung 4 führen die sinkenden Preise zu einer Erhöhung der realen Geldmenge und dadurch zu sinkenden Zinsen, die wiederum die Investitionstätigkeit erhöhen. In der Keynesianischen "Liquiditätsfalle" ist es jedoch möglich, daß der Zusatz i_1 in Abbildung 4 nicht unterschritten werden kann, da Vermögensbesitzer niedrigere Zinsen als i_1 für zu gering halten, als daß diese sie für das Kursverlustrisiko entschädigen würden. Ebenso ist es möglich, daß die IS-Kurve sehr steil verläuft, Zinssenkungen mithin nicht zu einer starken Erhöhung der Investitionstätigkeit führen.

Die Liquiditätsfalle wie auch die zinsunelastische Investitionsnachfrage haben gemeinsam, daß sie ungünstige Zukunftsaussichten potentieller Investoren hinsichtlich der Entwicklung der aggregierten Nachfrage widerspiegeln. In diesen Fällen kann die Investitionstätigkeit nicht durch Lohn- und Preissenkungen gefördert werden. Ganz im Gegenteil: Unternehmen schränken bei Erwartung fortgesetzter Lohn- und Preisdeflation ihre Investitionen ceteris paribus ein, da fallende Absatzpreise immer auch eine reale Aufwertung der zur Finanzierung der Investitionen aufgenommenen Kredite bedeuten. Wenn sich aber die private Investitionstätigkeit nicht erhöht, so kann die wirtschaftliche Belebung nur durch eine Erhöhung der Nachfrage nach deutschen Exporten zustande kommen, doch wurde dieser mögliche Vorteil durch die protektionistische Handelspolitik der in die Weltwirtschaftskrise verwickelten Länder, durch Währungsabwertungen und natürlich durch das schrumpfende Volkseinkommen auf Seiten der deutschen Handelspartner wieder zunichte gemacht.

Aus keynesianischer Sicht ist die Wirtschaftspolitik Brünings daher schon im Ansatz fehlerhaft. Chancen auf eine schnelle Erholung aus dem Konjunkturtief hätten allein defizitfinanzierte Staatsausgaben geboten, die zur Wahrung des außenwirtschaftlichen Gleichgewichts mit einer Abwertung der Mark hätten verbunden werden können.

Eine grundsätzlich andere Bewertung der Brüning'schen Wirtschaftspolitik stammt von Knut Borchardt, der die wirtschaftspolitische Konzeption Brünings aus neoklassischer Sicht verteidigt. Borchardt geht davon aus, daß die strukturellen Probleme der Weimarer Republik durch die Art der Kriegsfinanzierung determiniert waren. Insbesondere seien die Löhne in der Weimarer Republik so hoch gewesen, daß sie den durch die Produktivitätsentwicklung gezogenen Rahmen gesprengt hätten und "direkt verteilungswirksam" geworden seien.

Als Grund für die zu hohen Löhne nennt Borchardt das große politische Interesse, das der Lohnbildung zukam. Insbesondere durch die staatliche Zwangsschlichtung seien politische Dimensionen der Lohnfrage fernab von allem ökonomischen Kalkül überbetont worden, sodaß sich zu Recht - wenn auch überspitzt - formulieren läßt, die revolutionäre Arbeiterbewegung sei in eine Lohnbewegung überführt worden. Dadurch sei die Verteilungsposition gerade derjenigen Einkommen, aus denen üblicherweise Investitionen getätigt würden, beeinträchtigt worden, sodaß objektiv die Notwendigkeit deflationärer Politik bestand.

Zudem seien durch die politische Situation in Deutschland Zwangslagen entstanden, die eine konjunkturelle Belebung über defizitfinanzierte Staatsausgaben unmöglich gemacht hätten, denn 1. sei eine verstärkte Inanspruchnahme von

Reichbankkrediten durch den Staat aufgrund des Reichsbankgesetzes und 2. die an sich denkbare Abwertung der RM zur Förderung der deutschen Exportgüterindustrie wegen der Bestimmungen des Young-Plans unmöglich gewesen.

Diese nachträgliche Rechtfertigung der Wirtschaftspolitik Brünings durch Borchardt ist in der Folgezeit heftig diskutiert worden. So legte Holtfrerich Neuberechnungen zur Produktivitätsentwicklung vor, die Borchardts These von den zu hohen Löhnen fragwürdig erscheinen lassen, inzwischen aber selbst durch Neuberechnungen von Albert Ritschle in Frage gestellt werden, und Balderston interpretiert die Lohnentwicklung in der Weimarer Republik als durch Inflationserwartungen der Arbeiterschaft zustandegekommenes Marktergebnis. Richard Tilly hat unlängst darauf aufmerksam gemacht, daß es - neben der durch zu hohe Löhne verschobenen Verteilungsrelation - eine weitere wesentliche Strukturveränderung in der Weimarer Republik gab, den Kapitalmangel, der - wie Holtfrerich gezeigt hat - durch die Vernichtung der Geldvermögen in der Inflationszeit erklärt werden kann. Die Erklärung der zu Gunsten der Arbeitnehmer verbesserten Einkommensverteilung durch die Verluste der Rentiers in der Inflationsphase "enthält nicht nur einen Einwand gegen die zu hohen Löhne, sondern trägt zugleich zur Erklärung der geringen Privatersparnisbildung und damit zur Kapitalmarktschwäche der Weimarer Republik bei" (Tilly, S. 355). Die von Borchardt betonte geringe Investitionsquote und Exportschwäche der Weimarer Republik läßt sich damit nicht nur durch zu hohe Löhne, sondern alternativ durch Kapitalmangel in Verbindung mit Inflationserwartungen der Kapitalanleger erklären, wodurch die im internationalen Vergleich hohen Kapitalkosten für die deutsche Industrie verursacht wurden.

Zur Beantwortung der Frage, ob Kapitalmangel oder letztlich doch zu hohe Löhne für die Strukturschwäche der Weimarer Republik ausschlaggebend waren, sind makroökonomische Gesamtmodelle notwendig, die zur Zeit leider noch nicht existieren.

Ebenso wichtig wie Borchardts These von den zu hohen Löhnen ist sein Einwand, wegen der institutionellen Regelungen des Young-Plans habe die Regierung Brüning keine Möglichkeit zu expansiver Politik gehabt. Fraglich ist dann allerdings, aus welchen Gründen Brüning nicht frühzeitig auf eine Lockerung der internationalen Auflagen drängte und durch welche Mechanismen es den auf

Brüning folgenden Regierungen Papen und Schleider gelang, die restriktive Entwicklung der Fiskalpolitik zu mildern. Zu beachten ist zudem sicher auch, daß die ab 1933 einsetzende wirtschaftliche Erholung Deutschlands mit einer immer expansiver werdenden Fiskalpolitik der Nazis einherging (siehe R.L. Cohn).

F. Großbritannien in der Zwischenkriegszeit

1. Die wirtschaftliche Entwicklung Großbritanniens zwischen den Kriegen

Ein Überblick über die Wirtschaftspolitik zwischen den Weltkriegen kann nicht vollständig sein, ohne ein Kapitel zu den Erfahrungen der britischen Wirtschaft in den 20er und 30er Jahren. Es ist bereits erwähnt worden, daß Großbritannien die führende Industrienation des 19. Jahrhunderts mit London als Weltfinanzzentrum war. Zudem verfügte Großbritannien - im Gegensatz zu Deutschland - auch in der Zwischenkriegszeit über stabile Regierungen, gehörte als Siegermacht des 1. Weltkriegs zu den Empfängern von Reparationszahlungen und seine Regierungen führten in keiner Phase eine inflationäre Politik durch. Die Voraussetzungen für eine wirtschaftliche Aufschwungphase in Großbritannien schienen damit in Großbritannien nach dem 1. Weltkrieg erfüllt.

In der Realität geriet die britische Wirtschaft nach einem kurzen Nachkriegsboom bereits 1921 in eine Krise, die besonders die exportorientierte Schwerindustrie traf. Hierzu trug vor allem die Entscheidung bei, das Pfund auf der - gemessen am Geldumlauf - zu hohen Vorkriegsparität zu stabilisieren. Die für diese Stabilisierung notwendige Deflationspolitik führte zu hoher und während der gesamten 20er Jahre anhaltender Arbeitslosigkeit in den Schwerindustriezentren, wodurch Großbritannien nicht an dem verhaltenen Aufschwung der Weltwirtschaft Mitte der 20er Jahre partizipieren konnte.

Während der Weltwirtschaftskrise erreichte die Arbeitslosenzahl schließlich Rekordhöhen. Die Regierung entschloß sich, wegen der anhaltenden Goldabzüge 1931 den Goldstandard zu verlassen und führte einen allgemeinen Schutzzoll ein, um die Importe aus dem Ausland zu begrenzen.

In den folgenden Jahren führte die Regierung eine Politik des billigen Geldes durch, ohne allerdings Budgetdefizite im Staatshaushalt zuzulassen.

Gemessen an der Entwicklung einiger makroökonomischer Größen verlief der ab 1932/33 einsetzende Aufschwung folgendermaßen. Von 1932 bis 1937 stieg das Bruttoinlandsprodukt um 20,4 Prozent, die Industrieproduktion um 45,8 Prozent und die Beschäftigung um 14,1 Prozent. Die Arbeitslosenrate sank von Januar 1933, dem oberen Wendepunkt, kontinuierlich von 23,0 Prozent auf 9,7 Prozent im September, um dann - im Gefolge der Rezession von 1937/38 - wieder bis auf 14,2 Prozent im Januar 1939 zu steigen.

2. Chancen keynesianischer Wirtschaftspolitik

In der Bewertung der britischen Wirtschaftspolitik zwischen den Weltkriegen besteht - ähnlich wie in Deutschland - kein Konsens.

Die traditionelle pessimistische Sicht der britischen Entwicklung lehnt sich an die keynesianische Theorie an. Vor dem Hintergrund lang anhaltender Massenarbeitslosigkeit entwickelte Keynes die 1936 veröffentlichte "General Theory", die einen Bruch mit der bis dahin vorherrschenden klassischen Nationalökonomie darstellte. Keynes konnte theoretisch herleiten, daß eine Volkswirtschaft durchaus ein langfristig stabiles Gleichgewicht bei Unterbeschäftigung erreichen könne. Als Ausweg aus der Krise forderte Keynes eine aktive antizyklische Ausgabenpolitik des Staates auf Kosten staatlicher Budgetdefizite.

Die in der Tradition der keynesianischen Theorie argumentierenden Wirtschaftshistoriker betonen die mangelhafte Entwicklung makroökonomischer Größen in der Zwischenkriegszeit. Neben den kontinuierlich hohen Arbeitslosenraten findet insbesondere das geringe Wachstum des Bruttoinlandsprodukts Erwähnung.

Zwischen 1913 und 1938 stieg das Bruttoinlandsprodukt um lediglich 27 Prozent, das entspricht einer jährlichen Wachstumsrate von ca. 1 Prozent. Gründe für diese geringe Wachstumsrate finden sich in dem Rückgang des Bruttoinlandsprodukts während der Weltwirtschaftskrise 1929-32 und dem sie begleitenden dramatischen

Anstieg der Arbeitslosenrate, Entwicklungen also, die aus keynesianischer Sicht durch weltwirtschaftliche Entwicklungen (negative Nachfrageschocks und dem Verfall der Preise) verursacht wurden.

Dem Eindruck einer stagnierenden Wirtschaft, der allein eine keynesianisch orientierte Wirtschaftspolitik aus der Krise geholfen hätte, wird seit den 70er Jahren auf der Grundlage neoklassischer Analysen, die die Marktkräfte generell optimistisch einschätzen, widersprochen.

Ein erster Kritikpunkt richtet sich gegen den Eindruck einer stagnierenden Wirtschaft. D.H. Aldcroft geht davon aus, daß die alleinige Beobachtung makroökonomischer Gesamtgrößen wie dem Bruttoinlandsprodukt den strukturellen Wandel überdeckt, der durch den Aufstieg neuer dynamischer Industriebranchen zustande gekommen sei. (Aldcroft 1967) Doch ist es äußerst fraglich, ob es in der Zwischenkriegszeit tatsächlich höhere Wachstumsraten der "neuen" Industrie gab als in anderen Perioden. (Matthews, Feinstein, Odling-Smee S. 257 f.) Zwar wuchsen in der Zwischenkriegszeit die "neuen" Industriebranchen schneller als der Gesamtoutput, doch sind diese höheren Wachstumsraten im Vergleich zur Zeit nach dem 2. und vor dem 1. Weltkrieg keineswegs bemerkenswert. Insofern scheidet ein - an sich möglicher - beschleunigter Strukturwandel in der Zwischenkriegszeit als Grund für erhöhte strukturelle Arbeitslosigkeit aus.

Eine zweite, an sich plausiblerere Kritik der keynesianischen Beurteilung der Zwischenkriegszeit, rückt die veränderte Funktionsweise des Arbeitsmarktes in den Vordergrund.

Nach Benjamin und Kochin besteht in der Zwischenkriegszeit eine positive Korrelation zwischen der Höhe der Arbeitslosenunterstützung und der Veränderung der Arbeitslosenrate. (Benjamin und Kochin) Ihre These, nach der bis zu einem Drittel der Arbeitslosigkeit im England der Zwischenkriegszeit durch die Einführung bzw. Erhöhung der Unterstützungszahlungen für Arbeitslose verursacht wurde, scheint im Licht weitergehender Untersuchungen nicht haltbar.

Beenstock und Warburton präsentieren ein überzeugenderes neoklassisches Modell, in dem sie die Reallohnentwicklung in Zusammenhang mit der konjunkturellen Entwicklung bringen. (Beenstock und Warburton 1986) Die Reallöhne stiegen 1929-31 bemerkbar stärker an als der Trend und fielen danach unter den

Trend zurück, so daß die Autoren sowohl den Einbruch in der Weltwirtschaftskrise als auch die anschließende Erholung direkt durch Reallohnbewegungen erklären können. Dimsdale, Nickel und Horsewood zeigen dagegen in einem ökonometrischen Modell, daß die Weltwirtschaftskrise in England durch Einbrüche in der Nachfrage ausgelöst wurde, die allerdings über inflexible Löhne und Preise zu Arbeitslosigkeit führten.

Gegen die neoklassischen Deutungen der britischen Wirtschaftsentwicklung in den 30er Jahren sprechen aber vor allem die Erfahrungen Englands mit dem Wiederbewaffnungsprogramm am Vorabend des 2. Weltkriegs. Mark Thomas zeigt im Rahmen einer Input-Output-Analyse, daß dem Rüstungsprogramm - "der größten öffentlichen Arbeitsbeschaffungsmaßnahme, die jemals in Friedenszeiten durchgeführt wurde" (zeitgenössischer Kommentar aus The Economist, zitiert nach M. Thomas) ein erheblicher Verdienst bei der Milderung der Rezession von 1937 zukommt. Durch die Rüstungsausgaben wurden bis 1938 ca. 1 Million Arbeitsplätze geschaffen und das Wachstum gerade in den stagnierenden "Stapelgüterindustrien" angeregt. Hätte Großbritannien anstelle des Rüstungsprogramms ein ziviles Arbeitsbeschaffungsprogramm in derselben Größenordnung (beispielsweise in der Bauindustrie) durchgeführt, so wären die Wachstumseffekte - wegen des kleineren Multiplikators - vermutlich geringer ausgefallen, doch ist es aus dieser Sicht plausibel, die Weigerung der britischen Regierung, schon früher expansive fiskalpolitische Maßnahmen durchzuführen, als verpaßte Chance zu deuten.

Allerdings muß auch zu Recht bezweifelt werden, ob ein ziviles fiskalpolitisches Programm in der Zwischenkriegszeit politisch durchsetzbar gewesen wäre. Hierzu war das Mißtrauen gegen eine die orthodoxe Sicht verlassende staatliche Haushaltsführung zu groß. Diese Mißtrauen gegen antizyklische Fiskalpolitik mochte und mag - gerade angesichts der fehlgeschlagenen makroökonomischen Feinsteuerung in den 70er Jahren - berechtigt sein, doch spiegelt es ebenfalls, um es mit Sydney Pollard zu sagen, Befürchtungen wider, die mit dem Aberglauben an primitive Arzneimittel vergleichbar sind: "die Meinung nämlich, daß eine Medizin nicht besonders gut sein kann, wenn sie nicht besonders schlecht schmeckt." (S. Pollard 1982, Übersetzung d.V.)

VI. Wirtschaftspolitik in der NS-Zeit

Harald Frank

A. Ideologie, Politik und Wirtschaft

Hitlers 'Doktrin, daß es in der Wirtschaft keine Doktrin gibt', veranschaulicht beispielhaft die ordnungspolitische Ratlosigkeit der Nazis. Bei der Machtübernahme 1933 verfügten die Nationalsozialisten weder über wirtschaftlich geschulte Fachkräfte noch hatten sie ein erkennbares eigenes wirtschaftspolitisches Konzept. In Parteikreisen herrschten absolut dilettantische Vorstellungen vom Wirtschaftsgeschehen. Die von Hitlers Chefideologen und 'Wirtschaftsfachmann' Gottfried Feder ausgegebenen Parolen von der ominösen 'Brechung der Zinsknechtschaft' und dem 'Gemeinnutz, der vor Eigennutz' gehe, zeigen nahezu erschöpfend die programmatischen wirtschaftspolitischen Ziele der Nazis. Diese Ratlosigkeit war jedoch unauffällig und unproblematisch. Denn zum einen wurden auch international nach der Weltwirtschaftskrise die - liberalen - Dogmen incl. des Goldstandards suspendiert und beginnend mit England und dem sog. Sterlingblock autonome Konjunkturpolitiken begonnen, zum anderen paßt zu einem Führerprinzip kein ordnungspolitischer Rahmen. Warum sollte man sich bei der Auswahl von wirtschaftspolitischen Maßnahmen selbst beschränken, wenn es im ökonomischen Bereich keine Verfassung und kein Leitbild gibt und das Primat der Politik allgegenwärtig ist? So fuhr man auf den verschiedensten Märkten mit unterschiedlichsten Konzepten. Entsprechend vielfältig waren die Allokationsinstrumente der Nazis: Sie reichten von strikten Plänen und Ge- bzw. Verboten über propagandistische Informationsverzerrung bis zur marktkonformen Steuerung in Form von Subventionen oder Steuern. So ist die Ansicht berechtigt, daß bis auf die aus der Rassentheorie abgeleiteten Oberziele - insbesondere sind hier die sogenannte Lebensraumpolitik und die Judenermordung zu nennen - die NS-Wirtschaftspolitik durchaus opportunistisch war.[113]

Durch diesen extremen antiliberalen Pragmatismus konnte schnell und allumfassend eingegriffen werden, wobei die ökonomischen Ergebnisse aufgrund der Vielschichtigkeit bzw. Überlagerung von Nebenwirkungen und der Inkompetenz der Verantwortlichen recht zufällig waren. Aber bei einer derart schlechten Kapitalauslastung 1932/33 und der Konjunkturwende im Sommer 1932 war mit expansiven fiskalischen Maßnahmen - gleichgültig welcher Art und auf welchem Markt - offenbar kein Fehler zu machen.

Auch in der folgenden Zeit blieben die wirtschaftspolitischen Aktivitäten zusammenhanglose, krisenbedingte ad-hoc-Maßnahmen, jeweils abgeleitet aus den 'Führerbefehlen' bzw. den allgemein-ideologisch-politischen Zielen Hitlers und

---

113. Zur Diskussion steht bei diesem Thema die These vom "Nihilistischen Opportunismus" (H. Rauschning, *Die Revolution des Nihilismus*, Zürich-New York 1938, S. 38 f. u. 206) gegen die der "Zielstrebigkeit" des nationalsozialistischen Systems (z.B. E. Jäckel, *Hitlers Weltanschauung*, Stuttgart 1981, S. 11 ff.). Genaue Vorstellungen gab es lediglich bezüglich der genannten 'völkischen' Oberziele. Alle anderen Strategien und Maßnahmen hatten den Charakter von 'Mitteln zum Zweck'. Aber 'Mittel zum Zweck' sind - anders definiert - Unterziele zur Erreichung von Oberzielen. Und hier konnte bei dem NS-Regime und Hitler selbst nur kurzfristiges Taktieren beobachtet werden. Zudem sorgten - die Oberziele ausgenommen - divergierende Zielsysteme der konkurrierenden Machtgruppen und Institutionen aus Partei, Bürokratie, Armee und Staat dafür, daß das deutsche Führerprinzip keine gradlinigen Strategien entwickeln konnte.

Allein die Tatsache, daß jemand - mit einer derartig einzigartigen Machtfülle ausgestattet wie Hitler - ein so einfaches Weltbild versucht umzusetzen, genügt nicht, um diese Person als eine besonders zielstrebig handelnde zu charakterisieren. Zur Zielstrebigkeit gehört auch eine gewisse Gradlinigkeit des Weges. Beispiele für widersprüchliche wirtschaftspolitische Ziele gibt Schoenbaum: "Zu diesen (Zielen) gehörte die Vollbeschäftigung, die Erholung der Industrie, die Rettung des Mittelstandes, ..., sowie die Wiederbewaffnung, die Stabilisierung der Preise und die Sicherung der Rohstoffversorgung einschließlich der Devisenvorräte, womöglich in Verbindung mit einem wachsenden Exportmarkt. Die Unvereinbarkeit dieser Ziele - beispielsweise der Wiederbewaffnung mit der Pflege des Mittelstandes, der subventionierten Erholung der Industrie mit einer Preisstabilität auf der deflationären Basis des Brüning-Haushalts von 1931/32, der hohen Preise für die Bauern mit niedrigen, den Löhnen angemessenen Preisen für die Verbraucher, wiederum verbunden mit einer Unterstützung des Mittelstands" - ... erklärt die merkwürdige Unzulänglichkeit der deutschen Kriegswirtschaft während der Friedensjahre. (D. Schoenbaum, *Die braune Revolution*, Köln 1968, S. 154)

seiner Partei. Dieser - positiv ausgedrückt - unorthodoxe Pragmatismus wird bei dem Versuch offensichtlich, wirtschaftspolitische Maßnahmen einem Konzept zuzuordnen. Neben angebotsorientierte Komponenten wie Lohnfixierung und Abschreibungserleichterungen treten - insbesondere mit der Kreditexpansion - nachfrageorientierte Politiken. Zumindest kurzfristig bedeutet dies keinen Widerspruch. Die jeweiligen Maßnahmen ergänzen sich beispielsweise, wenn es als Folge einer Verbesserung der Angebotsbedingungen zu vermehrten Investitionen und somit zu steigender gesamtwirtschaftlicher Nachfrage kommt. Widersprüche treten innerhalb der Konzepte auf. Sollte mit den o.g. Maßnahmen der Nazis die Angebotsseite tatsächlich gestärkt werden? Das ist überaus fraglich, wenn man die zunehmenden Wettbewerbsbeschränkungen, den Aufbau von gesetzlichen und administrativen Hemmnissen insbesondere im Bereich der Investitionen und nicht zuletzt den Anstieg der Körperschaftssteuer (vgl. B.2.b.) beobachtet. Die fehlende analytische Durchdringung der Krise führte dann zwangsläufig zu inkonsistenten Maßnahmen.

Der Wirtschaft kam nach nationalsozialistischer Auffassung eine nur untergeordnete Bedeutung zu: Sie war Mittel zur Erreichung der Ziele des Staates. So formulierte der 'Völkische Beobachter' am 4. April 1933: "Da ... die Wirtschaft einen Teil des Volkstums ausmacht, gibt es keine Wirtschaftsgewalt ..., keine Wirtschaftsfreiheit, keine Wirtschaftsknechtschaft ... Wirtschaft ist eine der Staatsfunktion untergeordnete Teilverrichtung der Volksgemeinschaft." Von einem Modell bzw. einer Theorie nationalsozialistischer Wirtschaftspolitik kann sinnvollerweise nicht gesprochen werden, denn ein derartiges Mittel-Ziel-Verhältnis, ausgerichtet nur auf konkrete Situationen, kann den Kriterien wissenschaftlicher Theoriebildung nicht genügen.[114]

---

114. Diese dogmen- und richtungslose Wirtschaftspolitik ermöglichte den später einflußreichen Theoretikern einer sozial orientierten Marktwirtschaft - gedacht ist hier insbesondere an Müller-Armack, Eucken und Erhard - ein recht unbehelligtes Vorbereiten und Veröffentlichen ihrer Konzepte in der Nazizeit. Ideologische Konfrontationen mit dem NS-Regime waren nicht zu erwarten, denn auch die in der Nachkriegszeit unter dem Begriff "Soziale Marktwirtschaft" zusammengefaßten Ideen waren undogmatisch, geprägt von starkem staatlichem Dirigismus und lehnten Liberalismus sowie Kommunismus scharf ab (vgl. W. Grotkopp, *Die große Krise*, Düsseldorf 1954, S. 332 ff.).

Die ideologisch-politischen Ziele, Normen und Postulate sollen kurz umrissen werden: Aus den Grundannahmen von Rassentheorie und Antisemitismus entsprang Hitlers Auffassung, die Geschichte als Lebenskampf der Völker zu betrachten. Außenpolitisch bedeutete das die Ausdehnung des "Lebensraumes"; innenpolitisch mußten die dafür notwendigen Machtmittel bereitgestellt werden. Das bedeutete zum einen eine expansive Bevölkerungspolitik, zum anderen war die Hebung der Kampfbereitschaft - subtil unterstützt durch eine massive Militarisierung der Sprache in der NS-Publizistik - nötig. Mit den Schlagworten Nationalismus, Militarismus und Führerprinzip kann die Nazipolitik auf einen Nenner gebracht werden.

Gerade die fehlende Originalität von Hitlers Anschauungen - denn Rassentheorie und Antisemitismus waren schon im 19. und beginnenden 20. Jahrhundert latente Zeitgeistströmungen - und ihre propagandistische Einfachheit kann einen Teil der großen Anziehungskraft dieser Ideologie erklären. Zudem war die Identifikation mit diesen Ideen vom deutschen Herrenmenschen nach dem verlorenen Krieg und dem ökonomischen Desaster der Weltwirtschaftskrise für sehr viele sicherlich verführerisch. Die hohe Arbeitslosigkeit radikalisierte die politischen Anschauungen und trieb die Wähler insbesondere zu den Nazis.[115]

Außerdem galten nach den internationalen Krisenjahren 1929-1932 die demokratisch-liberalen Anschauungen und Rettungsversuche als gescheitert, so daß der Boden für Ansätze bereitet war, die das ökonomische Heil in einer strafferen Wirtschaftslenkung sahen. Und darauf zielte Hitlers Ansatz. Er wollte alle Lebensbereiche -incl. der Wirtschaft - durchorganisieren, oder - wie es im nationalsozialistischen Jargon hieß - 'ordnen' und seinen politisch-ideologischen Zielen

115. Vgl. auch B.S. Frey/H. Weck, *Hat Arbeitslosigkeit den Aufstieg des Nationalsozialismus bewirkt?* in: Jahrbücher für Nationalökonomie und Statistik, Stuttgart 1981, Bd. 196. Hier werden durch den methodischen Rückgriff auf die Neue Politische Ökonomie und empirisch-statistische Analyseverfahren - bei bewußter Vernachlässigung der von Historikern bevorzugten strukturellen, langfristig wirksamen Gründen für den Aufstieg der Nazis wie Konstitutionsmängel der Weimarer Verfassung, latenten Nationalismus und die Last der Versailler Verträge - insbesondere konjunkturelle Gründe thematisiert. Der Ansatz untersucht den Einfluß der Wirtschaftslage auf das Wahlverhalten und konstatiert, daß für die totalitären und 'restlichen' Parteien die Weltwirtschaftskrise - gemessen durch den Indikator Arbeitslosigkeit - den wichtigsten Beitrag zur Erklärung der Stimmanteile leistet, während für die sogenannten 'Weimarer Parteien' die Wahlbeteiligung der katholischen Landbevölkerung wichtig ist.

nutzbar machen. Das Primärziel der nationalsozialistischen Wirtschaftspolitik war somit - spätestens ab 1934/5 - die Voraussetzungen zur Führung eines Blitzkriegs zu schaffen.

Ordnungspolitisch bedeutete das eine recht skurrile Konstruktion. Man praktizierte ein System, das u. U. als 'staatlich umfassend gelenkte privatwirtschaftliche monopolistische Wirtschaft' charakterisiert werden kann.[116] Es sollte kein Kapitalismus bzw. Liberalismus sein, und kommunistische Systemattribute wurden wegen des bolschewistischen Feindbildes noch schärfer abgelehnt: Als Beispiel für die 'antikapitalistische' Ideologie wurden bis 1940 etwa 20.000 Aktiengesellschaften und Gesellschaften mit beschränkter Haftung in offene Handelsgesellschaften und andere Personengesellschaften umgewandelt.

Die NS-Führung zielte in erster Linie auf Macht bzw. politische Notwendigkeiten. Broszat beschreibt diesen Prozeß als 'totalitäre Expansion der Macht' ab März 1933.[117] Maximierung des Sozialproduktes oder ökonomische Effizienz waren keine primären Ziele, wie beispielsweise die Konzeptionierung der Reinhard-Programme zeigt. Das Ziel war eine Reduktion der Zahl der Arbeitslosen und nicht eine rationelle Belebung der Produktion. Das Verhältnis von Partei, Bürokratie und Staat blieb ungeklärt. Die Partei sicherte sich permanente Eingriffsmöglichkeiten auf allen Entscheidungsebenen und sorgte durch Ernennung von Sonderbeauftragten und den Aufbau immer neuer Behörden und Ämter für einen einmaligen Kompetenzdschungel. Die offenbar bewußt geschaffenen Gegenspieler waren z.B. beim Arbeitsminister der Reichswohnungskommissar und der Generalbevollmächtigte für den Arbeitseinsatz. Beim Wirtschaftsminister gab es Überschneidungen mit dem Beauftragten für den Vierjahresplan und dem Wirtschafts- und Rüstungsamt. Die Folgen des nationalsozialistischen Arbeitsprinzips - von W. Sauer als "Stabilisierung durch Bewegung" charakterisiert[118] - "... überwucherten die überkommenen Institutionen des deutschen Zivillebens wie ein Dschungel. Der zeitgenössische Beamte muß den Eindruck gehabt haben, die beliebte biologische

---

116. D. Swatek, *Unternehmenskonzentrationen als Ergebnis und Mittel nationalsozialistischer Wirtschaftspolitik*, Berlin 1972, S. 46.

117. M. Broszat, *Der Staat Hitlers*, München 1969, S. 173.

118. K.D. Bracher/G. Schulz/W. Sauer, *Die nationalsozialistische Machtergreifung*, Köln 1960, S. 689.

Metapher vom 'organischen' Staat nehme neue Bedeutungsdimensionen an, als neue Institutionen entstanden, blühten oder starben, Mutationen hervorbrachten, um ihr Dasein kämpften und ihre Ableger bis unter die Türen der bestehenden Ministerien wachsen ließen. Das Gesetz, die Hand des Gärtners, gab es nicht mehr."[119] Das führte zwar zu erheblichen Ineffizienzen, hatte aber den Vorteil, die Machtfülle einzelner Funktionäre zu begrenzen. Zur Absicherung seiner Führerstellung legte Hitler offenbar bewußt Konfliktherde durch Einsetzen von direkten "Gegenspielern" in den nachgelagerten Herrschaftsebenen an. Bei den dann häufig wegen rivalisierender Kompetenzen auftretenden politischen Differenzen konnte Hitler die Funktionäre und Strategien wählen, die seinen Zielen entsprachen. Diese Neigung Hitlers, zur Absicherung seiner Führerstellung Konfliktherde in den nachgelagerten Herrschaftsträgern anzulegen, hatte Methode. Ein Beispiel hierfür bietet der Konflikt um die Treibstofffrage zwischen Schacht und Göring. Die krasse Divergenz von Ideologie und Realität wird nun ganz deutlich: Standen auf der einen Seite Ideale wie Zentralisierung, Einheitspartei und Führerprinzip, so war doch die Praxis hauptsächlich gekennzeichnet durch einen 'volksgemeinschaftswidrigen' Polyzentrismus und sozial-ökonomischen Interessenpluralismus ohnegleichen. Außerdem dienten Undurchsichtigkeit von System und Apparat gut der propagandistischen Vernebelung der jeweils beabsichtigten konkreten Zielsetzungen. So konnte innen- und außenpolitischen Widerständen oft vorgebeugt werden. Denn auf diese Weise blieb auch lange Zeit das entscheidend Neue der NS-Wirtschaftspolitik im Dunkeln: Nämlich die "Instrumentalisierung der Wirtschaftspolitik zu einem Mittel der Aufrüstung".[120]

B. Die Kriegswirtschaft in Friedenszeiten - Entwicklungen zwischen 1933 und 1939 -

1. Ökonomische Ausgangssituationen

Die Krisenbekämpfung durch Brünings Deflationspolitik, die nicht nur vom Baseler Reparationsbericht 1931/32, sondern auch von der Mehrheit aller Politiker,

119. D. Schoenbaum, a.a.O., S. 249.

120. D. Petzina, *Hauptprobleme der deutschen Wirtschaftspolitik 1932/33*, in: Vierteljahreshefte für Zeitgeschichte, 15. Jg. 1967, S. 50.

Nationalökonomen und Unternehmern befürwortet wurde, verschlimmerte die Übel zusehends. Das Ziel des Budgetausgleichs wurde nicht erreicht, aber auch die internationale Wettbewerbsposition konnte durch die Lohn- und Preissenkungen bei gleichzeitigem Anzug der Steuerschraube nicht dauerhaft verbessert werden. Die Arbeitslosigkeit stieg 1932/33 bedrohlich bis auf über 6 Mio. Das entsprach einen Anteil von über 50 % der Erwerbstätigen oder - anders ausgedrückt - einer Arbeitslosenquote von etwa 35 %. Das Volkseinkommen sank zwischen 1928 und 1932 um etwa 40 %, der Bruttowert der Industrieproduktion um die Hälfte und die Produktion von Investitionsgütern erreichte 1932 nur noch 38 % des Standes von 1928. Die Kaufkraft schwand, die Zinsen stiegen und dennoch floß das Kapital aus Deutschland ab.

Als den Nazis 1933 die Macht gegeben wurde, war die Talsohle der Weltwirtschaftskrise in Deutschland bereits durchschritten. Von Papen und Schleicher hatten die Deflationspolitik durch expansive fiskalische Programme ersetzt.

Brüning jedoch nachträglich Inkompetenz vorzuwerfen, greift zu kurz, denn es ist von Politikern nicht zu erwarten, die Probleme einer derartigen Krise in den Griff zu bekommen, an der sich die Ohnmacht der traditionellen Wirtschaftswissenschaft erwiesen hatte.

Die theoretische Basis für die Maßnahmen der beiden letzten Weimarer Kanzler lieferten die schon zu Brünings Amtszeit verfügbaren - und durchaus ernstzunehmenden - Vorschläge der sog. 'Reformer' oder 'deutschen Keynesianer':

E. Wagemann[121], W. Lautenbach[122], R. Friedlaender-Prechtl[123] und V. Woytinski, F. Tarnow, F. Baade (WTB-Plan der Gewerkschaften)[124] wollten den Deflationszirkel cum grano salis durch Arbeitsbeschaffungsmaßnahmen in Verbindung mit

---

121. Wagemann, ehem. Direktor des Instituts für Konjunkturforschung, legte Anfang 1932 einen Geld- und Kreditreformplan vor. Vgl. E. Wagemann, *Geld- und Kreditreform*, Berlin 1932.

122. Vgl. Gutachten für das Wirtschaftsministerium 1930, in: W. Lautenbach, Zins, Kredit und Produktion, W. Stützel (Hrsg.), Tübingen 1952.

123. R. Friedlaender-Prechtl, *Wirtschaftswende*, Leipzig 1931.

124. Der WTB-Plan der Arbeitsbeschaffung, in: W. Grotkopp, a.a.O., Düsseldorf 1954.

Kreditausweitung durchbrechen.[125]

Aber die Inflationsangst bzw. Inflationshysterie der Regierung Brüning ließ diese neu angebotenen und später von den Nazis so erfolgreich ge- und mißbrauchten Instrumente unberücksichtigt. Brüning, insbesondere um die Streichung der Reparationen bemüht, hatte bei der Verfolgung dieses Ziels - nach Borchardt - außenpolitisch offenbar wenig Handlungsspielraum. Ob es für Deutschland von seiten des Auslands negative Sanktionen gegeben hätte - und welche -, wenn Brüning eine expansive Politik noch vor dem Ende der Reparationen eingeleitet hätte, bleibt Spekulation.

Von Papen startete expansive Maßnahmen, nachdem auch von Unternehmerseite durch die Denkschrift der 'Studiengesellschaft für Geld- und Kreditwirtschaft' im Spätsommer 1932 ein nachdrückliches Votum für Arbeitsbeschaffung unter Zuhilfenahme der Kreditschöpfung kam, und der Reichswirtschaftsrat, als das verfassungsmäßige Beratungsorgan der Regierung, bereits ein umfangreiches Arbeitsbeschaffungsprogramm entworfen hatte. (Straßenbau, landwirtschaftliche Bodenverbesserungsmaßnahmen, Hausreparaturen und Investitionen bei Bahn und Post waren vorgesehen.)

Ab September 1932 wurde durch den Papen-Plan, der insbesondere die Ausgabe von sog. Steuergutscheinen vorsah, die wegen der Inflationsfurcht gerne als 'Vorgriff auf die Steuererträge künftiger Jahre' bezeichnet wurden, die Wirtschaft gestützt. V. Papen erläuterte das Instrument der Steuergutscheine wie folgt: "Es sollen für Teile einiger besonders produktionshemmenden Steuern, wie z.B. die Umsatzsteuer, die Realsteuern, Grundsteuer, Gewerbesteuer, auch die Beförderungssteuer ..., die in der Zeit vom 1. Oktober 1932 bis zum 1. Oktober 1933 fällig sind und gezahlt werden, Steueranrechnungsscheine gegeben werden, auf die in den Rechnungsjahren 1934 bis 1938 alle Reichssteuern, einschließlich der Zölle und Verbrauchssteuern mit Ausnahme der Einkommenssteuer bezahlt werden können. Es wird sich hier um einen Betrag von etwa 1,5 Milliarden RM handeln. Diese Scheine werden mit einem Agio versehen werden ...(4 %, Anm. d. Verf.) ... Diese Ausstattung der Scheine wird es ermöglichen, sie sofort als Kreditmittel zu

125. Zur Diskussion der Konzepte vgl. W. Kroll, *Von der Wirtschaftskrise zur Staatskonjunktur*, Berlin 1958, S. 375 ff. und S. 421 ff. und G. Bombach u.a., *Der Keynesianismus*, Bde. 1-3, Berlin 1981.

benutzen. Sie werden daher eine Unterlage für die Vornahme und für die Durchführung neuer oder bisher zurückgestellter Arbeiten ... sein und dadurch die Möglichkeit schaffen, neue Arbeitskräfte in den Arbeitsprozeß einzufügen."[126] De facto aber handelte es sich hier um einen Erlaß künftiger Steuern und den Beginn echter Geldschöpfung.

Weitere Komponenten des Papen-Plans waren Lohnprämien von RM 400 pro Jahr, die an Unternehmer für jeden zusätzlich eingestellten Arbeiter gezahlt wurden (Gesamtumfang 700 Mio. RM in Steueranrechnungsscheinen) und direkte Arbeitsbeschaffung durch zusätzliche Aufträge vom Staat und von öffentlichen Betrieben in Höhe von 300 Mio. RM. Genauso wie die Steuergutscheine, so wurde auch die Methode der sogenannten 'Vorfinanzierung' der öffentlichen Arbeitsbeschaffung von den Nazis übernommen, so daß sie bereits hier vorgestellt werden. Die mit den Arbeitsbeschaffungsmaßnahmen betrauten Firmen konnten in Höhe ihrer Kosten Wechsel auf die öffentlichen Auftraggeber ("Deutsche Gesellschaft für öffentliche Arbeiten", "Bau- und Bodenbank", "Deutsche Rentenbank") ziehen. Durch das Akzept staatlicher Kreditinstitute hatten sie den Charakter von Handelswechseln und waren für die Reichsbank rediskontfähig. Diese Arbeitsbeschaffungswechsel wurden daher ohne weiteres von den Privatbanken entgegengenommen und trugen wesentlich zur Verflüssigung der Geldmärkte bei. So konnte formell dem Reichsbankgesetz, das Offenmarktpolitik ausschloß, genügt werden.

Schleicher erweiterte diese Wirtschaftspolitik mit einem weiteren direkten Arbeitsbeschaffungsprogramm in Höhe von 500 Mio. RM. Inwieweit die Politik der beiden letzten Weimarer Kanzler und der Nazis 'objektiv' als expansive Fiskalpolitik bezeichnet werden kann, ist letztlich nicht geklärt. Zu fordern wäre in diesem Zusammenhang eine Analyse der Haushalte mit dem Konzept des Vollbeschäftigungsbudgetsaldos, das sich jedoch aufgrund der politischen und ökonomischen Inhomogenitäten insbesondere 1932 und 1933 auf Quartalsdaten stützen müßte. Die Analyse von R. L. Cohn, die dieses Konzept auf Fiskaljahre anwendet, resümiert folgendermaßen: "For Germany, the evidence clearly points to the conclusion that the rate at which fiscal policy was being made more restrictive

126. Zitiert nach Schulthess' Europäischer Geschichtskalender, U. Thürauf (Hrsg.), NF 48. Jg. 1932, München 1933, S. 147.

was slowing but that fiscal policy was *not* changed toward expansion (or *less* restriction) by the Papen/Schleicher policies. (...) A clear change in the state of fiscal policy is apparent starting in 1933, coinciding with Hitler's assumption of political power in late January of that year."[127] Neben den Problemen, die durch die Nutzung von Budget-Jahresdaten auftreten, ist hier die Schätzung der Potentialdaten, vorgenommen durch Interpolation 'über die Krise hinweg' zwischen 1927 und 1937 mit konstanten Wachstumsraten, ein streitbarer Punkt.[128] Denn in einer derartig 'langen' Krise - die Weltwirtschaftskrise zog sich in Deutschland über drei Jahre hin - werden Kapazitäten nicht nur nicht ausgelastet, sondern abgebaut und der Kapitalstock geht zurück, so daß die Entwicklung des Produktionspotentials ebenso gut leicht rückläufig oder konstant hätte sein können. Ist jedoch die obige Vermutung zutreffend, und die 1932 mit etwa 1,6 Mrd. RM deutlich negativen Nettoanlageinvestitionen unterstützen diese These, so würde man die Haushalte der Regierungen v. Papen und v. Schleicher unter bestimmten Bedingungen als expansiv bezeichnen müssen.[129]

Zudem wird durch die Haushaltskonzepte, weil nur diejenigen Mittel zum Tragen kommen, die tatsächlich eingesetzt werden, verschleiert, daß sich die Trendwende in der Wirtschaftspolitik unter von Papen in einem wesentlich größeren geplanten expansiven Rahmen für die folgenden Jahre widerspiegelt. Diese veranschlagte monetäre Expansion konnte jedoch aufgrund der sehr kurzen Regierungszeit nicht verwirklicht werden.

Für die Weimarer Republik kamen diese Maßnahmen jedoch zu spät. Der Arbeitsmarkt - als der für die Öffentlichkeit wichtigste Indikator - reagierte noch nicht auf die Trendwende in der Wirtschaftspolitik.

Dennoch bleibt das Ausmaß der wirtschaftlichen Belebung durch die Politik der beiden letzten Weimarer Kanzler umstritten. Es kann aber auf die positiven Trends

127. R.L. Cohn, *Fiscal Policy in Germany during the Great Depression*, in: Explorations in Economic History, Vol. 29., No. 3, 7/1992, S. 337.

128. Vgl. dazu Borchardt, K., *Trend, Zyklus, Strukturbrüche, Zufälle: Was bestimmt die deutsche Wirtschaftsgeschichte des 20. Jahrhunderts?*, in: ders., Wachstum, Krisen, Handlungsspielräume der Wirtschaftspolitik, Göttingen 1982, S. 100 ff.

129. Vgl. Anhang 1.

in der Industrie verwiesen werden. Hier war die Gesamtbeschäftigung im Mai 1933 - also ohne jede NS-Maßnahme - um etwa 9 % höher als im Vergleichsmonat des Vorjahres. Die Produktion stieg im gleichen Zeitraum nach Kroll sogar um 15 %. Auch Guillebaud bescheinigt den Maßnahmen der letzten Weimarer Administrationen, die im Ausland zudem viel mehr Beachtung fanden als in Deutschland selbst, eine große Bedeutung für die wirtschaftliche Belebung. Die bewußte Abkehr von der Politik der Deflation, die mit den Steuergutscheinen gegeben war, übte trotz der ungünstigen politischen Verhältnisse einen bedeutsamen Einfluß auf die Geschäftswelt aus. Noch positivere Ergebnisse waren 1933 und 1934 festzustellen, aber diese wurden damals dem NS-Staat zugeschrieben.[130]

Ungeklärt bleibt, inwieweit die im Juli 1932 gestrichenen Reparationen auch über positive Erwartungen - erinnert sei an die Aufbruchstimmung anläßlich der Machtübergabe - die günstige zukünftige Wirtschaftsentwicklung beeinflußte.

Henning und Borchardt halten die von v. Schleicher und v. Papen eingesetzten Mittel angesichts einer deflatorischen Lücke von etwa 25-30 Mrd. RM für zu gering dimensioniert.

Die Wirkungen der Weimarer Programme konnten jedoch die starre Situation auf dem Arbeitsmarkt noch nicht entspannen. Dies lag daran, daß das Schwergewicht auf der zwar klugen Konstruktion der Steuergutscheine lag, diese Gutscheine jedoch (noch) nicht rediskontfähig waren und es sich bei schwachen Kursen eher anbot, sie in den Tresor zu legen als für Transaktionen zu nutzen. So versucht R. Stucken zu belegen, daß die Geldmenge bis März 1933 noch nicht reagiert hat.[131] Die besonders wirksamen Mittel der direkten Arbeitsbeschaffung waren mit den nicht einmal voll genutzten 740 Mio. RM angesichts des Krisenausmaßes eher gering.

Dennoch wurde nach dem kontinuierlichen Schrumpfungsprozeß durch den Wechsel in der Wirtschaftspolitik nun der Umschwung eingeleitet; die Produktion nahm seit August 1932 wieder zu.

---

130. Vgl. hierzu: C.W. Guillebaud, *The Economic Recovery of Germany from 1933 to the Incorporation of Austria in March 1938*, London 1939, S. 45.

131. R. Stucken, *Deutsche Geld- und Kreditpolitik 1914-1963*, Tübingen 1964, S. 118 f.

Hitler allein kamen die Auswirkungen der Weimarer Programme zugute. Für ihn waren somit alle Durchsetzungsprobleme bei der Implementierung der Arbeitsbeschaffungspolitik gelöst. Der von v. Schleicher und v. Papen begonnene Kurs wurde kontinuierlich von den Nazis weiterverfolgt. Auch die später angewandte Finanzierungstechnik (Arbeitsbeschaffungs- und Mefowechsel) findet in der Wechselkonstruktion von Papens seinen Prototyp. Nicht nur bezüglich der Arbeitsbeschaffung waren für Hitler die Wege gebahnt, sondern die Weimarer Republik "hinterließ ... dem nationalsozialistischen Staat ... eine Wirtschaftsverfassung, die einem durchgebildeten Staatssozialismus sehr nahe kam"[132]. Die kartellierten Bankinstitute waren durch Reichs- und Reichsbankhilfen quasi-staatliche Institutionen,[133] durch die Zwangsschlichtungen ging auch die Regelung aller Arbeitsfragen auf einen Staat über, der zudem die Kartellpreise bestimmte und die Devisen bewirtschaftete. Ordnungspolitisch stellt sich somit der Übergang von der Republik zur Diktatur fließend und ohne größere Einschnitte dar.

Bei der Propagierung der Arbeitsbeschaffung hat mit Gregor Strasser auch ein unorthodoxer - und darum schon 1934 ausgebooteter - NS-Funktionär mitgewirkt. Sein 1932 veröffentlichtes Wirtschaftsprogramm löste die wirren Vorstellungen von Gottfried Feder ab und war für die Reichstagswahlen im Juli 1932 ein wichtiges Zugpferd, weil hier erstmalig wirtschaftspolitische Kompetenz aus den Reihen der NSDAP zutage trat.

Strassers 'Sofortprogramm' lehnte sich an die Ideen der o.g. Reformer an und wurde zum Teil 1934 von Reichsbankpräsident Schacht als 'Neuer Plan' durchgeführt. Die Aufrüstung - später der ausschließliche Träger der Arbeitsbeschaffung - spielte bei Strasser noch keine Rolle. Im Vordergrund standen neben der Arbeitsbe-

132. G. Stolper, *Deutsche Wirtschaft 1870-1940*, Stuttgart 1950, S. 136.

133. Unbeabsichtigt wurde das Reich zum Mehrheitsaktionär der meisten Großbanken und kontrollierte infolgedessen indirekt einen großen Teil der Industrie. Nach der auf die Bankenkrise im Sommer 1931 folgenden Sanierung befand sich die Dresdner Bank zu 91 %, die Commerzbank zu 70 % und die Deutsche Bank zu 35 % im Besitz der öffentlichen Hand. (vgl. K. Hardach, *Wirtschaftsgeschichte Deutschlands im 20. Jahrhundert*, Göttingen 1979, S. 55)

schaffung die auf Friedlaender-Prechtl zurückgehenden Autarkieüberlegungen i. V. m. der Bildung von Großwirtschaftsräumen. Auch der Autobahnbau, oft als Hitlers Idee ausgegeben, wird hier empfohlen.

2. Arbeitsbeschaffung, Aufrüstung und Vierjahresplan

a. Maßnahmen

Mit der Machtübernahme begannen die Nazis, das Verhältnis von Staat und Wirtschaft neu zu 'ordnen'. Die Autonomie der Wirtschaft wurde nicht mehr anerkannt und liberale Anschauungen völlig aufgegeben. Der sogenannten 'nationalsozialistischen Wirtschaftsneuordnung' kam - wie bereits angemerkt - zugute, daß der Glaube an die Selbstregulierung der Wirtschaft nach der Weltwirtschaftskrise international erschüttert war. Wichtig ist in diesem Zusammenhang außerdem, daß die von den Nazis forcierte Abkoppelung von der Weltwirtschaft günstige Voraussetzungen für die im folgenden zu besprechenden expansiven fiskal- und geldpolitischen Maßnahmen schuf.

Hjalmar Schacht, seit März 1933 wieder Reichsbankchef, sagte der Regierung Hitler 'tatkräftige Kredithilfe' für ein 'großes Arbeitsbeschaffungsprogramm' zu. Im Juni 1933 wurde das erste derartige Programm (sog. Reinhardt-Programm) eingeleitet. Es umfaßte Mittel in Höhe von 1 Mrd. RM, die durch die Ausgabe von rediskontfähigen Arbeitsschatzanweisungen den Charakter von Bargeld hatten und somit ein klares Bekenntnis zur Geldschöpfung darstellten. Die Maßnahmen stellten im wesentlichen auf die Förderung der Ersatzinvestitionen in der Industrie und auf den Wohnungsbau ab. Weiterhin beinhalteten sie Ehestandsdarlehen, die allerdings nicht in bar, sondern in Form von Bedarfsdeckungsscheinen gewährt wurden und darum insbesondere auf Möbel- und Hausratindustrie belebend wirkten. In einer Durchführungsverordnung wurde festgelegt, daß 80 % der im Rahmen des Programms Neueingestellten bisher unterstützte Arbeitslose sein mußten. Dann folgten noch Arbeitsbeschaffungen bei Reichsbahn und Post und im September 1933 ein zweites Gesetz zur Verminderung der Arbeitslosigkeit im

Umfang von 500 Mio. RM. Gezielt wurde erneut mit Zuschüssen und Steuererleichterungen - Darlehen gewährte man ab September nicht mehr - auf den Bausektor und die Landwirtschaft. Wie bei dem 1. Gesetz war das Hauptanliegen, die privaten Investitionen bzw. die private Wirtschaftstätigkeit wieder in Gang zu bringen.[134]

Erst im September startete der oft mythologisierte Autobahnbau. Ihm den entscheidenden Beitrag zur Krisenüberwindung zuzuschreiben, ist insofern unkorrekt, als die Maßnahmen der Regierungen v. Papen und v. Schleicher sowie das 1. Reinhardt-Programm viel früher die positiven Entwicklungen einleiteten.

Tabelle 1.

Wirtschaftliche Kenngrößen

	Januar 1933	**Dezember 1933**	
Arbeitslosigkeit	6,0 Mio.	4,1 Mio.	- 32,0 %
gewerbliche Gesamtgütererzeugung 1928 = 100	61,2*	70,6**	+ 15,4 %
Investitionsgüter 1928 = 100	30,8*	49,3	+ 60,1 %

* 1. Quartal 1933; ** 4. Quartal 1933

Quelle: Statistisches Handbuch von Deutschland, Länderrat des amerikanischen Besatzungsgebietes, München 1949, S. 484; Konjunkturstatistisches Handbuch 1936, E. Wagemann (Hrsg.), Berlin 1935, S. 52.

Die in Tabelle 1 dargestellte Entwicklung war durch die Mittel der zivilen Arbeitsbeschaffung bis 1934 in Höhe von lediglich etwa 5,5 Mrd. RM ermöglicht worden. Man darf davon ausgehen, daß auch ohne die dann einsetzenden

134. Bei der Weiterführung von Schleichers Programm zur Verminderung der Arbeitslosigkeit und beim 1. Reinhard-Programm ließ sich die schon im Februar 1933 im Kabinett abgegebene Erklärung Hitlers, daß die öffentliche Arbeitsbeschaffung vor allem der Rüstung zugute kommen müsse, zunächst nicht realisieren. Reichswehrminister v. Blomberg hatte bereits im Frühjahr 1933 erklärt, daß die Reichswehr im Etatjahr 1933 nicht imstande sei, mehr als 50 Millionen Mark für zusätzliche Beschaffung auszugeben. Vgl. hierzu M. Broszat, a.a.O., S. 176.

Rüstungsausgaben (bis 1939 circa 60 Mrd. RM) die Krise vollständig überwunden und Vollbeschäftigung erreicht worden wäre.[135] In jedem Fall gab der nun beobachtbare Trend insbesondere in der Arbeitslosenentwicklung den Nazis - und vornehmlich Hitler selbst - einen großen Zuwachs an Autorität und Selbstbewußtsein. Diese gestärkte Position leistete dem dann einsetzenden Größenwahn in der Aufrüstungspolitik Vorschub.

Auch wenn die Ankurbelung der Autoindustrie durch den Autobahnbau und das Abschaffen der KFZ-Steuer für neu zugelassene PKW im März 1933 positive militärisch-strategische Auswirkungen hatte, ist eher zu vermuten, daß Hitler - nachdem ihm klarwurde, wie sensibel die Wirtschaft in dieser Situation auf Ankurbelung bzw. Steuerung reagierte, d.h. wie gut sie sich beherrschen und in den Dienst der Politik stellen ließ - erst 1934 seine maßlosen Aufrüstungspläne schmiedete.

Ab dem Frühjahr 1934 waren dann die erteilten Arbeitsbeschaffungsmaßnahmen nur noch Rüstungs- und direkte Staatsaufträge. Die Staatskonjunktur begann, die mit dem Vierjahresplan ab 1936 ihren Höhepunkt erreichte. Von Stärkung der Unternehmensinitiative sprach niemand mehr. Zwar baute man Autobahnen, Partei- und Staatsgebäude weiter, aber zusätzliche zivile Arbeitsbeschaffungen wurden nicht mehr aufgelegt.

Bisher wurden lediglich fiskalische Aktivitäten vorgestellt. Auch wenn hier eindeutig das Schwergewicht der wirtschaftspolitischen Maßnahmen der Nazis lag, so erfolgte ab 1933 auch die Aktivierung geldpolitischer Instrumente durch Schacht. Während der folgende Abschnitt "Finanzierung" sich im einzelnen mit der

135. Dazu Finanzminister Graf Schwerin v. Krosigk am 14.04.1953: "Die entscheidende Abnahme der Arbeitslosen erfolgte in den ersten Jahren, in denen die Rüstung noch keine ausschlaggebende Rolle spielte. Der Rest an Arbeitslosen wäre durch die Fortführung der großen Programme, des Agrar-, Siedlungs-, Elektrizitäts-, Wohnungsbauprogramms, aufgesaugt worden, die alle erst im Anlaufen waren und dann zugunsten der Aufrüstung eingeschränkt oder ganz eingestellt werden mußten. Die Maßnahmen zur Arbeitsbeschaffung hat Hitler aber, sowohl in der Finanzierungstechnik wie in der Art der Aufträge, von seinen Vorgängern übernommen und sie nur in größerem Maßstab und mit erheblich geschickterer Propaganda, an der es unter Papen mangelte, durchgeführt." Zitiert nach W. Grotkopp, a.a.O., S. 284.

Geldmengenpolitik auseinandersetzt, die bei den Nazis unbestritten die zentrale geldpolitische Komponente darstellte, soll hier ein Beispiel autonomer Zinsänderungen vorgestellt werden.

Als wichtigste Maßnahme hierzu werden die im Frühjahr 1935 als sogenannte "Große Konversion" durchgeführten Zinssenkungen genannt, die etwa 10 Mrd. RM festverzinslicher Wertpapiere erfaßte.[136] Zudem wurden die Marktzinssätze leicht zurückgenommen, wobei zumindest für den Wohnungsbau die rüstungspolitisch-fiskalische Motivation gesenkter Hypothekenzinsen offensichtlich ist. Die öffentlichen Ausgaben sollten nun zugunsten eines geweckten privaten Engagements eingeschränkt werden, weil der Staat die Ressourcen für die Rüstung einsetzen wollte. Daß es sich bei den Zinssenkungen um konzeptionell konjunkturbelebende Maßnahmen handelt, ist eher als unwahrscheinlich einzustufen, weil sie zu einem Zeitpunkt erfolgten, als man sich bereits zügig der Vollbeschäftigung näherte und nicht etwa 1933, wo eine Belebung der Investitionstätigkeit sehr viel wichtiger gewesen wäre.

Zudem wurde das geldpolitische Instrumentarium der Reichsbank von den Nazis durch die Möglichkeiten zu Offenmarktoperationen erweitert.

Der Wegbereiter des Vierjahresplans aus dem Jahr 1936 war die - im folgenden Abschnitt 3 dargestellte - durch latente Devisenknappheit und den weit verbreiteten Handelsprotektionismus erzeugte prekäre Situation im Außenhandel, die sich aufgrund der dauerhaften und forcierten Kriegsgüterexpansion nicht entspannen konnte. Schließlich auch aufgrund der Ideologie von Autarkie und Großraumwirtschaft setzte zur verstärkten Erschließung inländischer Rohstoffquellen und zur Produktion von wichtigen Ersatzstoffen der Vierjahresplan ein. Konkrete inhaltliche Hauptpunkte des Plans waren somit die Kohlehydrierung und die Erzeugung von Buna; also die synthetische Herstellung von Treibstoff und Gummi. Bedingt durch Erfahrungen aus dem 1. Weltkrieg wollte man bei diesen Produkten der Selbstversorgung näherkommen. Zudem sollte die Eisenversorgung durch die Ausbeutung niedrigprozentiger deutscher Erze verbessert und die Produktion von Ersatzrohstoffen der Textilindustrie ausgebaut werden.

---

136. Vgl. R. Erbe, *Die nationalsozialistische Wirtschaftspolitik 1933-1939 im Lichte der modernen Theorie*, Zürich 1958, S. 58.

Die politischen Ziele dieses Plans hat Hitler in seiner geheimen Denkschrift zum Vierjahresplan an Göring und Blomberg 1936 folgendermaßen zusammengefaßt:[137]

I. Die deutsche Armee muß in 4 Jahren einsatzfähig sein.
II. Die deutsche Wirtschaft muß in 4 Jahren kriegsfähig sein.

Der mit der Durchführung des Vierjahresplans beauftragte Göring stieg nun zum führenden Mann der Wirtschafts- und Rüstungspolitik auf. Damit hatte hier ein fanatischer Funktionär die Fäden in der Hand, der - nach eigenen Angaben - nicht als Fachmann, sondern einzig und allein als Nationalsozialist amtiert bzw. der nach Schachts Auffassung 'von all den wirtschaftlichen Dingen, die Hitler ihm im Herbst 1936 anvertraute, nicht den leisesten Schimmer' hatte.

Die einzigartige Staatskonjunktur hatte sich längst etabliert. Die Staatsausgaben waren schon Mitte der 30er Jahre auf dem Niveau des Krieges: Eine Kriegswirtschaft in Friedenszeiten. Dies darf nicht darüber hinwegtäuschen, daß die Struktur der deutschen Wirtschaft dennoch nicht in allgemeine Kriegsbereitschaft versetzt worden ist. Entgegen vielen zeitgenössischen ausländischen Beobachtern, die hinter Hitler eine zielstrebig geschaffene riesige effiziente Militärmacht vermuteten, wurde durch eingehende Untersuchungen nach dem Krieg klar, daß "die deutsche Wirtschaft im September 1939 nur unzureichend für einen Krieg gerüstet war und daß sie auch noch in den folgenden Jahren weit hinter einer totalen Kriegsanstrengung zurückblieb. Britisch-amerikanische Analysen ... haben den hohen zivilen Verbrauch im Reich, die begrenzten Militärausgaben, den geringen Grad an Autarkie und die geringe Mobilisierung von Arbeitskräften Ende der 30er Jahre gezeigt."[138]

137. Vgl. den umfangreichen Kommentar zur Denkschrift von W. Treue, in: Vierteljahreshefte für Zeitgeschichte, 3. Jg. 1955, S. 184-203.

138. K. Hardach, a.a.O., S. 92.

Auch nachdem 1936/37 wieder Vollbeschäftigung herrschte, wurde das massive 'deficit spending'[139] nicht aufgegeben, so daß man nach Überwinden der Krise durch die prozyklische Wirtschaftspolitik stark konjunkturwidrig steuerte.

Tabelle 2.

Der Reichshaushalt (nach Andic-Veverka/Overy in Mill. RM)

Jahr	Ausgaben	Einnahmen	Defizit
1932/3	8867	7881	986
1933/4	10507	8341	2166
1934/5	15064	9750	5314
1935/6	17157	11027	6130
1936/7	21199	12992	8207
1937/8	24527	15665	8862
1938/9	29309	19581	9728

Quelle: R.L. Cohn, a.a.O., S. 329.

Görings Maßlosigkeit bezüglich der bei Unterbeschäftigung heilenden Kaufkraftschöpfung erzeugte durch die Überdosis ab 1936 toxische Wirkungen. Die überhitzte Wirtschaft konnte nur durch noch umfangreichere Lenkungsmechanismen - sprich Zwangsmaßnahmen - beherrscht werden. Betroffen waren davon insbesondere der Arbeitsmarkt und der Geldmarkt, aber auch die Preis-, Lohn- und Wettbewerbspolitik wurden streng 'geordnet'.

Die ab 1933 steil ansteigende Konjunktur als NS-Wirtschaftswunder zu bezeichnen, ist jedoch nicht korrekt. Die Multiplikator- und Sekundärwirkungen der zusätzlichen Staatsausgaben - der Umfang der Geldschöpfung war immerhin etwa 20 Mrd. RM - fielen aufgrund der Rüstungsinvestitionen eher gering aus. Aber

139. Finanzierung von Staatsausgaben durch ständige Kreditexpansion.
In diesem Zusammenhang wäre - was hier jedoch den Rahmen sprengen würde - die oft angesprochene Affinität von Keynesianismus und NS-Wirtschaftspolitik zu diskutieren. Angemerkt sei jedoch, daß neben zweifelsfrei sichtbaren Parallelen zumindest bis 1934, wo die Marktkräfte und Preise noch weite Teile der Wirtschaft steuerten, deutliche Differenzen im institutionellen Bereich und in der Verwendung des 'geschöpften' Geldes liegen. Für die NS-Politik waren große Multiplikatorwirkungen nicht besonders interessant und durch die Aufrüstung nur bedingt erreichbar. Quantifiziert werden diese Wirkungen für den Vorkriegszeitraum in der Größenordnung von 1,7 (vgl. R. Erbe, a.a.O., S. 151). Ab etwa 1934 sollte wegen der völlig geänderten Rahmenbedingungen nicht mehr von keynesianischer Politik gesprochen werden.

lediglich schwache Multiplikatoreffekte waren durchaus erwünscht, denn eine angeregte Privatinitiative hätte Produktionsfaktoren gebunden, die jetzt sämtlich dem Staat zur Verfügung standen. Henning versucht, die recht geringen Sekundärwirkungen anhand eines Vergleichs mit der amerikanischen Politik des 'New Deal' zu zeigen. Anhand seines Indikators 'aufgewendete Arbeitsbeschaffungsgelder je Wiederbeschäftigten' wird gezeigt, daß die NS-Arbeitsbeschaffungserfolge "demnach allein auf der weit größeren Summe der Mittel (beruhten)"[140]. Die bei dieser Betrachtung unterstellten konstanten, vom Niveau der Arbeitslosigkeit unabhängigen, Wiedereingliederungskosten je Arbeitnehmer sind jedoch, genauso wie die Abstraktion von der für die Reduktion der Erwerbslosen wenigstens genauso wichtigen monetären Expansion bzw. von der Abwertung der amerikanischen Währung, unrealistisch. Ein Vergleich beider Politiken wäre nur in einem komplexen Modell sinnvoll, wenn zudem institutionelle Unterschiede und Weltmarktbedingungen einfließen würden.

Das einzigartige Ausmaß der Staatskonjunktur in Deutschland zeigt sich z.B. 1938, als die öffentlichen Ausgaben mit etwa 35 % des Volkseinkommens zu Buche schlagen, während im Vergleich dazu Frankreich auf 30 %, England auf 24 % und die USA lediglich auf 11 % kommen.

Der Vierjahresplan muß - an den ihm zugedachten Aufgaben gemessen - als durchaus erfolgreich angesehen werden. Versorgungs- und Rohstoffprobleme traten erst gegen Ende des Krieges auf, der ja - dem strategischen Konzept des Blitzkrieges entsprechend - dann eigentlich schon beendet sein sollte.

Der Anschluß Österreichs brachte durch die Übernahme der Gold- und Devisenbestände nur kurzfristige Entspannung, bis es mit der Sudetenkrise im Herbst 1938 wieder zu erheblichem Kassendruck kam. "Die Lage erschien speziell manchem Ausländer so problematisch, daß immer mehr die These akzeptiert wurde, Hitler würde sich durch einen wirtschaftlichen Zusammenbruch selbst liquidieren."[141]

140. F.W. Henning, *Das industrialisierte Deutschland 1914-1986*, Paderborn u.a. 1988, S. 154.

141. W. Grotkopp, a.a.O., S. 306.

Demgegenüber argumentiert Stolper: "Unüberwindliche finanzielle Schwierigkeiten bot die Sicherung des Regimes nicht. Eine Regierung, die durch das umfassendste Terrorsystem die vollkommene Herrschaft über den Außenhandel, den inneren Verbrauch, die Gestehungskosten und die inländischen Kapitalanlagen besitzt, kann sich die Mittel für ihre Zwecke stets beschaffen. Dabei ist es nebensächlich, ob diese Mittel durch Steuern, lang- oder kurzfristige Darlehen oder sogar durch die Notenpresse beschafft werden."[142]

b. Finanzierung

Die Finanzierung wurde durch Arbeitsbeschaffungswechsel und die Kreation von Rüstungswechseln, deren Techniken gedanklich auf v. Papen zurückgehen, erweitert. Diesen Geldschöpfungsmethoden kommt wegen ihrer interessanten Gestaltung einige Bedeutung zu; obschon die Geldpolitik nach herrschender Auffassung vollständig im Schatten der Fiskalpolitik stand. Denn als man sich in der NS-Führung auf eine 'deficit spending'-Politik festlegte, galt es für die Geldpolitik, hierbei in erster Linie die technischen Probleme zu lösen.

Diese Auffassung soll etwas modifiziert werden. Wichtig ist, zu erkennen, daß insbesondere der Verbund von fiskalischer und geldmengenpolitischer Expansion die beobachtbaren Outputsteigerungen ab Sommer 1932 ermöglichen konnte. Denn wachsende Budgetdefizite ohne geldpolitische Anpassungen ziehen einen Verdrängungseffekt (crowding out) nach sich, der bei Vollbeschäftigung maximal wird. Denn in dieser Situation der Output kann nicht weiter expandieren, so daß die gestiegenen Güterkäufe durch den Staat eine Verminderung der Güter- und Dienstleistungsverwendung im privaten Sektor bedeutet. Beim vollständigen 'crowding out' steigen die Zinssätze so stark an, daß die privaten Ausgaben - und hier insbesondere die zinsabhängigen Investitionen - genau in Höhe des gestiegenen Staatsausgabenniveaus verdrängt werden.[143] Diese Umverteilung zugunsten des Staates durch 'crowding out' ist durchaus eine beliebte staatliche

142. G. Stolper, a.a.O., S. 169.

143. Vgl. Anhang 2.

Finanzierungsstrategie in Krisenzeiten. Inwieweit die Nazis hiervon profitierten, kann aufgrund von Schätzungsproblemen bei dem Geldmengenwachstum (s.u.) nicht deutlich werden.

Um bei wachsenden Staatsausgaben die Zinsen niedrig zu halten, ein crowding out zu bremsen und so einen maximalen Einkommenseffekt zu realisieren, kann eine Geldmengenexpansion eingeleitet werden. Diese entgegenkommende Geldmengenanpassung - auch als Monetisierung der Budgetdefizite in Anhang 2 dargestellt - birgt bei Existenz von Marktbedingungen allerdings Inflationsgefahren, die durch die nationalsozialistischen Preisfixierungen auf Geld-, Güter- und Arbeitsmärkten jedoch 'zurückgestaut' werden konnten.

Zur Abschätzung, wie weit die Geldmengenexpansion 'entgegengekommen' ist, folgen einige Überlegungen zur Entwicklung der Geldmenge. Wenn Geldmenge definiert wird als "Summe aus Zentralbankgeld plus Sichtdepositen der Privaten minus Summe aus Barreserven der Privatbanken, Verbindlichkeiten der Privatbanken untereinander und Depositen der Regierung beim Bankensystem"[144], so erinnert das an moderne Geldmengenkonzepte, wird aber der historischen Situation bei den Nazis, die aus Verdunkelungsgründen gekennzeichnet war durch eine Vielfalt von mit monetären Aufgaben ausgestatteten quasi-staatlichen Reichsbankablegern, nicht gerecht. In diesem Zusammenhang ist eine funktionalistische Geldauffassung, die auf rein ökonomischen Sinngehalt abstellt, zu bevorzugen, weil die juristische Definition zu kurz greift. Als markantes Beispiel hierzu mag die frühe Nachkriegszeit dienen, in der Zigaretten faktisch in weiten Wirtschaftsbereichen ökonomische Geldfunktionen ausübten und die juristisch offiziellen Zahlungsmittel (Reichsbanknoten) ergänzten oder ersetzten. Entscheidend für die Geldfunktion ist die Akzeptanz im Publikum. Beispielsweise konnte durch Rediskontzusagen der Reichsbank die Akzeptanz von Steuergutscheinen (ab November 1933), Arbeitsbeschaffungs- und Mefowechseln sichergestellt werden, so daß mit diesen Geldsurrogaten Transaktionen getätigt wurden und die ökonomisch relevante Geldmenge entsprechend stieg.

144. Vgl. R. Erbe, a.a.O., S. 121.

Auf der Grundlage dieser Überlegungen waren neue Geldmengenschätzungen für den Zeitraum 1932 bis 1938 wünschenswert, über die eine genauere Beantwortung makroökonomischer Fragestellungen möglich wird.

Ein zugegebenermaßen recht grober Indikator für die Wirksamkeit der Geldpolitik bzw. für die Frage nach der Dominanz von Geld- oder Fiskalpolitik im Policy-Mix kann in dem Verhältnis von öffentlicher zu privater Verschuldung gesehen werden. Während expansive geldpolitische Maßnahmen tendenziell über sinkende Zinsen die Investitionen anregen und die private Verschuldung erhöhen, motiviert expansive Fiskalpolitik eine steigende öffentliche Verschuldung.

Erbe ermittelt Daten, die für diesen Indikator nutzbar gemacht werden können. Die "Veränderung der Verschuldung der Privatwirtschaft gegenüber den Geldschöpfungsstellen" gibt er zwischen 1933 und 1938 mit - 3,7 Mrd. RM (Abbau der privaten Verschuldung) an, während im gleichen Zeitraum allein die schwebende Reichsschuld um etwa 16,5 Mrd. RM wuchs.[145]

Mit diesem Ergebnis kann die herrschende Ansicht, daß die Geldpolitik - deren Notwendigkeit für die Nazi-Ziele oben dargestellt wurde - im wesentlichen darauf beschränkt blieb, für eine reibungslose Finanzierung der wachsenden Budgetdefizite zu sorgen, gestärkt werden.

Neben die Arbeitsbeschaffungswechsel traten 1933/34 zur verdeckten Finanzierung der Aufrüstung die Mefo-Wechsel (Mefo = Metallurgische Forschungsgesellschaft mbH). Damit konnte das Reichsbankgesetz, das den Kredit des Reiches in einem wesentlich engeren Rahmen hielt, wieder umgangen werden. Das Personal dieser Scheinfirma rekrutierte sich ausschließlich aus der Reichsbank; Gesellschafter waren die Rüstungsfirmen Krupp, Rheinmetall, Siemens und Deutsche Werke mit einem Gesellschaftskapital von je 250.000 RM. Die Methode ist erneut den Arbeitsbeschaffungswechseln entlehnt: Die mit Rüstungsaufträgen betrauten Unternehmer zogen, soweit sie nicht mit Steuergeldern oder Anleiheerlösen bezahlt wurden, Wechsel auf die Mefo. Normalerweise dürfte kein Unternehmen mit einem Gesellschaftskapital von nur 1 Mio. RM Akzepte in Milliardenhöhe ausstellen und niemals hätte die Reichsbank diese mit nur einem Akzept versehenen Wechsel für

145. Vgl. R. Erbe, a.a.O., S. 49 u. 126.

diskontfähig erklären können. Mit diesem Akzept galten die Mefo-Wechsel jedoch als erstklassige Handelswechsel und wurden somit von der Reichsbank zusammen mit echten Handelswechseln ausgewiesen. Damit war es unmöglich, aus dem Reichsbankausweis die Höhe der Mefo-Wechsel (Prolongation bis zu 5 Jahre) zu erkennen. Allein die Mefopapiere erreichten bis 1938 12 Mrd. RM. Nach Fälligkeit wurden sie - wie schon die Arbeitsbeschaffungswechsel - vom Reich selbstverständlich nicht eingelöst. Eine Konsolidierung bzw. Rückzahlung fand also nicht statt, sondern man wich auf andere kurzfristige Wertpapiere und sogenannte Lieferschatzanweisungen aus. Diese 12 Mrd. RM Mefowechsel stellten bis Kriegsausbruch etwa 20 % der gesamten Rüstungsausgaben. Sie waren jedoch 1934 und 1935 das 'Herzstück' der Rüstungsfinanzierung, wo sie ungefähr die Hälfte dieser Ausgaben deckten.

Ihre Bedeutung schwand in dem Maße wie ab 1935 der Kapitalmarkt für Anleihen des Reiches aufnahmefähig gemacht wurde und mit ansteigender Konjunktur die Steuereinnahmen sich drastisch erhöhten.

Die oben beschriebene Wechselfinanzierung - also die Erhöhung der schwebenden Staatsschuld - war zugegebenermaßen eine elegantere Form der Geldschöpfung als das insbesondere nach den Erfahrungen der 1920er Jahre emotional stark negativ besetzte Notendrucken. Sie hatte den Vorteil der Vernebelung, der nicht nur die große und latente Inflationsangst in der deutschen Bevölkerung eindämmte, sondern man konnte durch das Vertuschen der Geldmengenexpansion im Außenhandel formal an der alten, importbegünstigenden Parität festhalten. Für die ökonomische Wirkung ist es jedoch gleichgültig, in welcher Form das Geldvolumen vergrößert wird. Durch die Aufgabe der Goldstandardregeln waren unerwünschte kontraktive Anpassungen in der Folgezeit nicht zu befürchten.

Auch für Schacht war diese Politik Neuland. Die Diskussion, bis zu welcher Grenze man Geldschöpfung betreiben konnte, ohne größere inflatorische Tendenzen auszulösen, hatte gerade begonnen. Erst 1936 gab J.M. Keynes mit seinem Modell des Unterbeschäftigungsgleichgewichtes den theoretischen Hintergrund.

Die Finanzierung durch Arbeitsbeschaffungs- und Mefowechsel mit ihren maximal 5-jährigen Laufzeiten war somit auch für die Verwirklichung des Vierjahresplans von Bedeutung. Da der NS-Staat immer größere Anteile am Sozialprodukt forderte, um seine Rüstungspläne durchzuführen, kamen mit der aktiven Anleihepolitik ab 1935 und dem anwachsenden Steueraufkommen zwei weitere Finanzierungsquellen hinzu.

Ein Sekundärziel der Anleihepolitik war das Aufsaugen aller liquiden Gelder, um ihr Wirksamwerden als 'unerwünschte' Nachfrage zu vermeiden. Bei den Privaten wurde abgeschöpft, indem alle Kapitalsammelstellen bzw Geldinstitute verpflichtet wurden, große Teile ihrer Depositen in Reichsanleihen anzulegen. Den Unternehmen wurde durch Emissionsverbote für private Wertpapiere (ab 1933) und fiskalische Anreize[146] die Selbstfinanzierung schmackhaft gemacht, um den Kapitalmarkt allein für staatliche Anleihen offenzuhalten. Die Gewinne, die nicht zur Selbstfinanzierung eingesetzt wurden - denn immerhin gab es umfangreiche Investitionsverbote und -kontrollen -, unterlagen bei Ausschüttung an natürliche Personen der Doppelbesteuerung durch Körperschaftssteuer mit ab 1936 steigenden Sätzen und Einkommenssteuer. Um das zu vermeiden, wurde oft der vermeintlich lukrativere Weg einer Anlage in Staatspapieren gewählt. Auf diese Weise konnten gezielt diejenigen Gewinne, die von den Unternehmen nicht in 'gewünschte' und subventionierte Investitionen gelenkt wurden, abgeschöpft werden.

Als letztem Instrument kommt der Steuerfinanzierung aufgrund der zunehmenden Konjunkturbelebung im Zeitablauf wachsende Bedeutung zu. Die Steuereinnahmen stiegen enorm an: Von 6,9 Mrd. RM im Jahr 1933/34 auf 18,2 Mrd. RM 1938/39. Neben dem Aufschwung liegen die Gründe dafür in dem Beibehalten der hohen Steuersätze aus der Ära Brüning. Einige Steuern - z.B. die Körperschaftssteuer - stiegen sogar, und steuerliche Diskriminierung der Juden ab 1938 sowie das Steuersurrogat 'Winterhilfswerk' kamen noch hinzu.

146. 1. Das Anleihestockgesetz (1934) begrenzte die Gewinnausschüttung der Kapitalgesellschaften an Aktionäre bzw. Gesellschafter und verpflichtete die Unternehmen, Teile der ausgeschütteten Gewinne einem Anleihestock zuzuführen.

2. Neugestaltung der Einkommensteuertarife und -gesetze 1934: (a) Anreize zur Vermeidung der Doppelbesteuerung (KST und EST) durch Einbehalten der Gewinne. (b) Die Abschreibungsgestaltung wurde freier: Durch den umfangreichen Einsatz von Abschreibungsmöglichkeiten wurden Gewinne und Steuern gedrückt, so daß sich durch Manipulation des Abschreibungsrahmens der Finanzierungsspielraum erweitern ließ. Zwischen 1933 und 1936 stiegen die Abschreibungen um über 50 %.

Entlastet wurde der Staatshaushalt letztlich durch den Rückgang der Arbeitslosenzahlungen um etwa 1/2 Mrd. RM.

Bis zum Beginn des Krieges wurden vom NS-Regime insgesamt 105 Mrd. RM ausgegeben; davon ungefähr 60 Mrd. (Hitler selbst sprach von 90 Mrd.) für die Aufrüstung. Dieser Betrag wurde aus den geschilderten Quellen zu folgenden Teilen finanziert:

- 50 % Erhöhung der Neuverschuldung (Wechsel, Anleihen)
- 30 % Steuermehreinnahmen, und
- 20 % Einnahmen von Bahn, Post, Reichsbank.

3. Außenhandel

Die Entwicklungen im Außenhandel bereiteten Probleme. Bis Anfang 1934 waren die Beschränkungen im Warenverkehr unter der partiellen Devisenbewirtschaftung noch erträglich. Die ansteigende Binnenkonjunktur erforderte ab 1934 - trotz knapper Devisen - zusätzliche Importe von Lebensmitteln (vgl. Tabelle 4). Zudem führte die Geldmengenaufblähung zu Preisniveauanpassungen nach oben. Zahlungsbilanzprobleme waren die notwendige Folge einer derartigen internen Expansionspolitik. So war im Jahr 1934 die Handelsbilanz erstmalig seit 1928 wieder defizitär. Eine Abwertung - analog den Maßnahmen Großbritanniens incl. der 'Sterling Area' und der Vereinigten Staaten - hätte zwar die deutsche Exportposition gestärkt, sollte jedoch vermieden werden, weil Deutschland als Schuldner von dem überhöhten Wechselkurs profitierte (Abwertung der Schulden) und Rohstoffe günstig aus dem Ausland beschaffen konnte. Die Exportschwierigkeiten existierten aber nicht nur wegen der überbewerteten Reichsmark, sondern auch, weil in wichtigen Handelsländern (z.B. USA, England) aufgrund der Judenverfolgung der Nazis deutsche Waren boykottiert wurden. Somit konnte man, selbst für den Fall einer Wiederbelebung von Welthandel bzw. Weltkonjunktur, nicht auf eine induzierte Kräftigung der Exporte hoffen. Übrig blieb, dem devalvierenden Ausland die moralische Schuld an der deutschen Außenhandelsmisere zu geben. Ungünstige terms of trade - die Rohstoffpreise stiegen schneller als die Fertigwarenpreise der deutschen Exportgüter - verschärften für Deutschland die Situation, die schon durch das 30 - 40 % überhöhte inländische Preisniveau problematisch genug war.

Schacht gelang es, die Auslandsforderungen zu den niedrigen Wechselkursen in Markforderungen umzuwandeln, die von den Gläubigern nur transferiert werden konnten, wenn sie zu den überhöhten Inlandspreisen deutsche Waren kauften. So sank die deutsche Auslandsverschuldung zwischen 1931 und 1934 von 23,8 auf 13,9 Mrd. RM.

Der Außenhandel wurde jedoch von der NS-Wirtschaftsführung aufgrund der überbewerteten Reichsmark, die in Verbindung mit der inländischen Expansionspolitik zu stark schrumpfenden Gold- und Devisenbeständen der Reichsbank führte, einer absoluten Kontrolle unterworfen: Der von Schacht kreierte "Neue Plan" trat im September 1934 mit folgenden Maßnahmen in Kraft. Es wurde ein System lediglich bilateraler Handels- und Verrechnungsabkommen aufgebaut. Mit dieser Politik des 'Kaufe bei deinem Kunden' wurde gemäß Schachts 'Neuem Plan' ein Großteil des Handels auf die Länder Südosteuropas umgeschichtet. Neben Südosteuropa traten auch die Skandianvischen Länder, Vorderasien und Südamerika in den Vordergrund.

Tabelle 3.

Die Umlagerung des deutschen Außenhandels

	Anteil an der Gesamtausfuhr in %				Anteil an der Gesamteinfuhr in %			
	1929	1932	1935	1938	1929	1932	1935	1938
Südosteuropa	4,3	3,5	5,9	10,3	3,8	5,0	7,7	9,8
Ägypten, Türkei und Vorderasien	1,4	1,3	3,4	5,4	1,4	2,5	3,8	3,8
Lateinamerika	7,3	4,1	9,1	11,7	11,4	9,6	13,1	14,9
Nordeuropa	10,2	9,4	11,4	12,9	7,3	6,4	9,9	11,4
Total	23,2	18,3	29,8	40,3	23,9	23,5	34,5	39,3
Westeuropa	26,2	31,9	26,1	20,8	15,7	15,1	14,1	11,9
Großbritannien	9,7	7,9	8,8	6,7	6,4	5,5	6,2	5,2
USA	7,4	4,9	4,0	2,8	13,3	12,7	5,8	7,4
Übrige	33,5	37,1	31,3	29,4	40,7	43,2	39,4	35,8
Total	76,8	81,7	70,2	59,7	76,1	76,5	65,5	60,1

Quellen: Vierteljahreshefte zur Konjunkturforschung, Institut für Konjunkturforschung (Hrsg.), 14. Jahrgang, 1939/40, Heft 1 N.F., S. 75-77. R. Erbe, a.a.O., S. 76.

Das erwies sich nicht nur unter den strategisch-militärischen Gesichtspunkten des späteren Krieges als vorteilhaft, sondern Deutschland konnte aufgrund seiner dominanten Position meist Liefer- und Zahlungsbedingungen festsetzen und durch das Anhäufen von im Rahmen der bilateralen Handelsabkommen aufgelaufenen Clearing-Schulden das Ausland an seinen Kriegskosten beteiligen.

Eine weitere Strategie zur Überwindung der Devisenknappheit bestand in einer Strukturänderung des Außenhandels. Trotz ansteigender Binnenkonjunktur blieb die Importsumme bis 1936 etwa auf dem Krisenniveau von 1932, um dann 1937/38 zur unmittelbaren Kriegsvorbereitung wieder zu steigen. Die Komponenten dieses Importanstiegs sind Nahrungsmittel und Rohstoffe. Die Fertig- und Halbwareneinfuhr ist sogar zwischen 1934 und 1936 rückläufig. Der leichte Exportanstieg ab 1934 erfolgte trotz rückläufiger Nahrungsmittel- und Rohstoffausfuhr durch einen - wie Tabelle 4 zeigt - starken Zuwachs bei den Halb- und Fertigwaren. Realisierbar wurden diese Zuwächse nicht nur durch die länderspezifische Umlenkung des Außenhandels, sondern auch mittels gezielter Exportförderstrategien.

Durch einen immens großen bürokratischen Apparat wurde nun jedes Exportgeschäft geprüft und soweit subventioniert, daß es gerade unter dem Inlandspreis des Ziellandes lag. Mit diesem Exportdumping konnten alle Konkurrenten unterboten werden. Die neuen Kontrollorgane waren zudem in der Lage, aufgrund der minutiösen Überwachung auch die Kapitalflucht wirksam zu unterbinden. Das Ausland wehrte sich zwar oft gegen diese Methoden, jedoch die bilateral eingebundenen Länder waren an billigen Importen natürlich interessiert und konnten ihrerseits durch Primärgüter-Exporte nach Deutschland problemlos dafür zahlen. Weitere Maßnahmen Schachts waren gespaltene Wechselkurse, sogenannte 'Export-Umlagen', die von der Industrie selbst aufgebracht werden mußten, und die Begünstigung der Exportunternehmen bei der Rohstoffzuteilung.[147]

So konnte die Außenhandelsklemme durch erfolgreiche Lenkung dieses sensiblen Sektors vorübergehend gelockert werden.

147. R. Erbe, a.a.O., S. 71.

Tabelle 4.
Der Außenhandel in Deutschland 1928 - 1938 (lfd. Preise in Mill. M)

Jahr	Importe			
	Nahrungsmittel	Rohstoffe	Halb- u. Fertigwaren	Summe
1928	3841	5463	3820	13931
1932	1335	1787	1181	4653
1934	888	1953	1286	4448
1936	904	1884	1120	4228
1938	1434	2201	1424	5449

Jahr	Exporte				Saldo
	Nahrungsmittel	Rohstoffe	Halb- u. Fertigwaren	Summe	Handelsbilanz
1928	586	1694	9723	12055	- 1876
1932	183	664	4869	5741	+ 1088
1934	102	525	3531	4178	- 270
1936	53	438	4268	4778	+ 550
1938	35	514	4699	5264	- 185

Quelle: W.G. Hoffmann, *Das Wachstum der deutschen Wirtschaft seit der Mitte des 19. Jahrhunderts*, Berlin u.a. 1965, S. 520 ff.

4. Dirigismus

Die Regulierungen begannen schon 1933 und erreichten mit dem Vierjahresplan 1936 ihren vollen Umfang. Inhaltliche Schwerpunkte waren hierbei:

- Marktordnungen und gesetzliche Neuregelungen in der Landwirtschaft
- Rohstofflenkungen
- Investititonskontrolle und Zwangsinvestitionen zur Verbesserung der heimischen Rohstofferzeugung
- Stärkung der Kartelle
- Kapitallenkung
- Lenkung des Arbeitseinsatzes
- Preis- und Lohnstop
- Kontrolle des Außenhandels (s.o.).

Das Autarkiestreben bei der Lebensmittelversorgung und die Mythologisierung des Bodens und des deutschen Bauerntums als dem 'Kraftquell der Nation' veranlaßte Hitler hier zuerst - schon im September 1933 -, umfangreiche Marktordnungen per Gesetz durchzuführen. Diese Regelungen, bekannt als Organisation

'Reichsnährstand', knüpften an ein schon vor dem 1. Weltkrieg vom Theoretiker des 'Bundes der Landwirte' G. Ruhland entwickeltes System an und stellten eine Totalermächtigung zur Festsetzung von Produktion, Preisen und Absatz dar. Das Reichserbhofgesetz griff massiv in die Eigentumsrechte ein und erschwerte die Kapitalaufnahme und damit Entwicklungschancen im ländlichen Raum. Es legte fest, daß der sog. 'Reichserbhof' grundsätzlich unveräußerbar und unbelastbar ist.[148] Der Bauer wurde ein verbeamteter Lehensträger.

Bei anfänglichen Problemen brachte die Totalregelung bis 1937/38 nur geringe Produktionssteigerungen von etwa 12 %, obwohl die Technisierung vom Staat gefördert, der Kunstdüngerpreis gedrückt, eine Steuer- und Zinsermäßigung in Höhe von 340 Mio. RM zwischen 1934 und 1938 gewährt wurde und - besonders zur Erntezeit - verschiedene Jugendgruppen der Partei den Landwirten billige Arbeitskräfte stellten. Mit Unterstützung propagandistischer Verbrauchslenkung[149] konnte bis 1939 eine Annäherung an die erstrebte Autarkie erreicht werden. Der Selbstversorgungsgrad vor dem Krieg lag bei den Nahrungsmitteln bei etwa 80 %. Direkte Vergleichszahlen sind hier nicht rekrutierbar. Schaut man sich die gesamte wertmäßige Produktion der Landwirtschaft (konstante Preise von 1913) an, so drückt sich hier die recht gute Versorgungslage unmittelbar vor dem 2. Weltkrieg durch ein bis und seit dato unerreicht hohes Niveau aus. Weist die Statistik für 1875 etwa 160 M pro 1000 Einwohner, und für 1913 157 M pro 1000 Einwohner aus, so realisierten die Nazis 1938 185 M pro 1000 Einwohner[150]. Hardach kommentiert die Vorkriegssituation der Landwirtschaft so: "Bei Ausbruch des Zweiten Weltkriegs galt die deutsche Landwirtschaft als voll entwickelt, soweit dies unter den herrschenden technischen und wirtschaftlichen Gegebenheiten

---

148. Einzelheiten zum Reichserbhofgesetz vgl. M. Broszat, a.a.O., S. 236 ff.

149. "Ob mit oder ohne Butter, damit werden wir fertig. Aber wir werden nicht fertig ohne Kanonen." Goebbels zur Versorgungskrise bei Nahrungsfetten im Januar 1936. Neben den Aufforderungen, den Butterkonsum weiter einzuschränken, trafen Werbeaktionen für Weißkohl bzw. stark gezuckerte Marmelade. Im übrigen propagierte man: "An Zucker sparen grundverkehrt, der Körper braucht ihn, Zucker nährt!" und erklärte wahrheitswidrig, daß Fett und Kohlehydrate substituierbar sind.

150. Daten bei W.G. Hoffmann, a.a.O., S. 174 u. 322.

möglich war, und die von alliierten Fachleuten vor und während des Krieges eine Zeitlang gehegten Hoffnungen, Deutschland könne - wie im Ersten Weltkrieg - durch Aushungern besiegt werden, mußten Wunschträume bleiben."[151]

Schon seit 1934 gab es eine umfangreiche Lenkung der Rohstoffe in als vordringlich erachtete Bereiche. Mit dem Vierjahresplan erreichte die Rohstoffbewirtschaftung ihren Höhepunkt. 28 Überwachungsstellen sorgten für eine genaue Kontingentierung bei einseitiger Bevorzugung der kriegswichtigen Großindustrie. Rohstoff-, Arbeitskräfte- und Investitionslenkung zogen dann Ressourcen aus den Konsumgüterbranchen ab. Diese Branchen holten zwar oft ihre Krisenverluste auf und erreichten den Stand von 1928, nahmen aber an dem stürmischen Aufschwung der Produktionsgüterindustrie nicht teil. War das Kernstück der Kriegsvorbereitung - die Autarkie - in der Landwirtschaft relativ gut geglückt, so klafften bei den Industrierohstoffen noch große Lücken, die erst im Krieg geschlossen werden konnten: Der Importbedarf erstreckte sich auf 50 % des Eisenerzes, 65 % des Rohöls und Kautschuks, 80 % des Kupfers und 100 % des Chroms, Nickels, Mangans und Wolframs, das die deutsche Wirtschaft brauchte.

Die Unternehmenskonzentration hatte zwar bereits vor der Machtübernahme der Nazis ein hohes Niveau, aber erst die NS-Wirtschaftspolitik setzte die Konzentration als Werkzeug staatlicher Politik ein. Zwischen Mitte 1933 und Ende 1936 wurden vom Landwirtschafts- und Wirtschaftsministerium etwa 1600 Kartellvereinbarungen getroffen. Kartellgesetze[152], fiskalische Anreize, insbes. über die Steuerpolitik, und direkte Diskriminierungen ('Arisierung', 'Auskämmung' von Handel und Handwerk) erleichterten neben der Lenkung der Produktionsfaktoren die Kartellbildung.[153] Diese Wettbewerbspolitik - von Führerprinzip und bis 1934/35 hierarchisch-ständischen Ideen geleitet - hatte aber auch

151. K. Hardach, a.a.O., S. 83.

152. Vgl. beispielsweise das Gesetz zur Zwangskartellierung vom 15.07.1933, Reichsgesetzblatt 1933 I, S. 488 f.

153. Wie im Einzelnen die Unternehmen verschiedener Betriebsgrößen auf die staatliche Bevormundung reagierten, wäre ein dankbarer Forschungsschwerpunkt für eine historische Betriebswirtschaftslehre. Welche beschaffungs-, absatz-, investitions-, produktions-, personal- und informationspolitischen Strategien wurden hinsichtlich des Dirigismus, der in alle diese Bereiche eingriff, gewählt, um die eigenen Unternehmensziele zu erreichen?

pragmatische Vorteile: Bei Groß- und Größtbetrieben waren die Transaktionskosten in bezug auf Lenkung und Verhandlungen vergleichsweise gering. Außerdem eigneten sich bei zentraler Steuerung Kartelle und Konzernunternehmen zur Erfüllung riesiger staatlicher Rüstungsaufträge ungleich besser als eine dezentral strukturierte Wirtschaft.

An dieser Stelle könnte die Rolle der Industrie bei dem Aufstieg des NS-Staates beleuchtet werden[154]. Aus Platzmangel sollen hier einige Hinweise genügen. Die beiden diametralen Extrempositionen werden von der sogenannten "Agententheorie"[155], nach der - stark verkürzt gesagt - Hitler als Protagonist der Großindustrie handelte, und der sogenannten "Unterdrückungstheorie"[156], die argumentiert, daß der Industrie durch die umfassende Wirtschaftsreglementierung u. Lenkung jeglicher Aktionsspielraum genommen war, besetzt.

Ziel maßgeblicher Industrieller ist es offenbar gewesen, einen 'starken Mann' an die Macht zu bringen, der die politischen Verhältnisse zu stabilisieren in der Lage wäre. Die politischen Direktiven jedoch sollten aus den Reihen der Industrie erteilt werden. V. Papen und Hugenberg nachgesagte Zitate wie: "Wir haben Hitler engagiert" und: "Machen wir Hitler zum Lieferanten der Massen, wir werden die Gehirne liefern"[157] legen diesen Sachverhalt nahe. Daß man hierbei allerdings 'die Rechnung ohne den Wirt' gemacht hatte ist offenkundig, denn Hitler konnte sehr schnell seine Machtposition ausbauen. Kompensationsventile für den Verlust privatwirtschaftlicher Autonomie waren für die Unternehmer nach Broszat ein erweiterter Großdeutscher Markt und die zu erwartende deutsche Hegemonialstellung.[158] In jedem Fall ist es bei dieser Frage wichtig, zwischen Mittelständischen bzw. Kleinunternehmen einerseits und Großunternehmern andererseits zu

154. Einen ausführlichen Problemaufriß liefert H. Turner, *Die Großunternehmer und der Aufstieg Hitlers*, Berlin 1985.

155. Diese These ist die ideologische Basis von D. Eichholtz, *Geschichte der deutschen Kriegswirtschaft*, Berlin (Ost) 1984.

156. Demgegenüber wird hier versucht, die Industrie von allen Vorwürfen 'reinzuwaschen'. Vgl. H.E. Kannapin, *Wirtschaft unter Zwang*, Köln 1966.

157. L.P. Lochner, *Die Mächtigen und der Tyrann, die deutsche Industrie von Hitler bis Adenauer*, Darmstadt 1955, S. 161 u. 69.

158. Vgl. M. Broszat, a.a.O., S. 243.

differenzieren. Wie bereits erwähnt, profitierte in besonderem Maß die Großindustrie, für die das 'Modell Aufrüstung' auch ohne die angestrebte wirtschaftspolitische Entscheidungsgewalt einen gemeinsamen Nenner mit den anderen Machtgruppen des 3. Reiches, Reichswehr, Partei und Bürokratie, darstellte. Angst vor dem Bolschewismus, Kurzsichtigkeit, Dummheit, Sorglosigkeit und die Aussicht auf hohe Gewinne haben die Großunternehmer zwar nicht zu Initiatoren der Kriegsvorbereitung gemacht, aber sie haben die Aufrüstung mitgetragen, nachdem Hitler bzw. die NS-Politik in einer Gratwanderung zwischen Rücksichtnahme und Einflußnahme auf Großindustrie und Banken ihre Nazi-Ideologie "meistens vor der Tür des Direktionszimmers, der Börse oder der Bank abgegeben" hatten.[159] Man versuchte, eine Art Wirtschaftsführer zu züchten: halb Funktionär des Regimes und halb privater Unternehmer.

Auf dem Arbeitsmarkt wurde die Unterbeschäftigung bis 1939 planmäßig in Überbeschäftigung überführt. Die Arbeit wurde zum Frondienst für das Regime. Mit dem Rückgang der Arbeitslosigkeit von 6 Millionen 1932 auf 1,5 Millionen im Jahr 1936 war dieses Problem so gut wie gelöst; man war wieder auf dem Niveau der 'goldenen 20er' angelangt. Diese 1,5 Millionen würde man heute als 'natürliche' Arbeitslosenquote (5 %) ausweisen.

Mit dem Gesetz über die 'Treuhänder der Arbeit' wurden bereits 1933 die Gewerkschaften in die DAF[160] überführt und des Rechts beraubt, Tarifverträge abzuschließen. Lohnkämpfe waren passé. In der ansteigenden Konjunktur konnten die Nominallöhne nicht entsprechend mitziehen, obwohl ab 1936 die Arbeitskräfte z.T. knapp wurden. (vgl. B.5.)

Die Etablierung dieser Institutionen (Treuhänder und DAF), die faktisch zu einem Lohnstop führte, hatte den erwünschten Nebeneffekt der Konsumdrosselung.

---

159. D. Schoenbaum, a.a.O., S. 155.

160. Die Deutsche Arbeitsfront wurde neue Dachorganisation für Arbeitnehmer und Arbeitgeber. In Anlehnung an die ideologische Position des 'ständischen Aufbaus' der 'neuen' Gesellschaft sollte hier die konkrete Gegenposition des marxistischen Klassenkampfs installiert werden: Nicht der internationale Kampf der Arbeiter gegen die Unternehmer, sondern der Kampf einer 'völkischen' (nationalen) Wirtschaft gegen die eines anderen Volkes/anderer Völker entsprach der Lebenskampfideologie der Nazis. Zum Organisationsschema der DAF vgl. M. Broszat, a.a.O., S. 184.

Hier muß ein Hinweis auf die verschobenen Machtpositionen gegeben werden. Die 'Treuhänder der Arbeit' vertraten in der Regel Arbeitgeberstandpunkte und die DAF wurde, nachdem 1933 ihre sozialpolitische Kompetenz deutlich beschnitten worden war, ab 1934 zur Einheitsreisegesellschaft (KdF) und Freizeitgestaltungsorganisation mit billigsten Eintrittspreisen degradiert und hatte fortan lediglich Propagandefunktionen zu erfüllen.

Eine weitere Zwangsmaßnahme war der Arbeitsdienst. Er wurde 1933 aus der Weimarer Zeit übernommen, umorganisiert und zum institutionellen Arbeitsethos ("Arbeit adelt") uminterpretiert. 1935 arbeiteten im nun obligatorischen Arbeitsdienst 250.000 junge Männer und Frauen für ein Taschengeld von 25 Pf/Tag, oder - in Kaufkraft ausgedrückt - für eineinhalb Liter Milch oder ein halbes Kilogramm Kartoffeln.

Bis Mitte der 1930er Jahre wurde durch den Arbeitsdienst, aber mehr noch durch die Wiedereinführung der allgemeinen Wehrpflicht im März 1935 der Arbeitsmarkt entlastet. Später, in der Zeit des Arbeitsnachfrageüberschusses, wurde der Arbeitsdienst ein Instrument der Arbeitskräftelenkung und half, die aufgetretenen Engpässe zu beseitigen. Für die anfangs wichtige Arbeitsmarktentlastung sorgten zudem ideologisch bedingte Maßnahmen, die den Frauen - als "Hüterin der Rasse" - Beschäftigungsverhältnisse unattraktiv machten: Ein Gesetz zur Förderung von Eheschließungen, Sondersteuern für Junggesellen, Ehestandsdarlehen, Verbot des Doppelverdienens usw. sollten die Frauen auf die Mutter- und Gebärfunktion beschränken.

Sehr einschneidend - und die persönliche Vertragsfreiheit praktisch aufhebend - waren die Methoden, mit denen ab Erreichen der Vollbeschäftigung die Arbeitskräfte nach Rüstungsprioritäten und Belieben zugeteilt werden konnten. Die umfassende zentrale Lenkung des Arbeitseinsatzes wurde ab 1936 gesetzlich geregelt. Drei Maßnahmen seien hier genannt:

1. Gesetzliche Vorschriften über die Sicherstellung des Facharbeiternachwuchses und des Bedarfs an Metall- und Baufacharbeitern. (1936)

2. Allgemeine Arbeitsdienstpflicht, durch die jeder Deutsche verpflichtet werden konnte, vorübergehend auf einem zugewiesenen Arbeitsplatz zu dienen bzw. sich einer bestimmten Ausbildung zu unterziehen. (1938)

3. Die Auflösung und Bildung von Arbeitsverhältnissen wurde von der Zustimmung der Arbeitsämter abhängig gemacht. (1939)

Die Preise wollte man tief halten. Nur in der Landwirtschaft waren im Rahmen von "Erzeugungsschlacht" und Bauernmythos höhere Niveaus erwünscht. Denn trotz starker Unterbeschäftigung befürchteten die Nazis schon seit Machtantritt inflationäre Tendenzen durch ihre expansive Fiskalpolitik. Darum setzte ab Ende 1933 als Korrelat zum Lohnstop eine verschärfte Preisüberwachung ein, die 1936 im allgemeinen Preisstop gipfelte. Insgesamt war dieses System der zurückgestauten Inflation recht stabil; der Zusammenbruch der Währung konnte erfolgreich vertagt werden. Schwarzmärkte, Qualitätseinbußen, längere Lieferfristen, geringe Auswahl und Kundendienstausfälle blieben als Ausweichtendenzen auf den Inflationsstau allerdings nicht aus.

Ziel der gesamten Eingriffe waren nicht konjunktur- oder stabilitätspolitische Überlegungen, sondern der schon erwähnte bürokratische Machtwille zur 'Ordnung' letztlich aller Lebensbereiche. Sogar die Freizeit wurde durch die KdF-Organisation reglementiert. Nur der Schlaf sei Privatsache, schrieb Robert Ley 1938.[161]

5. Lebensstandard und Verteilung

Die Entwicklung des Lebensstandards zwischen 1933 und 1939 beschreiben zu wollen, ist nicht unproblematisch. Neben den Schwierigkeiten, die durch die festgesetzten Preise, das beschränkte Verbrauchsgüterangebot und die reglementierte Verbrauchsgüterverteilung auftraten, wären umfassende Informationen über den Umfang und die Preisentwicklungen auf den Schwarzmärkten wichtig.

Werden im Zeitablauf die Einkommensquellen mit ihrem Anteil am Volkseinkommen untersucht, so ergibt sich Tabelle 5.

Auch R. Erbe entwickelt gesamtwirtschaftliche Lohnquoten. Durch seine Beschränkung auf die Zeit zwischen 1928 und 1938 kommt er - bei etwas höherem Niveau der Quoten, aber gleichen Trends - zu dem Ergebnis, "daß sich die deutsche

161. R. Ley, *Soldaten der Arbeit*, München 1938, S. 71.

Tabelle 5. Volkseinkommen (Mio M bzw. RM) und Lohnquote

Einkommensquellen	1913	1928	1932	1936	1938	1939	1940
Einkommen aus Unternehmertätigkeit u. Vermögen	24100	31364	22561	30274	38327	44126	49728
darunter (in %):							
Land-/Forstwirtsch.	23,7	18,5	16,4	19,3	16,7	15,6	13,9
Handel/Gewerbe	38,2	38,9	26,6	35,1	49,5	40,7	37,2
Kapitalvermögen	23,7	8,8	10,2	9,0	7,8	6,9	6,4
Vermietung/Verpacht.	3,7	2,7	3,4	3,2	3,1	3,0	2,8
Renten/Pensionen	5,8	26,9	49,5	25,6	29,7	23,0	28,5
Unverteilte Gesellschaftseinkommen	5,0	4,2	2,0	7,7	10,2	10,8	11,3
Lohn und Gehalt	20700	42621	45711	35260	42958	46450	47100
Volkseinkommen*)	45700	75373	45175	65849	82098	89787	92482
Gesamtwirtschaftliche Lohnquote	45,3%	56,5%	56,9%	53,5%	52,3%	51,7%	50,9%
Bereinigte Lohnquote	67,0%		85,8%			75,8%	

*) incl. öffentliche Erwerbseinkünfte, Arbeitgeberbeiträge zur Sozialversicherung und die in den Privateinkommen nicht enthaltenen Steuern; Doppelzählungen infolge öffentlicher Einkommensübertragung sind berücksichtigt

Quelle: Statistisches Handbuch von Deutschland, a.a.O., S. 600.
eigene Berechnungen

Wirtschaft unter dem Nationalsozialismus nicht zum Wohlfahrtsstaat entwickelte, sondern eher gegenteilige Tendenzen aufwies."[162] Diese Position ergibt sich jedoch fast zwangsläufig, wenn auf die Analyse eines als 'konjunkturneutral' gesetzten Referenzjahres - hier 1913 - verzichtet wird.

Ein unmittelbarer Vergleich der Daten bzw. eine Interpretation der Tabelle 5 birgt jedoch zwei Probleme. Zum einen werden die Zahlen durch sich ändernde Anteile von selbständigen und abhängigen Beschäftigten verzerrt, zum anderen prägt auch die Konjunkturlage, die in der betrachteten Zeit unbestreitbar stark schwankte, die Höhe der gesamtwirtschaftlichen Lohnquoten. Denn in den konjunkturellen Talsohlen - beispielsweise 1932/33 - gehen bei relativ stabilen Lohneinkommen (Arbeitsverträge) die Gewinne überproportional zurück. In der letzten Zeile der Tabelle 5 wird darum für die datentechnisch gut zugänglichen Zeitpunkte 1913, 1932/33 und 1939 die bereinigte Lohnquote - durchschnittliches Bruttoeinkommen aus unselbständiger Arbeit dividiert durch Volkseinkommen je Erwerbstätiger -

162. R. Erbe, a.a.O., S. 94 u. 101.

ermittelt, so daß ein Vergleich der Jahre 1913 mit 1939 ohne das konjunkturell völlig aus dem Rahmen fallende 1932 Anhaltspunkte liefern könnte, ob eine planmäßige Umverteilung zu Lasten der Arbeitnehmer stattgefunden hat.

Die bereinigte Lohnquote fiel erwartungsgemäß während der NS-Zeit deutlicher als die gesamtwirtschaftliche Lohnquote. Im Vergleich mit 1913 lag sie aber dennoch recht hoch, so daß ihr Abwärtstrend zwischen 1932/33 und 1939 eher der ansteigenden Konjunktur angelastet werden muß als einer geplanten Umverteilungspolitik der Nazis. Vergleichswerte aus der Nachkriegszeit weisen zur Veranschaulichung einen ganz ähnlichen Trend auf. Zwischen 1950 und 1960 - der Zeit dynamischen Wirtschaftswachstums - ist ein Fallen der bereinigten Lohnquote von etwa 85,5 % auf 78,5 % beobachtbar.[163]

Zur Situationsbestimmung der Position der Lohn- und Gehaltsempfänger ist jedoch noch deren Anteil insbesondere am Einkommen aus Kapitalvermögen und aus Renten und Pensionen in Rechnung zu stellen. Eine zwischen 1932 und 1939 deutlich gestiegene - erzwungene - Spartätigkeit (allein die Einlagen bei Sparkassen verdoppelten sich zwischen 1932 und 1939 von etwa 10 auf 20 Mrd. RM) kompensiert für die Arbeitnehmer einen Teil der rückläufigen Lohnquoten.

Wegen der Probleme bei der Interpretation der Lohnquote gibt vielleicht die Versorgungslage mehr Aufschluß über die Entwicklung des Lebensstandards in der Vorkriegszeit.

Sichtbar werden durch Tabelle 6 leichte Wachstumstrends bei den Nahrungsmitteln bis 1938, während die Ausstattung mit Kleidung offenbar rückläufig ist. Insgesamt sind für die Bevölkerung die Verbrauchsstandards gegenüber dem letzten Vorkrisenjahr etwa konstant geblieben.

Ein weiteres Indiz hierfür sind die Leistungen der Sozialversicherung (ohne Arbeitslosenversicherung). Zwischen 1930 und 1932 sanken sie von 3,86 Mrd. RM auf 2,88 Mrd., um dann bis 1938 mit 3,79 Mrd. RM etwa das Niveau von 1930 wieder zu erreichen.

163. A. Stobbe, *Volkswirtschaftslehre*, Berlin u.a. 1980, S. 320.

Tabelle 6.

Verbrauchsrechnungen

Angaben in kg je Kopf der Bevölkerung

kg je Kopf u. Jahr	**1930**	**1936**	**1938**
1. Nahrungs- und Genußmittel			
Fleisch (ohne Fett)	43,5	45,0	48,6
Eier (Stück)	144	117	124
Kuhmilch (Liter)	112	114	112
Butter	8,1	8,5	8,8
Speisekartoffeln*)	174,2	170,8	182,9
Weizen- u. Roggenmehl*)	103,3	107,8	104,9
Kern- und Steinobst	--	29,2	20,3
Kaffee	1,9	2,2	2,3
Bier (Liter)	79,4	58,7	68,7
Tabakerzeugnisse	1,8	1,8	1,9
2. Baumwolle)**	5,3 (1928)	4,1	3,3

*) Ernte / Saatgut / Schwund ± Außenhandelssaldo ± Vorratsbildung
**) Rohbaumwolle u. Baumwollabfälle

Quelle: Statistisches Handbuch von Deutschland, a.a.O., S. 488 ff.

In einer Zeit festgesetzter Löhne und Preise kann, wie oben bereits gesagt, die offizielle Lohnentwicklung, die im Zuge fortschreitender Arbeiterknappheit zunehmend von schwer erfaßbaren Leistungen aller Art ergänzt wurde (scheinbare Beförderungen, zusätzlicher bezahlter Urlaub, Sparkonten oder Steuer- und Versicherungsvergünstigungen seien als Beispiele genannt), nur ein sekundärer Indikator für den Lebensstandard sein.

Nach den Ergebnissen der amtlichen Lohnerhebungen ergibt sich - in Indexziffern gemessen - folgendes Bild:

Sichtbar wird, daß die Nominallöhne in der Nazizeit das letzte Weimarer Blütejahr 1929 nicht erreichten. Bei den realen Bruttostundenverdiensten der Arbeiter ergibt sich bezüglich der Stunden- und Wochenverdienste ein anderes Bild, denn 1939 lag man aufgrund nahezu konstanter Preise deutlich über dem Niveau von 1929. Insbesondere die Wochenverdienste zogen - bedingt durch die Ausweitung der Arbeitszeit in diesem Zeitraum um 4 % von 46,0 auf 47,8 Stunden - deutlich an.

Tabelle 7.

Bruttoverdienste der Arbeiter

Jahres-durch-schnitt	nominal		real*	
	je Stunde	je Woche	je Stunde	je Woche
1928	122,9	124,5	100,9	102,2
1929	129,5	128,2	104,7	103,6
1930	125,8	118,1	105,7	99,2
1931	116,3	103,9	106,4	95,1
1932	97,6	85,8	100,7	88,5
1933	94,6	87,7	99,8	92,5
1934	97,0	94,1	99,7	96,7
1935	98,4	96,4	99,6	97,6
1936	100	100	100	100
1937	102,1	103,5	101,6	103,0
1938	105,6	108,5	104,7	107,5
1939	108,6	112,6	107,2	111,1
1940	111,2	116,0	106,4	111,0
1941	116,4	123,6	109,2	116,0

* Umgerechnet über den Reichsindex der Gesamtlebenshaltung. Dieser Index setzt sich zusammen aus den Komponenten Ernährung, Bekleidung, Heizung und Beleuchtung, Wohnung und 'Verschiedenes' (Reinigung, Körperpflege, Bildung, Unterhaltung, Einrichtung, Verkehr).

Quelle: Statistisches Handbuch von Deutschland, a.a.O., S. 472.

Erbe ermittelt - leider nur für 1928 und 1937 - durch Abzug von Lohnsteuer und Sozialversicherungsbeiträgen die realen Netto-Wochenverdienste, die "selbst 1937 noch unter dem Stand von 1928 lagen. Die Lohnabzüge stellten sich im Jahre 1937 auf insgesamt 13,5 % des ausbezahlten Bruttoeinkommens, während sie im Jahre 1928 nur 11,5 % erreichten."[164] Durch den starken Anstieg der Bruttolöhne ab 1937 ist allerdings offensichtlich, daß 1938 und 1939 das Niveau von 1928 auch bei den Netto-Wochenverdiensten überschritten wurde.

Zur Beurteilung des Lebensstandards ist nun die Frage wichtig, in welchem Ausmaß dieser Entwicklung auch Konsumgüter entgegenstanden. Eine detaillierte Antwort würde sicherlich den Rahmen hier sprengen, aber es sei angemerkt, daß Knappheiten in der Regel nicht zutage traten; Bilder langer Warteschlangen vor den Geschäften sind für die Nazi-Vorkriegszeit nicht prägend. Auch Grotkopp

164. R. Erbe, a.a.O., S. 93.

diagnostiziert lediglich geringe Einschränkungen für die Verbraucher bis zum Krieg. Ein Grund bzw. eine Folg der überaus hohen Spartätigkeit. Dieser - zum Teil unfreiwillige - Konsumverzicht spiegelte den Menschen einen virtuell höheren Lebensstandard vor.

Die relativ schlechte Konsumgüterausstattung bewirkte jedoch sehr häufig, daß das Geld unwiederbringlich bei einem Bankinstitut landete. Ein Blick auf die rechte Seite des Sozialproduktkontos zwischen 1928 und 1938 zeigt die Entwicklung des privaten Konsums als Anteil an den Bruttoausgaben zu Marktpreisen. Im Vergleich dazu werden auch die Rüstungsausgaben dargestellt.

Tabelle 8.
Auszüge aus den Sozialproduktkonten

in % der Bruttoausgaben	1928	1932	1934	1935	1936	1938
privater Konsum	71	83	76	71	64	59
Rüstungsausgaben	1	1	5	7	11	15

Daten vgl. R. Erbe, a.a.O., S. 100

Sichtbar wird, daß insbesondere mit dem 4-Jahres-Plan (ab 1936) der Konsumanteil zurückfällt. Der hohe Wert von 1932 ist ein typischer Krisenwert, der mit der Erholung der Konjunktur 1935 wieder das Niveau von 1928 erreicht.

Es fiel aber nicht nur der Konsum hinter der Einkommensentwicklung zurück, sondern es ist auch evident, daß die Verdienste wiederum mit der Produktion nicht schritthielten. Denn auch die Nazis setzten auf Unternehmergewinne als Anreizmechanismen zur Mitarbeit und Kooperation.

Die Bevorzugung der Großindustrie - insbesondere in der Ära Schacht - ließ alle mittelständischen Erwartungen an die NSDAP unerfüllt. Gerade der selbständige Mittelstand aus Handel und Handwerk, der nach den Forderungen des Parteiprogramms gestützt und geschützt werden sollte, wurde letztlich durch die "Auskämmaktionen" ausgebootet. Im Verlauf der 'Auskämmung' schloß man zwischen 1936 und 1939 über 190.000 Handwerksbetriebe (11 %), um deren Arbeitskräfte der Rüstungsindustrie zuzuführen. Ähnliche Ziele verfolgten die Nazis mit

Bestimmungen und Verordnungen zur "Beseitigung der Überbesetzung im Einzelhandel". Die NS-Politik wollte eine für ihre Ziele 'zweckvollere Ausnutzung der Arbeitskraft'. Andere 'Maßnahmen zur Berufsbereinigung', Liquidationen sogenannter 'lebensunfähiger' und jüdischer Betriebe, ergänzen das gezeichnete Bild. Die Diskriminierung begann im Handel schon 1933 mit den Erzeugerpreisanhebungen für die Landwirtschaft. Man wollte die Konsumenten jedoch nicht zusätzlich belasten, und so wurden die Handelsspannen kurzerhand zusammengedrückt; ideologisch gestützt durch die Lehre vom 'raffenden' Handel und 'schaffenden' Arbeiter.

Spätestens ab den Jahren 1935/36 war es mit der Unterstützung des Mittelstandes vorbei. Waren die Nazis mit einem 'Kampfbund für den gewerblichen Mittelstand' und Versprechungen bezüglich der Abschaffung der Warenhauskonkurrenz angetreten, so zwangen wirtschaftspolitische Notwendigkeiten zu einem abenteuerlichen Kurswechsel, infolgedessen der Kampfbund im August 1933 aufgelöst wurde und man beispielsweise die angeschlagenen Hertie-Häuser des jüdischen Kaufmanns Hermann Tietz sanierte. Zum Thema 'Warenhäuser' wurden ab 1935 keine offiziellen Erklärungen mehr abgegeben, nachdem die NS-Politik vorher die Kaufhäuser diskret rehabilitiert hatte.

Insgesamt wird deutlich, daß die NSDAP keinen Wohlfahrtsstaat anstrebte und insbesondere die frühere Wählerbasis aus Handel und Handwerk diskriminierte. Die Verteilungspolitik jedoch als bewußt arbeitnehmerfeindlich einzustufen, entbehrt der Beweise. Denn die neben den Löhnen festgesetzten Preise begrenzten die Gewinne, und die gestiegene Quote der Einkommen aus Unternehmertätigkeit und Vermögen (Tabelle 5; Eins minus Lohnquote) reflektiert unter anderem die gestiegene Spartätigkeit der Arbeiter. Das Geldmengenwachstum führt bei fixierten Löhnen und Preisen eben nicht zu einer einseitigen Umverteilung zu Lasten der Arbeitnehmer. Prinzipiell jedoch ist diese Quotenberechnung der Tabelle 5 nur dann aussagefähig, wenn den Werten auch ein Anspruch auf Sozialprodukt gegenübersteht.

Einen weiteren Hinweis auf die o.g. Entwicklung gibt der häufig für Lebensstandardfragen herangezogene Indikator 'Säuglingssterblichkeit'. Die Statistik weist für 1911/15 als Mittelwert 160, für 1926/30 94 und für 1936/40 lediglich 63 im ersten Lebensjahr gestorbene Kinder je tausend Lebendgeborene aus.[165]

Ein Vergleich der dargestellten Fakten legt nahe, bezüglich des materiellen Wohlstands in der Nazi-Vorkriegszeit eine relativ konstante Situation der Arbeitnehmer zu diagnostizieren. Auch für Schoenbaum "wäre es irreführend anzunehmen, daß der Lebensstandard fiel". Dies kann jedoch kein Statement für eine geglückte Politik sein, denn die kontrafaktische Frage müßte lauten, wie hoch hätte der Lebensstandard sein können, wenn man zum einen ohne Rüstungsausgaben einen größeren Multiplikatoreffekt der Staatsausgaben hätte realisieren können, zum zweiten auch ein hinsichtlich der Ressourcenausstattung ausgewogenes Verhältnis von Produktions- und Konsumgüterindustrien gehabt hätte, und drittens die Fehlallokationen eines derartigen Planungsprozesses durch ein Marktsystem verhindert worden wären.

C. Die Wirtschaft im Krieg

Das NS-Regime war selbst- und siegessicher; man glaubte, auf alles vorbereitet zu sein und die wirtschaftlichen Konsequenzen aus den Problemen des vorigen Weltkriegs für die jetzige Kriegsvorbereitung erfolgreich gezogen zu haben.

1. Arbeitsmarkt

Nachdem der Vierjahresplan die Bereitstellung eines großen Vorrats an einsatzbereitem Rüstungsmaterial gesichert hatte, war das Hauptproblem die Rekrutierung zusätzlicher Arbeitskräfte. Die Militarisierung der Arbeiterschaft durch die gesetzliche Dienstverpflichtung hatten die Nazis bei Kriegsausbruch bereits vollendet. Die Lenkung der Arbeiter in die kriegswichtigen Industrien war erfolgreich geprobt und sicherte hier einen strategischen Vorteil gegenüber den Alliierten, die erst im Krieg ihre Machtsysteme und Märkte zentralistisch umzustrukturieren begannen.

165. J.E. Knodel, *The Decline of Fertility in Germany 1871-1938*, Princeton 1974, S. 156.

Keine nennenswerte Entlastung hatte dem Arbeitsmarkt der Anschluß Österreichs und die Zerschlagung der Tschechoslowakei gebracht. Insbesondere in der Landwirtschaft mußten Arbeiter aus Polen, Italien und Ungarn angeworben werden.

Die strategischen Erfolge von 1939/40 entspannten dann durch die Deportierung von polnischen, französischen und belgischen Kriegsgefangenen den Arbeitsmarkt; jedoch nur bis zum Scheitern des Blitzkriegskonzepts im Rußlandfeldzug 1941/42. Ab dieser Zeit mußten die im Osten stehenden ausgebluteten Verbände z.T. ersetzt werden, und immer mehr Arbeiter wurden aufgrund des zunehmenden Bombenkrieges für Reparaturaufgaben eingesetzt. Abhilfe sollte der "Generalbevollmächtigte für den Arbeitseinsatz" Sauckel ab 1942 leisten. Trotz seines brutalen Systems der Zwangsrekrutierung aller arbeitsfähigen Personen der besetzten Gebiete konnte die Lücke nicht geschlossen werden. Ideologische Gründe verhinderten weiterhin einen umfassenden Einsatz der Frauen, der in allen anderen kriegsbeteiligten Staaten selbstverständlich war. Erst 1943 - nach dem Debakel von Stalingrad und dem Verlust Nordafrikas - gab es neben der generellen Dienstverpflichtung aller Männer zwischen 16 und 65 Jahren nun auch die Einberufung der Frauen in der Altersspanne 17 bis 45 Jahre. Eine "gebührenpflichtige Vermietung" von KZ-Häftlingen durch die "Deutsche Wirtschaftsbetriebe GmbH" (dem hauseigenen Konzern der SS) an die private Rüstungsindustrie stellte die Antwort auf die Arbeiterknappheit dar.[166] Im Sommer 1944 waren davon etwa 400.000 Häftlinge betroffen. Der gesamte Arbeitseinsatz belief sich zu dieser Zeit auf 28,4 Millionen Männer und Frauen bei 7,1 Millionen Fremdarbeitern. Etwa jedes 4. Kriegsgerät wurde also rechnerisch von ausländischen Arbeitskräften hergestellt. Bei den Alliierten spielte Zwangsarbeit keine große Rolle; für die deutsche Kriegswirtschaft war sie unverzichtbar.

2. Produktion

Die Produktionskapazität der deutschen Wirtschaft wurde zu keiner Zeit bis zur Grenze ihrer Leistungsfähigkeit ausgeschöpft. Insbesondere in den ersten Kriegsjahren waren die Produktionsziffern erstaunlich niedrig. Sie lagen schon 1940/41 in England bei Flugzeugen, Panzern und Fahrzeugen aller Art über denen

166. Vgl. hierzu F. Blaich, *Wirtschaft und Rüstung im "Dritten Reich"*, Düsseldorf 1987, S. 109 ff.

deutscher Betriebe. Ein Grund dafür ist das Festhalten an der Vorkriegsökonomie auch nach 1939. Denn man wollte 'nur' einen Blitzkrieg und zur Vorbereitung einer langen militärischen Auseinandersetzung war zuwenig getan worden. Zum anderen verhinderten die großen Ineffizienzen dieses "systemlosen Systems" ein höheres Niveau. Geblendet durch die Anfangserfolge wurde der Ausbau der Rüstungsindustrie vernachlässigt. Die industrielle Produktion stagnierte zwischen 1939 und 1942; im Herbst 1941 drosselten die Nazis die Kriegsgüterproduktion sogar. Selten wurde - im Gegensatz zu den anderen kriegsführenden Staaten - in einem Betrieb mehr als eine Schicht gearbeitet, und die Arbeitsstunden stiegen nur wenig über das Vorkriegsniveau. Gab es bei den Autarkiebestrebungen im Rohstoffbereich vor dem Krieg Probleme, so konnte insbesondere durch das deutsch-sowjetische Wirtschaftsabkommen vom Frühjahr 1940, das Lieferungen von Rohöl, Metall und Getreide nach Deutschland auslöste und durch die Beherrschung des Balkanraums mit dem wichtigen rumänischen Öl die Versorgung gesichert werden.

Der entscheidende Winter 1941 brachte dann durch das Scheitern des Blitzkriesgkonzepts den Führerbefehl "Rüstung 42" und damit das Ende der "friedensähnlichen Kriegswirtschaft". Mit der Berufung von Todt und später Speer zum "Minister für Rüstung und Bewaffnung" begann die Umsetzung des Befehls. Durch Bündelung von Kompetenzen - Speer hatte mittlerweile fast diktatorische Vollmachten im ökonomischen Bereich - und das Ersetzen der Politik des "Sichdurchwursteln" durch eine Art zentrale Planung stieg die Rüstungsproduktion nun drastisch an. Der Gesamtindex der Rüstungsproduktion verdreifachte sich zwischen 1942 und 1944. Die Methode, mit der Speer seine Aufgabe begann, war NS-ideologisch relativ unorthodox und wurde solange toleriert bzw. unterstützt, wie strategische Erfolge sichtbar waren. Durch Kooperation mit industriellen Führungskräften sorgte er für mehr Effizienz. Als Gegenleistung für ihre Mitarbeit sicherte Speer den Unternehmern mehr Freizügigkeit bei der Gestaltung der Unternehmenspolitik zu.

Zudem setzte Speer bei der in Deutschland vergleichsweise rückständigen Massenfertigung an. Zwischen Januar und Juli 1944 konnte beispielsweise im Flugzeugbau durch Typenreduzierung und Standardisierung die Produktion verdoppelt werden. So gelang es - trotz Bombenhagels - im Juli 1944 den Höchststand an einsatzbereitem Kriegsgerät zu erreichen.

Die Endphase des Krieges war wieder mit hohen Friktionen belastet, die sich nach der Ära Speer vornehmlich im Ausbau des ineffizienten SS-Wirtschaftssystems zeigten.

Der Rückzug der deutschen Truppen aus den eroberten Rohstoffgebieten - insbesondere der Verlust der rumänischen Ölfelder - führte 1944 mit starken Bombardements der Hydrierwerke und der Verkehrszentren des Kohletransports im Ruhrgebiet zur Treibstoff- und Kohlenkrise, die dann der deutschen Kriegswirtschaft das Rückgrat zerbrach.

3. Versorgung

Durch die Ausbeutung der besetzten Gebiete und deren Einbeziehung in die strategische Versorgung konnte in Deutschland eine Ernährungskrise bis 1942 aufgeschoben werden. Auch danach war die Versorgung noch relativ gut. Der deutsche Normalverbraucher kam 1944 auf ca. 2.000 kcal., während z.B. in Finnland, Bulgarien, Holland 1.500 - 1.800 und in Frankreich, Polen und Italien nur 1.000 - 1.500 kcal. üblich waren. Deutschlands günstige Versorgung wurde ermöglicht durch die Beschlagnahme der Lebensmittel aus den besetzten Gebieten und die vielen Fremdarbeiter, die die deutsche Landwirtschaft aufrechterhielten. Fast jeder zweite Arbeiter kam hier aus dem Ausland.

Auch die Versorgung mit Gebrauchsgütern gestaltete sich bei zwar sinkender Qualität noch vergleichsweise umfangreich. Das änderte sich erst 1943/44, als im Zuge des "totalen Krieges" die Produktion nicht "lebensnotwendiger" Güter stark reduziert, Betriebe in weiteren "Auskämmaktionen" geschlossen wurden und die Regulierung der Bombenschäden das spärliche Gebrauchsgüterangebot verschlang.

4. Finanzierung

Einige grundsätzliche Aspekte der Kriegsfinanzierung müssen vorangestellt werden. Nachdem bis zum 18. Jahrhundert aufgrund des noch nicht funktionsfähigen Kreditmarktes ein im voraus angesammelter sogenannter Kriegsschatz für die Finanzierung unentbehrlich war, stellte sich nach dieser Zeit - bedingt durch Kostenwachstum und Weiterentwicklung des Kreditsektors - den Staaten ein Krieg in erster Linie als Finanzierungsproblem dar. Hatte man einen bestimmten Aufwand veranschlagt, wurde im folgenden geklärt, ob die Mittel über Steuern, Kriegsanleihen oder kurzfristige Verschuldung des Staates bei der Zentralbank bzw. im privaten Bankensystem (Geldschöpfung) aufzubringen waren, oder eine Kombination der Instrumente zu bevorzugen sei. Es mußte somit die Frage geklärt werden, ob hauptsächlich die kriegsführende Generation oder spätere Generationen die Rechnung begleichen sollten.

Seit dem ersten Weltkrieg - und insbesondere durch die Erfahrungen des zweiten Weltkriegs - ist klar, daß die aufgetretenen Kriegskostenexplosionen die obigen Vorstellungen obsolet werden ließen: Die finanzielle Kontrolle ist nicht der zentrale Mechanismus wirtschaftlicher Kriegsmobilmachung. Milward führt aus, daß in Frankreich der Schatzkanzler lange Zeit nicht Mitglied im Kriegskabinett war und in England die Kontrolle der Wirtschaft durch den Schatzminister 1940 beendet war. Das entscheidende Kriterium einer leistungsfähigen Kriegswirtschaft ist die absolute und sofortige Mobilisierung aller realen Ressourcen, ihre zentrale Kontrolle und kriegstechnisch richtige Reallokation. "Rationale Finanzpolitik konnte diese Nutzbarmachung (der Ressourcen, Anm. d. Verf.) höchstens erleichtern... Die Kriegskosten waren im Grunde unbegrenzt und faktisch irrelevant."[167] Die Überschrift 'Finanzierung' trifft somit insbesondere für Deutschland nicht im traditionellen Sinn den Sachverhalt, weil der Begriff in erster Linie bei Marktprozessen anwendbar scheint. Demgegenüber kann man in den USA durchaus von einem 'finanzierten' Krieg sprechen.

Das besondere Merkmal der deutschen Kriefgsfinanzierung war, daß man die Methoden bereits in der Aufrüstungsphase erfolgreich angewendet hatte. Die Deckung der Gesamtausgaben setzte sich nach Angaben von Hitlers Finanzminister Schwerin v. Krosigk folgendermaßen zusammen:

- 55 % kurz-, mittel- und langfristige Verschuldung im Inland
- 33 % Steuern inclusive andere Einnahmen
- 12 % Zahlungen des Auslandes.

167. A.S. Milward, *Der Zweite Weltkrieg, Krieg, Wirtschaft und Gesellschaft 1939-1945*, München 1977, S. 349.

Die tragende Säule war also die inländische Verschuldung mit der in B.2.b) gezeigten sog. "geräuschlosen" Kreditfinanzierung durch Abschöpfen der Gewinne und der Depositen bei den Kapitalsammelstellen. Dieses Verfahren vermied, Erinnerungen an die Kriegsanleihen des Kaiserreichs wachzurufen. Weil das Angebot an Waren und Dienstleistungen zusehends schrumpfte und das Horten von Geld im Sparstrumpf unter Strafe stand, hatten die "Sparfeldzüge" und das "eiserne Sparen" ihr Ziel nicht verfehlt. Nachdem die Geldinstitute die Spargelder gegen Schuldverschreibungen an die Reichskasse abgeliefert hatten, flossen sie über Lohnzahlungen aus Rüstungsaufträgen von den Arbeitnehmern wieder an die Sparkassen zurück. Dieser Kreislauf funktionierte bis 1944 recht gut; wobei nach den militärischen Rückschlägen ab 1942 zunehmend auf die kurzfristige Verschuldung in Form von Schatzwechseln und Schatzanweisungen bei der Reichsbank, die längst jegliche Autonomie verloren hatte, ausgewichen wurde. Dieses "gute Funktionieren" wird auch an der relativ stabilen Preisentwicklung deutlich. Zwischen 1939 und 1944 stiegen die Preise nur um 11 %; das Ungleichgewicht zwischen Geldvolumen und Verbrauchsgütern konnte somit bis dahin gut verschleiert werden. Ab 1944 war das Vertrauen der Bevölkerung in die Währung verschwunden. Massive Geldabhebungen folgten, und die Inflation ließ sich nicht länger zurückstauen, wie die exorbitant steigenden Schwarzmarktpreise zeigten.

Die Steuerfinanzierung war mit 33 % die nächstgrößte Quelle. Während in England, den USA und in Japan hier das Schwergewicht lag, vermied man in Deutschland mit Rücksicht auf die Kriegsmoral weitestgehend den Anzug der Steuerschraube. In den USA stellte sich die Steuerfinanzierung besonders günstig dar. Durch die enorme Kriegsexpansion der amerikanischen Wirtschaft verdoppelten sich zwischen 1940 und 1945 die Einkommen, die Steuereinnahmen verneunfachten sich und die Steuerlastquote blieb mit einem Anstieg um lediglich 9 % nahezu konstant.

Ab Kriegsbeginn wurden auch die fremden Volkswirtschaften in steigendem Maß zur deutschen Finanzierung genötigt. Der ausländische Güter- und geldwirtschaftliche Beitrag setzt sich zusammen aus deutschen Clearing-Schulden (Kredite und Handelsdefizite) und den aufgezwungenen "Besatzungskosten" und sogenannten "Kriegskontributionen". Des weiteren sei an die Arbeitsleistungen der Deportierten und die beschlagnahmten Güter und Nahrungsmittel erinnert.

Als Barometer für die Kriegsanstrengungen der beteiligten Staaten ist der Anteil der Kriegsausgaben am Sozialprodukt als quantifizierbarer Indikator nicht ungeeignet. Für das Jahr 1944 beträgt die deutsche Quote 77 %, und die russische (1943) über 60 %. Japan, England und die USA folgen mit 55 %, 47 % und 42 %. Besonders anschaulich werden diese Dimensionen für Deutschland bei der Feststellung, daß die gesamten Kriegsausgaben so hoch waren wie das Volkseinkommen der letzten 11 Vorkriegsjahre zusammen; bzw. wenn man bedenkt, daß die Höhe der Reichsschulden 1945 im Niveau etwa dem gesamten inländischen Geldvermögen entsprach.

D. Anhänge

1. Zum Vollbeschäftigungsbudgetsaldo

In einem einfachen Modell lassen sich die Zusammenhänge folgendermaßen darstellen:

Der Budgetsaldo (BS) wird definiert als als Differenz zwischen den Staatseinnahmen (Produkt aus Steuersatz t und Sozialprodukt y) und der Summe aus Staatsausgaben G und Transfers TR, die, um das Modell nicht unnötig komplizierter zu gestalten, als unabhängig vom Einkommen definiert werden:

(1) $BS = \bar{t} \cdot y - \bar{G} - \bar{T}R$

Für den Vollbeschäftigungsbudgetsaldo BS_V gilt

(2) $BS_V = \bar{t} \cdot y_V - \bar{G} - \bar{T}R$

Hier wird, um konjunkturelle Einflüsse auf den Saldo herauszunehmen, gefragt, welche Höhe der Budgetsaldo bei Vollbeschäftigung hätte, so daß man die Wirkung der von der Regierung beeinflußbaren Größen t, G und TR extrahieren kann.

Bildet man die Differenz aus (2) - (1), so ergibt sich der Vollbeschäftigungsbudgetsaldo in einer Periode:

$$BS_V - BS = \bar{t}(y_V - y) \quad \text{oder}$$

(3) $BS_V = BS + \bar{t}(y_V - y)$

Als Bedingung für in t^1 ergriffene expansive fiskalpolitische Maßnahmen formuliert man:

(4) $BS_V^{t0} > BS_V^{t1}$

Setzt man Gleichung (3) in Gleichung (4) mit den entsprechenden Zeitindices ein, so ergibt sich

(5) $BS^{t_0} + t^{t_0}(y_V^{t_0} - y^{t_0}) > BS^{t_1} + t^{t_1}(y_V^{t_1} - y^{t_1})$

Es geht nun konkret darum, zu messen, ob die von Papen und Schleicher durchgeführte Fiskalpolitik, gemessen durch den Index t^1 (Fiskaljahr 1932/33), expansive Wirkungen gegenüber dem davorliegenden Fiskaljahr der Regierung Brüning (1931/32) entfalten konnte. Den Regierungen der beiden letzten Weimarer Kanzler das gesamte Fiskaljahr vom 01.04.1932 bis 31.03.1933 zuzuordnen, führt zu lediglich geringen Ungenauigkeiten, da die Nazis erst im Sommer 1933 ihre wichtigen fiskalischen Aktivitäten begannen. Tabelle I birgt die für diesen Zusammenhang wichtigsten Informationen:

Tabelle I	**Fiskaljahr**		
in Mill. RM	**1931/32**	**1932/33**	**1933/34**
Index der Produktion 1928 = 100	68,7	59,0	69,8
gesamtes Steueraufkommen	11883,1	10222,5	10621,0
Nettoanlageinvestition (Kalenderjahre) 1931, 1932	75	- 1602	- 753
Neuverschuldung[1] **(alle Haushaltsebenen)**	18176,7	18573,0	18986,0

[1] Als Mittelwert der Neuverschuldungsbestände vom 31.03.1931/31.03.1932, vom 31.03.1932/31.03.1933 und vom 31.03.1933/31.03.1934

Quellen: Konjunkturstatistisches Handbuch 1936, a.a.O., S. 52 und S. 166;
Statistisches Handbuch von Deutschland, a.a.O., S. 554 und S. 604.

Die ersten beiden Zeilen der Tabelle I zeigen anhand des exakt gleichen Rückgangs von Produktion und Steueraufkommen zwischen den Fiskaljahren 1931/32 und 1932/33 um 14 % einen konstanten fiktiven Durchschnittssteuersatz $\left(t = \frac{T}{y}\right)$ so daß

$t = t^{t_0} = t^{t_1}$.

Beim Umformen von (5) erhält man Gleichung (6):

$$(6)\ BS^{t_0} - BS^{t_1} > t\left(y_V^{t_1} - y_V^{t_0} + y^{t_0} - y^{t_1}\right)$$

Trotz Uneinigkeit über die konkreten Haushaltsdaten ist wohl gesichert, und die Daten zur Neuverschuldung belegen es, daß der linke Term der Gleichung (6) positiv ist. Aufgrund der stark negativ werdenden Nettoanlageinvestitionen kann man nicht davon ausgehen, daß sie in der kurzen Zeit vom marginalen Anstieg des Arbeitskräftepotentials oder des technischen Fortschritts überkompensiert werden. Der Term aus den beiden Potentialgrößen in der Klammer ist dann negativ. Die Summe der letzten beiden Ausdrücke in der Klammer wird nach Zeile 2 der Tabelle I jedoch positiv. Ohne konkrete Zusatzinformationen über die Budgets, die Outputniveaus bei Vollbeschäftigung und die Einkommen in t_0 und t_1 können wir somit nicht prüfen, ob es sich um expansiv oder kontraktiv wirkende Fiskalpolitik der Administration von Papen/von Schleicher gegenüber dem letzten Amtsjahr Brünings handelte.

Bei dem Übergang von 1932/33 zum 1. Fiskaljahr der Nazis 1933/34 kann aufgrund von Tabelle I i.V.m. Gleichung (6) eindeutig auf expansiv wirkende Fiskalpolitik gegenüber der Politik v. Papen und Schleicher geschlossen werden.

2. Monetärer Ausgleich einer fiskalpolitischen Expansion

Eine fiskalpolitische Expansion verschiebt die IS-Kurve auf die Position IS' und bewegt das volkswirtschaftliche Gleichgewicht von E nach E". Da das höhere Einkommensniveau die nachgefragte Geldmenge erhöht, steigt der Zinssatz von i_0 auf i" und verdrängt dadurch die Investitionsausgaben. Aber die Zentralbank kann die fiskalpolitische Expansion ausgleichen, indem sie mehr Geld schöpft und die LM-Kurve nach LM' verschiebt. Das Gleichgewicht der Volkswirtschaft verlagert sich dabei nach E'. Der Zinssatz verbleibt auf dem Niveau i_0 und das Outputniveau steigt auf Y'.

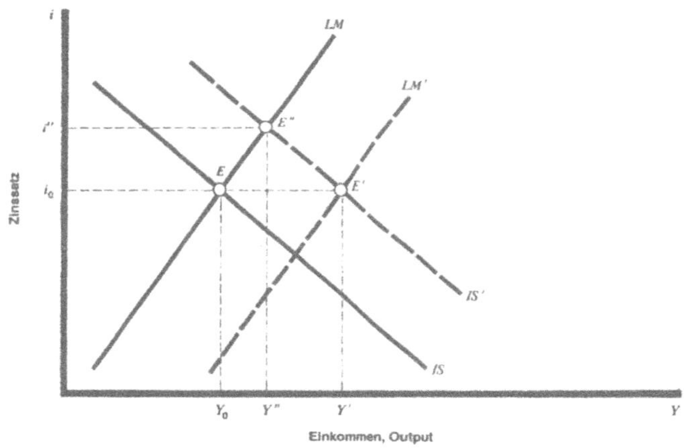

Quelle: R. Dornbusch/S. Fischer, ***Makroökonomik***, München 1985, S. 157.

VII. Wirtschaftspolitik in der Nachkriegszeit

Richard H. Tilly

A. Hintergrunddaten

Obwohl dieses Kapitel der Wirtschaftspolitik in Westdeutschland bzw. der BRD nach 1945 gewidmet ist, mag es nützlich sein, zunächst einen Überblick über die Entwicklung der Wirtschaft in dieser Zeit in internationaler Perspektive zu geben.

Ein auch über lange Zeiträume vergleichbares Zahlenmaterial zu dieser Entwicklung in der Zeit von 1950 bis 1989 hat Maddison (1991) vorgelegt. Demnach gilt die Nachkriegszeit für Westeuropa insgesamt - und nicht nur für Westdeutschland allein - als "goldenes Zeitalter" des kapitalistischen Wirtschaftswachstums (siehe Tabelle 1 und Abbildung 1).

Tabelle 1. Jährliche Zuwachsraten des BSP pro Einwohner in Europäischen Ländern, 1830-1989.

	1830-70	1870-1913	1913-50	1970-73	1973-89
Austria	0.7	1.5	0.2	4.9	2.4
Belgium	1.1	1.0	0.7	3.5	2.0
Denmark	1.0	1.6	1.5	3.1	1.6
Finland	0.7	1.4	1.9	4.3	2.7
France	0.9	1.3	1.1	4.0	1.8
Germany	0.8	1.6	0.7	4.9	2.1
Italy		1.3	0.8	5.0	2.6
Netherlands	0.7	1.0	1.1	3.4	1.4
Norway		1.3	2.1	3.2	3.6
Sweden	0.9	1.5	2.1	3.3	1.8
Switzerland		1.2	2.1	3.1	1.0
UK	1.4	1.0	0.8	2.5	1.8
Average	0.9	1.3	1.3	3.8	2.1
Greece			0.5	6.2	1.7
Ireland			0.7	3.1	2.8
Portugal		0.3	1.4	5.5	1.8
Spain	0.6	1.4	0.2	5.1	1.7
Average			0.7	5.0	2.0
Czechoslovakia	0.6	1.4	1.4	3.1	1.3
Hungary		1.2	0.7	2.2	1.1
Poland				3.5	0.1
USSR		0.8	2.3	3.6	1.1
Average			1.5	3.1	0.9

Quelle: Maddison (1991).

Index des BIP pro Arbeitsstunde in der BRD und Frankreich (1950=100)

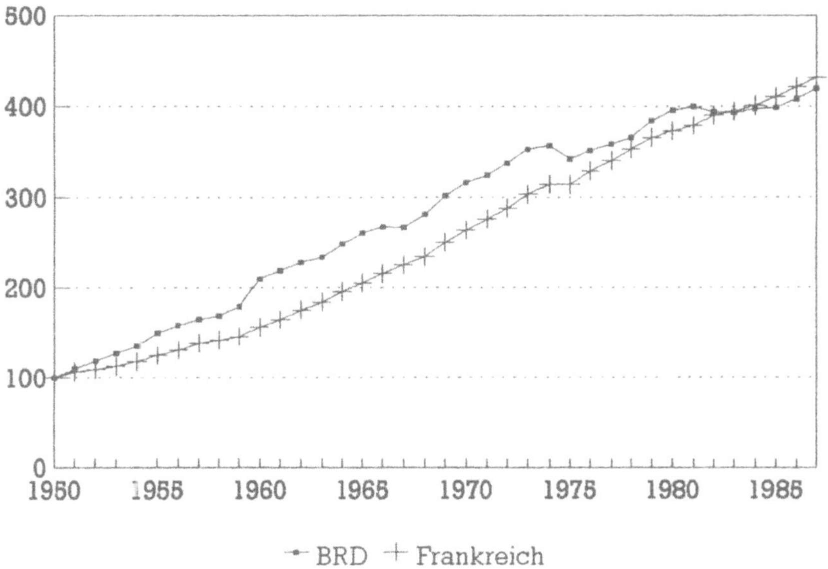

Quelle: Maddison (1990)

Die Gründe für diesen "langen Boom" (Kaelble (1992)) - wie auch für die 1973 einsetzende Phase relativer Stagnation - sind vielfältig und variieren zudem von einem Land zum anderen. Jedoch kommen zwei historischen Faktoren für Westeuropa insgesamt ein erhebliches Gewicht zu: zum einen die Chance, den in der Zwischenkriegszeit gewaltig gewordenen Technologie- und Produktivitätsvorsprung der U.S.A. durch Imitation zu nutzen; zum anderen die

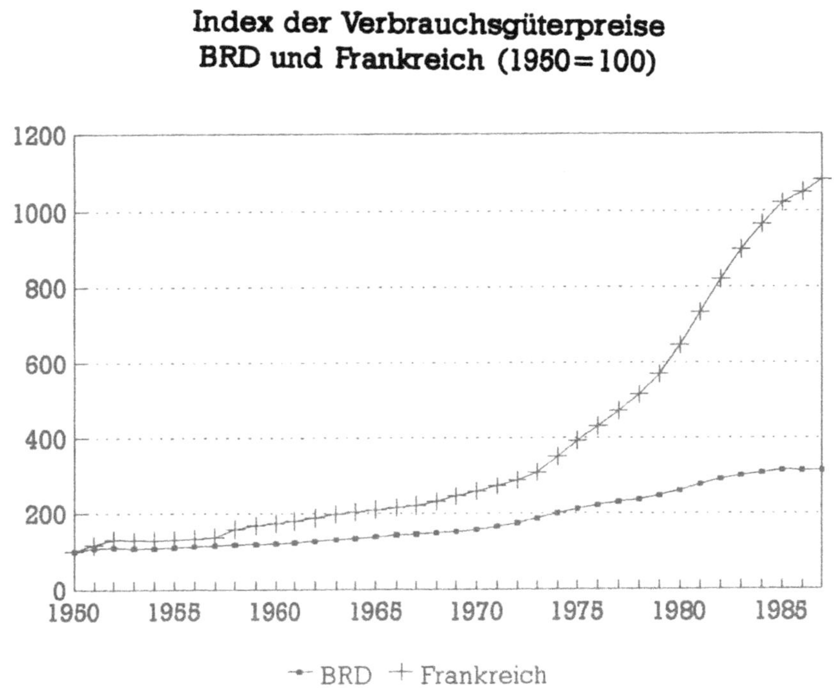

Quelle: Maddison (1991), S. 304 f.

Möglichkeit, aufgrund einer gegenüber der Zwischenkriegszeit wachsenden weltwirtschaftlichen Kooperation und Liberalisierung des Welthandels und nicht zuletzt dank manchen Hilfsinitiativen der U.S.A. (z.B. Marshall-Plan) an einem stark expansiven und arbeitsteiligen Welthandel teilzunehmen (Maddison (1991)).

Interessanterweise scheint sich der Boom am ausgeprägtesten in denjenigen Ländern entfaltet zu haben, die durch Kriegswirkungen bis 1945 am weitesten zurückgefallen waren. Dazu zählte auch Westdeutschland, dessen "Wirtschaftswunder" also nicht allein als Belohnung für den gewählten wirtschaftspolitischen Kurs, sondern als "Catching-Up Growth" verstanden werden soll (Dumke (1990); Maddison (1991)). In diesem Zusammenhang ist die Diskussion der sogenannten

"Rekonstruktionsthese" (Abelshauser und Petzina (1980)) zu sehen. Hierdurch erscheint auch die deutliche Verlangsamung des Wachstums in den 1970er Jahren verständlich. Weil jedoch der Bruch um 1973 ziemlich abrupt war, kann man vermuten, daß auch die veränderte weltwirtschaftliche Lage der frühen 1970er Jahre und damit zusammenhängende nationale Wirtschaftspolitiken - und nicht allein nachlassende Chancen des aus den U.S.A. importierten technischen Fortschrittes - für diese relative Stagnation mitverantwortlich gewesen sind. Auf den Wandel in der westdeutschen Wirtschaftspolitik in dieser Zeit ist zurückzukommen.

Das oben angesprochene Wirtschaftswachstum Westdeutschlands und Westeuropas wurde von einer Phase gewaltigen Strukturwandels begleitet. Wahrscheinlich die wichtigste Strukturveränderung war die Schrumpfung des landwirtschaftlichen Sektors. Z.B. ging der Anteil der in dem landwirtschaftlichen Sektor Beschäftigten in der BRD von 25 % 1950 auf 8 % 1970 zurück, in Frankreich von ca. 35 % 1950 auf 12 % 1975. Diese Schrumpfung hatte zwei bemerkenswerte Wirkungen bzw. Begleiterscheinungen. Erstens brachte sie einen starken gesamtwirtschaftlichen Produktivitätsanstieg mit sich, weil sie ein Transfer von Erwerbstätigen an einen Wirtschaftssektor mit höherer Grenzproduktivität bedeutete. Zweitens kam es im landwirtschaftlichen Sektor selbst zu einer so starken Produktivitätssteigerung, daß die inländische Nahrungsmittelversorgung verbessert und verbilligt wurde. Dies setzte bei den privaten Haushalten Einkommen frei, das zu einer Verstärkung der Nachfrage nach langlebigen Verbrauchsgütern verwendet werden konnte, d.h. für Güter, die mit wachsenden Economies of Scale hergestellt werden konnten. Somit erhielten die westeuropäischen Wirtschaften im Betrachtungszeitraum einen besonderen, von dem Strukturwandel herrührenden Impetus.

B. Ordnungspolitische Weichenstellungen

1. "Soziale Marktwirtschaft"

"Soziale Marktwirtschaft" kann cum grano salis als Überschrift dieses Kapitels dienen, denn der Begriff deckt einerseits eine Mischung marktwirtschaftlicher und sozialstaatlicher Empfehlungen ab, die spätestens 1949 von der Bundesregierung als wirtschaftspolitische Grundprinzipien anerkannt und teilweise konsequent verfochten wurden, aber andererseits läßt sich keineswegs bei allen Bereichen des wirtschaftspolitischen Handelns auch nur annähernd dieselbe Mischung liberalwirtschaftlicher und staatsinterventionistischer Züge feststellen. D.h. der Begriff enthält zugleich ideologisch-propagandistische und konkrete wirtschaftspolitische Elemente, die zusammengesehen und im internationalen Vergleich als deutsche Besonderheit gelten können. Dennoch weist die deutsche Nachkriegsgeschichte eine Reihe von wirtschaftspolitischen Entwicklungen aus, die schlecht zu dem Begriff passen.

Nach dem Urheber des Begriffes, Müller-Armack, besteht das Hauptziel der "Sozialen Marktwirtschaft" darin, "das Prinzip der Freiheit auf dem Markte mit dem des sozialen Ausgleichs zu verbinden." (Müller-Armack (1956), S. 390) Dogmenhistorisch läßt sie sich als pragmatische Mittelposition zwischen dem christlichen Sozialismus und dem Ordoliberalismus einordnen, ja sie ist vielleicht ohne die nach 1945 geführte Auseinandersetzung mit diesen beiden "Lehren" nicht zu verstehen.

Zur Geschichte der "Durchsetzung der sozialen Marktwirtschaft in Westdeutschland" (Ambrosius (1977)) gehört eine Betrachtung der ordnungspolitischen Vorstellungen der dort vorhandenen politischen Kräfte. Bei der CDU mischten sich anfangs zwei Anschauungen: die des mit der katholischen Soziallehre zusammenhängenden Christlichen Sozialismus und eine mäßige Form des Wirtschaftsliberalismus, die zwar Handlungsfreiheit für mittelständische Unternehmer hervorhob, aber das Prinzip des freien Wettbewerbs ohne staatliche Interventionen ablehnte. In Kreisen der Liberalen stand die Sicherung der Entscheidungsautonomie privaten Unternehmertums und des freien Wettbewerbs im Mittelpunkt. Bei der SPD dominierten Sozialisierungs- und Mitbestimmungspläne, verbunden mit Vorstellungen über die Wirtschaftsdemokratie. Die SPD-Gedanken paßten gut zu den von der Labour Party geprägten Ansichten der britischen Besatzungsbehörden, weniger gut allerdings zu den eher marktwirtschaftlich ausgerichteten Vorstellungen der Amerikaner.

Von entscheidender Bedeutung ist jedoch der Wandel nach 1945. Bei der CDU wurde Adenauer spätestens 1947 zur Schlüsselfigur. Dabei gewannen sein Antisozialismus und sein anti-planwirtschaftliches Denken an Gewicht. Eine wichtige Zwischenstation stellte das "Ahlener Programm" (Februar 1947) dar. Dies wurde vom Zonenausschuß der CDU als wahlpolitisches Instrument für die Landtagswahlen formuliert, umfaßte die Forderungen (1) Sozialisierung des Bergbaus und der Schwerindustrie, (2) Mitbestimmung der Arbeitnehmer in Groß- und Mittelbetrieben, (3) keine staatliche Zwangswirtschaft, aber staatliche Wirtschaftsplanung und -lenkung, und (4) Übertragung der Rechte zur Durchführung dieser Maßnahmen auf deutsche politische Organe. Dahinter stand - zumindest bei Adenauer - das Ziel, divergierende Ansichten in der CDU über die Wirtschaftsordnung zu überbrücken und dann vor allem den Alleinanspruch der SPD auf soziales Denken in Fragen der Wirtschaftsordnung und der Wirtschaftspolitik streitig zu machen. Dies gelang. Allerdings muß hierbei gesehen werden, daß im weiteren Verlauf (a) die tatsächlich eingebrachten Gesetzesanträge hinsichtlich ihres sozialstaatlichen Charakters deutlich hinter dem Ahlener Programm zurückblieben, und (b) das zunehmende Gewicht der Amerikaner in dem vereinigten Wirtschaftsgebiet, auch der immer deutlicher werdende Kalte Krieg, deutschen Initiativen in Richtung Sozialisierung oder staatliche Wirtschaftsplanung kaum Chancen auf Erfolg ließ. Daß genau das Gegenteil der Fall war, dürfte Adenauer und seinen CDU-Verbündeten auch klar gewesen sein.

Hier können nicht alle wichtigen Zwischenstationen auf dem Weg zur Durchsetzung der Sozialen Marktwirtschaft in Westdeutschland gewürdigt werden. Wir beschränken uns auf 3 Punkte:

1. Von Bedeutung war die Einsetzung einer SPD Führung bei der bizonalen Wirtschaftsverwaltung im Januar 1947, die bis ca. Mitte des Jahres andauerte. Dies führte dazu, daß anhaltende Probleme und Mißerfolge der Zwangsbewirtschaftung mit eben dieser Führung assoziiert werden konnten. Erst nach einer im Mai 1947 von den Alliierten vereinbarten Reform der Verwaltung löste die CDU/CSU die SPD ab.

2. Im Herbst 1947 kam es zum Konflikt zwischen CDU/CSU und FDP einerseits und SPD andererseits bei der Verabschiedung eines "Warenverkehrsgesetzes" (das die Verteilung von knappen Waren unter Verbrauchern regeln sollte). Dies war bedeutsam, weil der Konflikt zeigte, daß sich die ordnungspolitischen Vorstellungen der CDU/CSU und der FDP inzwischen angenähert hatten und daß sich die CDU bereits deutlich von den staatlichen Planungs- und Lenkungszielen des

Ahlener Programms entfernt hatten. (Die CDU/CSU betonte nun den Ausnahmecharakter eines solchen Gesetzes und die Bedeutung der freien Preisbildung in Wettbewerbsmärkten als Norm).

3. Nach einer nochmaligen von den Allierten beschlossenen Reorganisation der bizonalen Verwaltung im Dezember 1947 kam es bei der Wahl des Direktors der Verwaltung für Wirtschaft (im März 1948) zu einem definitiven Bruch zwischen CDU/CSU und FDP einerseits und SPD andererseits, wobei die Bekenntnis der CDU zur Zusammenarbeit mit der FDP und zur Sozialen Marktwirtschaft als Alternative zur sozialistischen Planwirtschaft mit der Wahl Ludwig Erhards (FDP) sehr deutlich zum Ausdruck gebracht wurde.[168]

Eine programmatische Rede Erhards vom 21. April 1948 skizzierte die angestrebten Reformen. Zwei bisherige Fehler der Wirtschaftspolitik der deutschen Selbstverwaltung sollten korrigiert werden: die zu lange und einseitig praktizierte Förderung der Schwer- und Grundstoffindustrien (die ja eine unsoziale Vernachlässigung der Konsumbedürfnisse der Bevölkerung bewirkte) und das Festhalten an Zwangsbewirtschaftung und Preiskontrollen als Instrumente des Wiederaufbaus. "Er strebte eine liberale Wettbewerbsordnung an, bei der es darum ging, so rasch wie möglich zu freien Marktformen und zu einer indirekten Lenkung zurückzukehren, ohne auch nur temporär umfangreichere planungs- und lenkungswirtschaftliche Methoden zuzulassen." (Ambrosius (1977), S. 162)

2. Währungsreform und Wirtschaftsreform (L. Erhard)

a. Die Probleme

Ein wesentliches Element der Ausgangslage war der bereits 1945 erkannte Geldüberhang, der durch Kriegsausgaben des Reiches und die Nichtbedienung der nunmehr wertlos gewordenen Reichstitel - diese stellten ca. 2/3 der Aktiva des

168. Bei dieser Gelegenheit sowie noch deutlicher in den folgenden Monaten und vor allem vor den ersten Bundestagswahlen 1949 hat die CDU die Frage der Wirtschaftsordnung und den Inhalt der Sozialen Marktwirtschaft auf die Alternative Marktwirtschaft versus Planwirtschaft reduziert. Hierzu Ambrosius (1977).

deutschen Bankensystems dar - entstanden war und einen starken Währungsschnitt erforderlich machte bzw. erwarten ließ. Vorbereitung und Durchführung der Währungsreform lag größtenteils in Händen der USA. Grundlage war der 1946 ausgearbeitete Colm-Dodge-Goldsmith Plan (CDG Plan), nach dem alle monetären Forderungen und Verbindlichkeiten im Verhältnis 10:1 abgewertet wurden (mit Ausnahme von Mieten, Löhnen und Steuern, die in gleicher Höhe wie bisher nun in DM zu zahlen waren, und der Reichsschuld, die annuliert wurde). Vorgesehen war ferner eine anfängliche Ausstattung der privaten Haushalte mit einem Kopfgeld von 40-60 DM sowie eine Erstausstattung der Unternehmen mit 40-60 DM pro Beschäftigtem. Als Institution zur Emittierung und Steuerung der neuen Währung war bereits März 1948 eine Art Zentralbank, die Bank deutscher Länder, gegründet worden.

Die Währungsreform war zudem von Beginn an mit einer Reform der Wirtschaftsordnung verbunden, da die Modalitäten des Währungsschnittes sowie die Regelung des Lastenausgleichs zwischen Besitzern produktiven Vermögens und Besitzern von Geldforderungen Probleme bezüglich der Gestaltung des institutionellen Rahmens aufwarfen. Die Meinungsverschiedenheiten zwischen britischen und amerikanischen Besatzungsbehörden in dieser Frage reflektierten ordnungspolitische Differenzen: ein geringerer Schnitt und mehr staatliche Kontrollen bei den Briten, die eine Deflationskrise fürchteten, mehr Vertrauen auf Marktkräfte bei den Amerikanern. Entscheidend war vor allem die Frage: inwiefern war der Währungsschnitt mit einer Aufhebung staatlicher Zwangsbewirtschaftung und Wiedereinführung funktionsfähiger Wettbewerbsmärkte mit freier Preisbildung zu verbinden? Ludwig Erhards Antwort hierauf war in der o.e. Aprilrede sowie in dem kurz vor der Währungsreform verabschiedeten Leitsätzegesetz - das im wesentlichen die Verwirklichung seiner Aprilrede darstellte - eindeutig.

Der Zusammenhang zwischen Währungs- und Wirtschaftsreform erklärt u.a., weshalb die Amerikaner nicht auf den sowjetischen Vorschlag eingingen, die SBZ in die Währungsreform miteinzubeziehen: dies wäre nur zusammen mit dem Ziel der Wiederherstellung einer funktionsfähigen Marktwirtschaft sinnvoll gewesen. Eine solche Absicht war den sowjetischen Behörden kaum zu unterstellen. General Clays Festhalten an dieser Linie entsprach auch seiner (vermutlich entscheidenden) Unterstützung der Politik Ludwig Erhards.

Die These der Schlüsselbedeutung der Ordnungsreformen wird von Darstellungen der deutschen Wirtschaftsschwierigkeiten 1946-48 bestätigt, die in der Zwangsbewirtschaftung - mit ihren Preiskontrollen, Mengenkontingentierungen und -zuweisungen - das Haupthindernis der Investitions- und Produktionssteigerung in diesen Jahren sehen. Hierfür ist das Vorherrschen von Kompensationshandel und Schwarzmarkttransaktionen ein aussagekräftiges Symptom. Inputs von Rohstoffen und Halbfertigwaren wurden von manchen Industriebetrieben gehortet, bei anderen Betrieben fehlten sie vollkommen und die Produktion blieb solange eingestellt, d.h. Beschaffungsmärkte für Industrieinputs - in denen Preise das Informationsproblem vereinfachten - fehlten. Auch die Mobilisierung von Arbeitskräften litt unter dem fehlenden Konsumgüterangebot. Aufgrund dieser Knappheit konnten die Arbeiter nicht durch Nominallohnangebote allein zum erhöhten Einsatz ausreichend motiviert werden. Sie hätten in Naturalien entlohnt werden müssen bzw. man hätte ihnen erhebliche Freizeit zur Deckung ihres Konsumbedarfs einräumen müssen. Somit blieb ein erheblicher Teil der Ressourcen der Wirtschaft unterbeschäftigt oder in der Bewältigung von Transaktionsaktivitäten gebunden. Hauptsächlich wegen der zurückgestauten Inflation hatte das Geld den größten Teil seiner normalen Funktion im damaligen Deutschland eingebüßt. Dies war durch währungstechnische Eingriffe allein nicht zu beheben.

Wichtig ist in diesem Zusammenhang auch Buchheims Argument, daß es auf die Konformität zwischen Wirtschaftssystem, ordnungspolitischen Vorstellungen und wirtschaftspolitischen Maßnahmen ankam. Staatliche Zwangsbewirtschaftung war ohne Kriegsnot in einer kapitalistischen Wirtschaftsordnung mit Privateigentum an den Produktionsmitteln nicht mehr effizient, in einer sozialistischen Planwirtschaft dagegen zwar schwerfällig, aber effektiv. Nicht zuletzt deshalb kam der Wiederanstieg der Industrieproduktion in den SBZ 1946-47 noch stärker in Gang als im Westen (Buchheim (1989)).

b. Zur Würdigung der Reformwirkungen

Die Umstellung auf die neue DM-Währung erfolgte relativ schnell und reibungslos, nicht zuletzt weil die amerikanischen und deutschen Vorbereitungen umfangreich und sorgfältig waren. Hilfreich war das bereits beschlossene (und o.e.) Leitsätzegesetz, das die Aufhebung der Preiskontrolle und der Bewirtschaftung nicht nur erlaubte, sondern vor der Beibehaltung den Vorzug gab. Wichtig war allerdings hierbei, daß Ludwig Erhard eine Bestätigung der Durchführungsbestimmungen des Gesetzes durch die Alliierten vorwegnahm und die Preise fast aller gewerblichen Fertigwaren und auch einiger landwirtschaftliche Produkte sofort freigab.[169] Fertigkonsumgüter waren plötzlich zu haben, es kam sogar zu einem regelrechten Kaufboom. Im Herbst 1948 stiegen die Preise erheblich und die Inflationswarnungen mehrten sich. Schließlich griff die neue Zentralnotenbank, die Bank Deutscher Länder mit hohen Diskontsätzen und Kreditrestriktionen ein und es gelang die Inflation zu bremsen. Das Vertrauen zu der Währung hielt an. Hier wie insgesamt erwies sich die Unabhängigkeit der Zentralnotenbank von den Länderregierungen und namentlich die Vorschrift, daß der öffentliche Haushalt nur in sehr begrenztem Umfang durch die Bank deutscher Länder finanziert werden dürfte, als positiv.

Bei der Beurteilung der Währungs- und Wirtschaftsordnungsreform wird häufig auf das Wachstum der Wirtschaft Bezug genommen. U.a. hat W. Abelshauser aufgrund einer neuen Schätzung der Industrieproduktion in den Westzonen die These der Katalysatorrolle der Währungsreform und Marshall Plan in Frage gestellt, weil sich die Wachstumsraten schon in den Monaten vor der Reform beschleunigt hatten und ein klarer Bruch um den Zeitpunkt der Reform nicht festgestellt werden konnte (Abelshauser (1983)). Inzwischen ist auch diese Schätzung kritisiert und ein Bruch nach oben in den Produktionsziffern festgestellt worden (Klump (1985)). In diesem Zusammenhang wurde die Entwicklung in der britisch-amerikanischen Zone mit der der französischen Zone verglichen , weil in letzterem Gebiet zwar eine Währungsreform, aber keine Ordnungsreform stattfand und hier der wesentlich geringere Produktionsanstieg in den Monaten nach den Reformen (nach Ritschl (1985)) für die Bedeutung solcher Ordnungsreformen als Wachstumsdeterminante zu sprechen scheint. Ein Urteil über die Debatte kann an dieser Stelle nicht abgegeben werden. Vermutlich wird sich die Effektivität der Reformen nicht allein an solchen ex post Produktionsziffern ablesen lassen. Doch gehören sie zu dem Stoff einer ausreichenden Würdigung.

169. Allerdings muß in diesem Zusammenhang auf das bereits o.e. Warenverkehrsgesetz vom Okotober 1947 hingewiesen werden, weil es für den 30. Juni 1948 den Wegfall eines großen Teils der Bewirtschaftungsvorschriften vorsah. Hierzu Buchheim (1989), S. 400.

3. Der Marshall-Plan

Verständlicherweise liefert dieses Thema die deutlichsten Hinweise auf die Rolle der USA beim Wiederaufbau der westdeutschen Wirtschaftsordnung. Interessant ist dabei die damit verbundene Revision der bisherigen amerikanischen Politik der Bestrafung des besiegten Feindes, die Aufgabe des Morgenthau Plans der Deindustrialisierung und hoher Sachreparationsforderungen.

a. Ursachen

Der Marshall Plan ist das Ergebnis mehrerer interdependenter Faktoren, die nicht nur mit Deutschland zu tun hatten:

(1) Die kurzfristige Konjunktur: der Zusammenbruch des postwar Rekonstruktionsbooms in mehreren europäischen Ländern 1946-47 aufgrund der Nichtfinanzierbarkeit von Nahrungsmittel- und Rohstoffimporten ließ eine weltweite Dollarknappheit erkennen, welche nicht über den IWF, sondern am ehesten durch einseitige Kapitalhilfe der USA beseitigt werden konnte. (Hierzu Milward).

(2) Entwicklungsstrategie: Die USA glaubten, Europas Stabilität und Wohlstand seien nur über ein hohes Maß an internationaler Kooperation in Europa erreichbar. Hierfür erforderlich sei vor allem eine ökonomische Gesundung Deutschlands, die aber nicht unter Beibehaltung hoher Reparationen und ohne Hilfe realisierbar sei; gleichzeitig wäre Hilfe allein für Deutschland politisch nicht sinnvoll.

(3) Kurzfristige Finanzmotive: Sowohl die USA als auch Großbritannien waren an einer ökonomischen Stärkung ihrer Besatzungsgebiete interessiert, um Besatzungskosten zu reduzieren; eine solche Stärkung wurde aber in Abhängigkeit von deutschen Exporten gesehen, für die es in anderen Ländern an Kaufkraft fehlte. (Hierzu Gimbel)

(4) Kalter Krieg: Obwohl sich das European Recovery Program (ERP) bzw. der Marshall Plan ursprünglich auf das ganze Deutschland und Osteuropa erstrecken sollte, ist das Ziel der Stärkung kapitalistischer bzw. marktwirtschaftlicher Institutionen in den Empfängerländern nicht zu verkennen. Auch der antikommunistische Aspekt spielte bei der politischen Begründung des Plans in den USA (Trumans Forderungen an den US Kongress im Jahre 1947) eine führende Rolle.

b. Die Maßnahmen selbst

ERP-Mittel sollten in 1. Linie zur Finanzierung von $-Importen dienen. Aber der Gegenwert der umgesetzten Importwaren in deutscher Währung sollte an eine Sonderinstitution fließen. In Westdeutschland war dies die Kreditanstalt für Wiederaufbau, die damit Investitionsvorhaben - vornehmlich im Infrastrukturbereich - finanzierte.

Eine Bedingung der Gewährung von Marshall Plan Hilfe war, daß Empfängerländer ernsthafte Versuche unternahmen, Handelshemmnisse quantitativer Art abzubauen. Hierbei wurden schnelle Fortschritte erreicht: gemessen an dem Niveau von 1948 waren bis 1951 65% der Importe der 17 OEEC Länder von solchen quantitativen Restriktionen befreit.

Eine weitere Nebenbedingung des Marshall Plans war die Gründung der Organization for European Economic Cooperation (OEEC), welche die ERP in den verschiedenen Ländern koordinieren, Informationen über technischen Fortschritt in sog. Produktivitätszentren vermitteln, und auch Verhandlungen über Handelsliberalisierung mitführen sollte. Die OEEC führte zur Bildung einer Organisation zur Erleichterung der internationalen Zahlungen (unter OEEC Ländern), der Europäischen Zahlungs-Union, die nicht unerhebliche Devisen bzw. Dollarersparnisse möglich machte. Diese Institution war ein Ausdruck des ERP-Ziels, die Währungskonvertibilität der europäischen Länder möglichst schnell wiederherzustellen. Zu diesem Zweck wurde auch ein Teil der Marshall Plan Mittel bei der Bank für internationale Zahlungen in Basel zur Finanzierung kurzfristiger Zahlungsbilanzdefizite zur Verfügung gestellt.

Es ist möglicherweise nicht sinnvoll, die genaue Höhe der Marshall Plan Hilfe für jedes Empfängerland und namentlich für Deutschland anzugeben, weil die USA auch andere Formen der Hilfe gewährten und der Zeitpunkt der formellen Zusage nicht mit dem Zeitpunkt der Bereitstellung identisch gewesen ist. Trotzdem sollten hier aus der einschlägigen Literatur zwei Zahlungsreihen wiedergegeben werden:

Tabelle 1. Amerikanische Auslandshilfe an Westdeutschland (Mio. Dollar)

	GARIOA	ERP/MSA
1946/47	263	-
1947/48	580	-
1949/50	198	416
1950/51	-	479
1951/52	-	210
1952/53[a]	-	67
Summe	1620	1560

a bis 31.12.1952.

Quelle: Bundesminister für den Marshallplan Hg., Wiederaufbau im Zeichen des Marshallplans, Bonn 1953, S. 23-24.

Tabelle 2. Zusammensetzung der ERP/MSA-Einfuhren nach Westdeutschland (Mio. Dollar).

	Nahrungsmittel, Futtermittel, Saaten	Industrielle Rohstoffe	Maschinen u. Fahrzeuge	Frachten
1948/49	213	135	8	32
1949/50	175	212	9	29
1950/51	196	240	13	31
1951/52	76	100	8	26
1952/53	24	38	2	4
Zusammen	684	725	36	122

Quelle: Bundesminister für den Marshallplan Hg., Wiederaufbau im Zeichen des Marshallplans, Bonn 1953, S. 23.

c. Einschätzung der Folgen

Nach Ludwig Erhard schloß die ERP-Hilfe eine Lücke im deutschen Kapitalmarkt, erlaubte zusätzliche Investitionen und setzte somit Mittel zur Deckung des deutschen Konsumbedarfs - der dominierenden Zielgröße im Erhard'schen Ordnungskonzept - frei. Diese Hilfe stützte also den Aufschwung der westdeutschen Wirtschaft seit 1948 und auch das junge liberalwirtschaftliche ordnungspolitische Experiment.

Obwohl Abelshauser und andere Wissenschaftler die quantitative Bedeutung der ERP Hilfe (beispielsweise im Vergleich zu den GARIOA Mitteln) skeptisch beurteilen, lassen neuere Schätzungen (Buchheim und Borchardt und Buchheim) erkennen, daß die ERP-Mittel nicht nur Importengpässe bei wichtigen Industrieinputs beseitigten, sondern auch einen wesentlichen Teil der neuen Infrastrukturinvestitionen finanzierten.

Darüber hinaus leistete der Marshall Plan zwei weitere, wenn auch kaum quantifizierbare Beiträge zur westdeutschen Wirtschaftsentwicklung: Erstens hat er durch die Einbeziehung anderer westeuropäischer Länder und insbesondere Frankreichs in das ERP Reparationsforderungen gegenüber Deutschland zurückgerollt. Hierzu bemerkt Abelshauser: "Er hat der Weststaatsgründung den Weg geebnet, das Verhältnis der Bundesrepublik zu den Reparationsgläubigern entlastet und den Westzonen die Verfügungsgewalt über die eigenen Ressourcen weitgehend zurückgegeben." (Abelshauser, S. 63) Zweitens hat der Marshall Plan die westeuropäische Zusammenarbeit und insbes. die Liberalisierung des Güter- und Kapitalverkehrs zwischen Westdeutschland und den anderen Ländern vorangetrieben. Diese Liberalisierung paßt bestens zu dem (bereits beschrieben) liberalwirtschaftlichen Ordnungskonzept der BRD, ja sie war in gewisser Weise eine seiner wesentlichsten Voraussetzungen.

4. Wettbewerbsordnung

a. Hintergrund

Anfangs (1945-1950) waren die US-Besatzungsbehörden sehr stark von den negativen Konsequenzen des mangelnden Wettbewerbs für die deutsche Wirtschaft und Gesellschaft überzeugt. Sowohl der Aufstieg als auch die internationale Gefahr der Nazimacht hatte nach ihrer Meinung von der Konzentration der Wirtschaftsmacht in Deutschland abgehangen. Außerdem war zu dieser Zeit das Anti-Trust Denken in den USA recht stark, ein Denken, das in dem Glauben gipfelte, die Stärke der amerikanischen Wirtschaft sei zu einem wesentlichen Teil von der durch eine strenge Anti-Trust Politik aufrechterhaltenen Wettbewerbsintensität erklärbar. Weil aber die US Vertreter den Eindruck hatten, daß die deutschen Politiker, Ökonomen und Behörden diese negative Meinung über Wettbewerbsbeschränkungen nicht teilten, wollten sie die Regelung der Wettbewerbsordnung den Deutschen zunächst nicht übertragen. Nach der im Mai 1945 erlassenen Direktive der JCS 1067 galt als Leitziel der amerikanischen Besatzungspolitik, "alle Kartelle oder kartellähnliche Organisationen zu verbieten und eine Streuung des Besitzes und der Kontrolle der deutschen Industrie herbeizuführen." (Berghahn (1985), S. 88)

b. Dekonzentration und Entflechtung

Daß Dekonzentration und Entflechtung nach 1945 nicht schneller und vollständiger vor sich gingen, lag u.a. an dem wachsenden Interesse der USA an einer leistungsfähigen deutschen Industriewirtschaft, was eine allzu rasche Neustrukturierung verbot, aber auch an dem verständlichen Widerstand deutscher Industrieunternehmer gegenüber dieser amerikanischen Politik. Immerhin kam es bis ca. 1950 zu einigen bemerkenswerten Errungenschaften:

(1) die Zerlegung der I.G. Farben in 4 selbständige Konzerne (von dauerhafter Bedeutung);

(2) die Aufteilung der 3 Großbanken in 30 Regionalbanken (im Grunde nur eine temporäre "Scheinentflechtung");

(3) die Zerlegung des Vereinigten Stahlwerks (das ca. 40 % der Stahl- und über 50 % der Steinkohleproduktionskapazität auf sich vereinigte) in mehrere Stahl- und Bergbauunternehmen. Allerdings vollzog sich die Wettbewerbsregelung in diesem Sektor erst 1951 über den Sonderweg der Europäischen Gemeinschaft für Kohle und Stahl, d.h. über die Montanunion. Das ist erläuterungsbedürftig.

c. Montanunion als Wettbewerbsregulator.

Dahinter stand die Überlegung der Allierten, daß die Schwerindustrie der Ruhr zu wichtig für Europa sei, um allein der deutschen Kontrolle unterstellt zu werden. Es ist interessant festzustellen, und sicherlich kein Zufall, daß der Schumann Plan, der zur Montanunion führte, so stark von dem Franzosen Jean Monnet und von seiner amerikanischen Anti-Trust Gesinnung geprägt wurde, daß das Montanuniongesetz als "erstes europäisches Antitrustgesetz" bezeichnet worden ist (Berghahn (1985), S. 143). Die Hohe Kommission, die nach Gründung der BRD die Besatzungsrechte der Allierten in Westdeutschland ausübte, hielt die Frage der

Entflechtung und Wettbewerbsregelung der Schwerindustrie noch für so entscheidend, daß sie diese Regelung zur Voraussetzung der Übertragung wirtschaftspolitischer Souveränität an die BRD machte. Daß die Montanunion darüberhinaus im Einklang mit einem anderen Ziel der amerikanischen Politik stand - nämlich mit der Förderung der wirtschaftlichen Kooperation innerhalb Westeuropas - steht auf einem anderen Blatt.[170]

d. Das deutsche Wettbewerbsgesetz (1957)

Der Kampf um eine Wettbewerbsregelung zog sich nach Gründung der BRD lange hin. Neben Dekonzentration und Entflechtung ging es im wesentlichen um die Frage eines Kartellverbots. Ludwig Erhard galt schon vor 1949 als Apostel des freien Wettbewerbs und als Wirtschaftsminister auch als Verfechter eines Antikartellgesetzes, aber er stieß auf harten Widerstand der immer stärker werdenden Industrieunternehmer, organisiert vor allem im BDI. Durch Druck der Amerikaner, die immer wieder (bis 1955) mit einem alliierten Antikartell-Oktroi drohten, sowie dank mangelnder Einigkeit unter den organisierten Industrieinteressen, kam 1954 ein Kompromiß zwischen der Regierung und dem BWM einerseits und dem BDI andererseits zustande (das allerdings erst 1957 Gesetz wurde): Anerkennung des Grundsatzes eines Kartellverbots, aber mit Ausnahmeregelungen. Ausgenommen wurden die Verkehrswirtschaft, die Land- und Forstwirtschaft, das Kredit- und Versicherungswesen, sowie die Versorgungswirtschaft. Ferner klammerte das GWB die Fusionskontrolle aus. Es ist interessant, das Zustandekommen des GWBs mit dem des Mitbestimmungsgesetzes zu vergleichen. Während die CDU Regierung 1951 gegen erbitterten Widerstand der Industrie die paritätische Montanmitbestimmung durchsetzte, dafür allerdings ein wesentlich schwächeres Betriebsverfassungsgesetz für die restliche Industrie verabschiedete, konnte oder wollte sie, bei ähnlicher Industrieopposition, mit dem Wettbewerbsgesetz nicht so schnell voran gehen. Diese Frage verdient weitere Aufmerksamkeit.

170. Erwähnenswert ist ferner, daß die Montanunion in Zusammenhang steht mit der betrieblichen Mitbestimmung, ein sicherlich wichtiges und charakteristisches Element der Wirtschaftsordnung der BRD.

e. Erfolge der Wettbewerbsordnung?

Es wäre naiv, Erfolge der deutschen Industrie, geschweige denn das hohe Wirtschaftswachstum der BRD, in der Nachkriegszeit auf eine gegenüber früher "verbesserte" Wettbewerbsordnung zurückzuführen. Dagegen spricht nicht nur das verspätete Inkrafttreten des Wettbewerbsgesetzes, sondern auch frühere Erfolge der deutschen Industriewirtschaft unter ganz anderen Wettbewerbsbedingungen. Außerdem scheint es nicht sinnvoll, Wettbewerbsregeln mit ex post ökonomischen Erfolgsindikatoren zu korrelieren und auf diese Weise ein Urteil über den Zusammenhang zu bilden. Vielmehr ist zu überlegen, wie Wettbewerbsregeln auf Marktstruktur und Marktverhalten einwirken und ob für letztere überprüfbare Indikatoren gefunden werden können, die wiederum Konsequenzen für den ökonomischen Erfolg haben könnten. Dieser Weg wird zunächst nur mittels Branchenstudien zu verfolgen sein. Er bietet wahrscheinlich die einzige Möglichkeit, Wettbewerbsordnungen bzw. Wettbewerbspolitik systematisch zu würdigen.

C. Wirtschaftspolitik in der BRD.

1. Allgemeine Vorbemerkungen.

Auf der Grundlage der eben geschilderten "ordnungspolitischen Weichenstellungen" entwickelte sich die staatliche Wirtschafts- und Sozialpolitik in der BRD. Sie wurde allerdings auch von wirtschaftlichen, sozialen und politischen Veränderungen mitgeprägt, d.h. ihre Geschichte ist keineswegs nur als konsequente Ausführung von den einmal in der "Grundungsphase" festgelegten ordnungspolitischen Prinzipien anzusehen. Das ist sie z.T. deshalb nicht, weil veränderte soziale, politische und ökonomische Bedingungen neue ordnungspolitischen Prinzipien hervorrufen bzw. erfordern können. Das wird im folgenden zu berücksichtigen sein.

a. Wachstums- und Konjunkturphasen in der BRD: Objekte und Determinanten der Wirtschaftspolitik.

Die Wirtschaftsgeschichte der BRD läßt sich aus wachstumspolitischer Perspektive in 3 bis 4 Phasen einteilen:

(1) die Rekonstruktionsphase: 1949 bis ca. 1961, gekennzeichnet durch Kapitalmangel, hohe Arbeitskräftereserven und einen starken technologisch-organisatorischen Rückstand gegenüber dem Ausland;

(2) Wachstum mit Vollbeschäftigung: von ca. 1961 bis ca. 1973, gekennzeichnet noch durch "Aufholwachstum" und die Importierbarkeit von technisch-organisatorischen Innovationen;

(3) Strukturbrüche, Stagflation und Wachstum als "Vorauswirtschaft" seit den 1970er Jahren. Man könnte zwischen den 1970er und 1980er Jahren nach dem Kriterium der Inflation und evtl auch der Wachstumsraten unterscheiden.

N.B.:Alle Phasen sind durch bedeutende Export- bzw. Leistungsbilanzüberschüsse gekennzeichnet. Darauf muß später noch näher eingegangen werden.

Zu der o.a. Einteilung ist eine Abbildung nützlich. (Hier Abbildung 2)

Die Konjunkturgeschichte der BRD ist allerdings etwas anders einzuteilen. Die konjunkturellen Wendepunkte zeigen folgenden Verlauf:

Untere	Obere
	2/1951
1/1954	10/1955
4/1959	2/1961
2/1963	5/1965
8/1967	5/1970
12/1971	8/1973
5/1975	1979
1982	?

Zur Einschätzung der Wirtschaftspolitik sind sowohl die langfristigen, nur im nachhinein feststellbaren, Wachstumsverschiebungen als auch die kurzfristigen, von den Zeitgenossen wahrgenommenen, Konjunkturzyklen relevant. Entsprechend unseren Vorbemerkungen ist zu fragen, inwiefern die staatliche Wirtschaftspolitik zu diesen Phasen "paßt".

Jährliche Wachstumsrate des BIP pro Stunde und Arbeitslosigkeit in der BRD in Prozent (1950-1987)

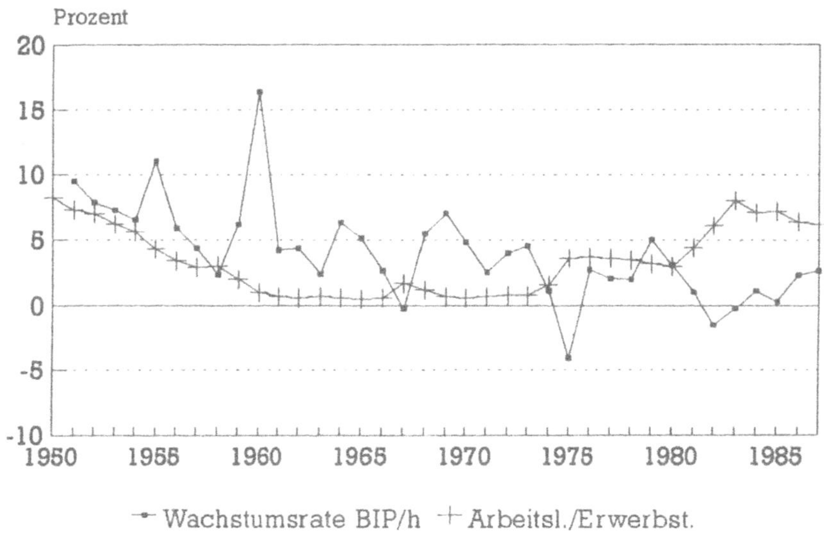

Quelle: Maddison (1991)

b. Ausrichtung, Ziele und Instrumente der Wirtschaftspolitik.

Unterscheidet man zwischen Keynesianismus und Neoklassik bei der Charakterisierung der deutschen Wirtschaftspolitik seit 1949 so müßte von einer Dominanz der Neoklassik gesprochen werden. Das läßt sich an den offenbar verfolgten Zielen der deutschen Wirtschaftspolitik erkennen. Von den zum "magischen Viereck" gehörigen und seit 1967 auch häufig bemühten Zielen - Stabilität, Vollbeschäftigung, außenwirtschaftliches Gleichgewicht und "angemessenes" Wirtschaftswachstum - ist vor allem die Stabilität der Neoklassik zuzuordnen; und vor allem in dieser Hinsicht ist auf langer Sicht der deutschen Wirtschaftspolitik "Erfolg" zu bescheinigen. Angesichts der liberalwirtschaftlichen Ausrichtung der o.e "ordnungspolitischen Weichenstellungen" der "Gründungszeit" der BRD ist das nicht überraschend. Allerdings gab es Phasen keynesianischer Experimente, aber auch

Ansätze, die weder keynesianisch noch neoklassisch ausgerichtet waren. Sie sollten im folgenden nicht ganz ausgeblendet werden. Vermutlich paßt es auch zur Gründungsgeschichte der BRD, daß unter den verschiedenen wirtschaftspolitischen Instrumenten, die der Geldpolitik (im weiteren Sinne) - Diskontsätze, Mindestreservevorschriften, Kreditkontingentierungen, auch Wechselkurssteuerung - am häufigsten verwendet worden sind, während die Instrumente der Finanzpolitik sowie andere Maßnahmen seltener zum Einsatz gebracht wurden.

2. Einzelbeispiele der historischen Bedingtheit der Wirtschaftspolitik.

a. Anfangsschwierigkeiten, 1949-51.

Nach der Währungsreform (im Herbst 1948) kam es zu den bereits o.e. Anzeichen der Inflation und restriktiven Maßnahmen der Zentralnotenbank, denen eine langanhaltende Rezession mit stark steigender Arbeitslosigkeit - die über die 10% Schwelle schritt - folgte. Im Laufe 1949 wurde die Notenbankpolitik gelockert. Weil zu dieser Zeit auch ein nicht unerhebliches Handelsbilanzdefizit entstanden war, nahm die Bundesregierung eine fast 25%ige Abwertung der DM vor. Eine expansive Maßnahme, die jedoch zum Teil durch die gleichzeitig stattfindende Abwertung anderer europäischer Währungen ausgeglichen wurde. Schon zu dieser Zeit enstanden Forderungen seitens des deutschen Bundestags sowie der Alliierten Hohen Kommission (AHK) nach einem staatlichen Beschäftigungsprogramm. Der BWM Erhard versuchte, diese Forderungen abzuwehren, was aus seiner neoliberalen Sicht durchaus verständlich ist. Er "sah in der Intervention der Alliierten einen Generalangriff auf die deutsche Marktwirtschaft." (Abelshauser, S. 67) Erhard schätzte die nicht zu leugnende Arbeitslosigkeit als strukturelle Arbeitslosigkeit ein, bedingt durch die Zuwanderung aus dem Osten. Dennoch mußte das BWM Arbeitsbeschaffungsmaßnahmen einleiten, deren Ausmaß allerdings recht gering gehalten wurde.

Bevor das Maßnahmenpaket geprüft werden konnte, brach der Korea Krieg aus, der bald die westdeutsche Wirtschaft auf Hochtouren brachte und deren begrenzte Kapitaldecke und Industriekapazität offenlegte. Dieser Nachfrageschub führte die deutsche Wirtschaft in eine durch Engpässe im Grundstoff- und Investitionsgütersektor verursachte Krise gegen Ende des Jahres 1950, die auch zu einer Zahlungsbilanzkrise führte. Die Zahlungsbilanzkrise konnte durch Kredite der EZU, durch die Rücknahme der Liberalisierung des Außenhandels sowie durch eine stark restriktive Politik der Bank deutscher Länder (welche gegen den Protest der Bundesregierung den Diskontsatz von 4 auf 6 % heraufsetzte) 1951 bewältigt werden, aber die Wirtschaftskrise - ersichtlich an der stagnierenden Industrieproduktion und der (hohen) Arbeitslosigkeit - konnte dadurch nicht behoben werden. Wieder einmal forderte die AHK sowie der Bundestag staatliches Handeln. Hinter der Forderung der AHK steckten diesmal nicht in erster Linie Bedenken über die mit wachsender Arbeitslosigkeit zu fürchtenden sozialen Spannungen und eine damit möglicherweise einhergehende Radikalisierung der Arbeiterschaft, sondern auch der Wunsch nach einem stärkeren Beitrag der BRD zum Verteidigungskampf gegen den Kommunismus. Als Ergebnis kam jedoch nicht hauptsächlich ein staatlich-finanziertes Investitionsprogramm heraus, sondern eine Art Wiederbelebung der Industrieverbände, wodurch Mittel zur Überwindung von Engpässen von den Industrieverbänden selbst mobilisiert und koordiniert wurden. Dies war nichts anderes als ein Rückfall in die "korporative Marktwirtschaft" (Abelshauser). Ein wichtiges Ergebnis war das Investitionshilfegesetz (1952), das Kapital vom Konsumgüter- zum Investitionsgütersektor transferierte .Dies war gewissermaßen eine Umkehrung des Erhard'schen Ansatzes, nicht nur in Hinblick auf eine Zurückstufung der Konsumgüterindustrien, sondern auch bezüglich des Ordnungsprinzips, wonach der freie Wettbewerb kollektive kartell-ähnliche Institutionen verdrängen sollte.

b. Weiteres zur Wirtschaftspolitik in der Rekonstruktionsphase.

Im Laufe der Rekonstruktionsperiode herrschte unter Ökonomen eine ziemliche große Übereinstimmung über das Grundproblem der damaligen Wirtschaft: dem Kapitalmangel. Dem trugen nicht nur die o.e. Interventionen Rechnung, sondern generell in dieser Periode auch die Finanzpolitik. Insgesamt erwirtschaftete die öffentliche Hand einschließlich der Sozialversicherung erhebliche Überschüsse, nach einer Schätzung für die Zeit von 1951 bis 1964 ca. 35-40 % der Bruttoersparnisbildung der Gesamtwirtschaft (Roskamp). Damit wurden Mittel zur Investitionsfinanzierung freigesetzt, wenn auch das wirtschaftspolitische Motiv ein anderes gewesen sein kann (nämlich die Geldwertstabilität). Die Steuergesetzgebung - zunächst von den Alliierten in Richtung einer progressiven Belastung hoher Einkommen stark mitgeprägt - beeinflußte durch Vergünstigung hoher Abschreibungen und Gewinneinbehaltung die Selbstfinanzierung der Investitionen positiv, bremste dafür allerdings möglicherweise den Gang zum Kapitalmarkt.

c. Die Krise von 1966-67 und das Stabilitätsgesetz.

Als sich anfangs der 1960er Jahre die Vollbeschäftigung einstellte, wurde die staatliche Wirtschaftspolitik als Wachstums- und Konjunkturinstrument entdeckt und institutionalisiert. Zunächst wurde von der Regierung Erhard 1963 der Sachverständigenrat eingerichtet (mit der Pflicht, über die gesamtwirtschaftliche Lage und mögliche wirtschaftspolitische Ziele zu berichten). Der wichtigere Wandel kam jedoch mit der unerwarteten Krise der Jahre 1966-67, die einen Anstieg der Arbeitslosigkeit (auf 2,1 %!) und - zum ersten Mal in der Geschichte der BRD - ein negatives gesamtwirtschaftliches Wachstum brachte. Bezeichnenderweise fegte diese Krise sowohl Erhard als auch die FDP - beides Stellvertreter einer neoliberalen Ablehnung keynesianischer Politik - weg von der Regierungsverantwortung. An deren Stelle trat die "Große Koalition" und nicht zuletzt jener prominente Keynesianer, Karl Schiller. Im Jahre 1967 wurde das "Gesetz zur Förderung der Stabilität und des Wachstums der Wirtschaft" verabschiedet, das als "Grundgesetz der Wirtschaftspolitik" bezeichnet worden ist und die bereits o.a. Ziele des "magischen Vierecks" als Leitfäden der Regierungspolitik vorgab. Am wichtigsten war in diesem Zusammenhang die Pflicht zur antizyklischen Gestaltung der öffentlichen Finanzen. Obwohl die Krise von 1966-67 schnell überwunden wurde und die Bundesregierung sich in diesen Jahren "konjunkturgerecht" verhielt, wird man nicht sagen können, daß dies die Effektivität keynesianischer Maßnahmen belegt. Ein weiterer Teil des "neuen Kurses" des Keynesianismus war die ebenfalls vom BWM Schiller initiierte "konzertierte Aktion" - Gespräche zwischen der Bundesregierung, Vertreter der Gewerkschaften und der Verbände, sowie Bundesbank und SVR, die im Hinblick auf die Wirtschaftslage ihre Ansprüche an das

Sozialprodukt "konjunkturgerecht" formulieren sollen. Anläßlich der Kontroverse über das erweiterte Mitbestimmungsgesetz 1976 wurde die konzertierte Aktion beendet. Ungefähr zu dieser Zeit wurden auch die Grenzen der üblichen keynesianischen Maßnahmen als Mittel zur Bekämpfung der Arbeitslosigkeit und der Inflation deutlich. 1975 z.B. richtete ein relativ großes Budgetdefizit eine kaum erkennbare Wirkung auf die Konjunkturlage und die Arbeitslosigkeit aus.

Diskussionswürdig bleibt die These, daß ein Mißerfolg der "Schiller'schen" Wirtschaftspolitik in den von ihr stimulierten Erwartungen begründet war, wie Scherf (1986) meint. Wenn es stimmt, daß die Bundestagswahl 1969 allgemein als "Schiller-Wahl" galt, so wurden "Schiller Wähler" bald enttäuscht. Die sozialliberale Koalition hat sich an die Vorgaben des damaligen Wirtschaftsministers (und des 1971-74 auch als Finanzminister amtierenden "Superministers") Schiller keineswegs gehalten, sondern versucht, ein großangelegtes Programm von Reformmaßnahmen mit einer umfangreichen Liste neuer Staatsaufgaben und -ausgaben zu verwirklichen. Daß sich dieses Programm nur teilweise realisieren ließ, lag an verschiedenen parteipolitischen und parlamentarischen Hürden, aber nach Scherf genügte der Versuch, Erwartungen über den Verteilungsspielraum der Wirtschaft unter Wirtschaftssubjekten und insbes. unter den Klienten der SPD, den Gewerkschaften, zu wecken, die zunächst nicht zu bremsen waren und in die Phase der Stagflation (Inflation plus wachsende Arbeitslosigkeit) münden mußten. Bei einer solchen Interpretation ist jedoch zu bedenken, daß eine ähnliche Wende zu dieser Zeit auch in anderen Ländern zu beobachten war, z.B. in Frankreich (vgl. die Abb. 3).

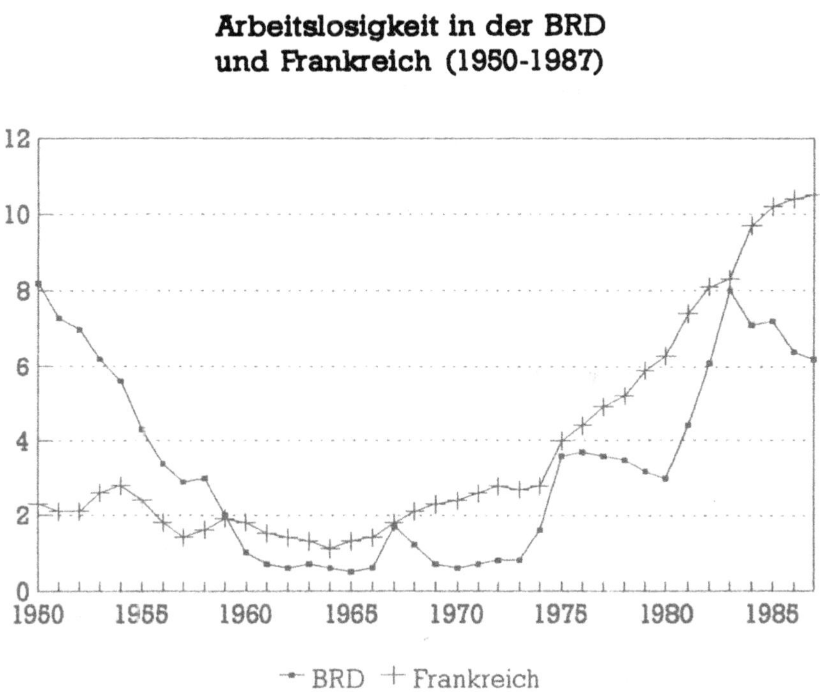

Quelle: Maddison (1991), S. 262 f.

3. Zwei Bereiche der Wirtschaftspolitik im Überblick.

a. Außenwirtschaftspolitik.

Wie bereits o.a. ist dieser Bereich - gemessen an der Handels- oder Leistungsbilanz - nach anfänglichen Schwierigkeiten phasenunabhängig über die ganze Geschichte der BRD außerordentlich erfolgreich gewesen. Doch ist es sinnvoll, zwischen den Anfängen und den seit ca. 1952 einsetzenden Erfolgen zu unterscheiden.

(1) Die Liberalisierung, 1948-52.

Zu den Folgen der Allierten Politik in den o.a. Jahren zählen richtungsweisende

Entscheidungen der Allierten über die deutsche Handelspolitik. Bereits mit dem Marshall Plan wurde der Abbau von quantitativen Importrestriktionen angeordnet. Nach dem sog. "Statement von Annecy" (auch 1948) wurde Westdeutschland gezwungen, mehreren Ländern Meistbegünstigungen zu gewähren. Schließlich wurde auch der Beitritt der BRD zum GATT Oktober 1951 als quid pro quo ausgehandelt, wobei das Quo die Übertragung der handelspolitischen Souveränität an die BRD darstellte. Ebenfalls unter Druck entstanden war die Anerkennung und Übernahme internationaler Vorkriegsschulden durch die Bundesregierung, später verankert im Londoner Schuldenabkommen von 1952.

(2) Weitere Entwicklung seit 1952.

Seit 1952 blieb die deutsche Handels- und Leistungsbilanz mit wenigen Ausnahmen positiv. Um diese Zeit wurde die BRD zudem zum Vorreiter der Liberalisierung auf außenwirtschaftlichem Gebiet. Dies dokumentiert sich u.a. 1955 und 1957 in einseitigen Zollsenkungen der BRD und in einem rascheren Abbau quantitativer Importhemmnisse als ursprünglich mit der OEEC vereinbart. Der Grund hierfür scheint Angst vor "importierter Inflation" gewesen zu sein. Seit dieser Zeit ohnehin ein Hauptthema der wirtschaftspolitischen Diskussion in Deutschland, dessen Bedeutung für die deutsche Wirtschaftspolitik in mehreren Aufwertungen der DM zum Ausdruck gebracht wurde (diskutiert in den 1950er Jahren, erstmals ausgeführt 1961). Es wird behauptet, daß die positive Einstellung der Gewerkschaften bzw. des DGB zur Liberalisierung (unter Verwendung der Perspektive des Verbrauchers) diese Politik wesentlich erleichtert hat.

Seit ca. 1955-56 steht die Frage der Liberalisierung des Außenhandels natürlich im Schatten der EWG Verhandlungen.

b. Die Geldpolitik.

Wie bereits oben angedeutet liegt hier sowohl in kurz- als auch in langfristiger Perspektive das A und O der deutschen Wirtschaftspolitik der Nachkriegszeit. Die Aktivitäten der Zentralnotenbank dokumentieren und reflektieren den Konjunkturverlauf. Häufig hat die Bank durch Änderungen des Diskontsatzes etc. die Regierungspolitik gestützt, z.B. durch Lockerungsschritte im Jahre 1949, gelegentlich hat sie auch die Regierung konterkariert, z.B. im Herbst 1950, und einige Male sind ihre Interventionen konjunkturpolitisch absolut bestimmend gewesen. Doch gilt das Interesse hier eher dem langfristigen Aspekt.

(1) Gründungsphase.

Von 1945 bis ca. 1948 arbeitete die amerikanische Politik in Richtung der Schöpfung eines Notenbanksystems, das institutionell ähnlich wie das Federal Reserve System der USA gestaltet sein sollte. Das Ergebnis war die März 1948 gegründete Bank deutscher Länder, die aber zunehmend den Charakter einer Zentralnotenbank annahm, allerdings mit der rechtlichen Unabhängigkeit der amerikanischen FR Board of Governors. Im Laufe der 1950er Jahre wurde die Trennung der Bank deutscher Länder von den Länderbanken gefördert und 1956 das Bundesbankgesetz als Grundlage der Ablösung der BdL verabschiedet.

(2) Ziele und Wirkungsweise der Geldpolitik und Zentralnotenbank.

In einer interessanten Studie hat Hajo Riese (1989) nach der langfristigen Konsistenz der Geldpolitik und nach deren Konformität mit der jeweiligen Wirtschaftslage bzw. "Marktkonstellation" der BRD gefragt. Unter "Geldpolitik" werden sowohl binnen- als auch außenwirtschaftliche Maßnahmen verstanden, obwohl strenggenommen Wechselkursänderungen Sache der Regierung und nicht der Zentralnotenbank sind. Von Bedeutung ist die These, daß sich die Bank nicht allein oder primär an der Wahrung der Geldwertstabilität, gemessen an der Konstanz des internen Preisniveaus, orientiert, sondern an der Stabilität, gemessen in der Härte der Währung nach außen. Aber die Härte der Währung ist nur das eine Kriterium der Effektivität der Geldpolitik, das andere ist die Sicherung der Exportfähigkeit der BRD, ablesbar anhand der Handels- oder Leistungsbilanz. Riese formuliert dies wie folgt:

"Man kann daher die Strategie der Bundesbank auf den Nenner bringen daß sie die Härte der DM mit ihrer Unterbewertung zu verbinden sucht - ein Unterfangen, dessen Realiserung sich aus einer markttheoretischen Perspektive keineswegs von allein einstellt, da die Härte der Währung gegen die stimulierende effektive

Nachfrage, die aus der Unterbewertung (und zumindest in der Akkumulationsphase einer steigenden Investitionsquote) resultiert, zu verteidigen ist." (Riese (1989), S. 440)

Der Erfolg dieser Politik wird (von Riese) vor dem Hintergrund der Bedingungen in 4 Phasen geprüft und erläutert. In der 1. Phase (der "Akkumulation") scheint das Zusammenfallen von hoher Investitionsneigung und Exportüberschüssen konsistent mit der eben geschilderten Verteidigung der Härte und Unterbewertung der Währung, weil die enormen Arbeitskräftereserven dieser Periode die Lohnsteigerungen wesentlich hinter den Produktivitätszuwächsen zurückhielten. In der "Inflationsperiode" seit etwa der 196oer Jahren muß die Bundesbank die Inflationsgefahr, die von einer expansiveren Regierungspolitik, einem angespannten Arbeitsmarkt und den durch Unterbewertung begünstigten Exportüberschüssen ausgeht, beachten, aber erst am Ende der 60er Jahre bringen Lohnexplosion und Wechselkursschwankungen Handlungsbedarf mit sich. Die Stagflationsphase der 1970er Jahre zeigt eine restriktivere Geldpolitik, welche die Inflation erfolgreich bekämpft, um das außenwirtschaftliche Doppelziel zu verfolgen, jetzt bei schwankenden Wechselkursen und erheblichen Kapitalbewegungen , aber mit dem Preis sinkender Investitionen und hoher Arbeitslosigkeit. Mit der Brechung der Inflation Anfang der 1980er Jahre kann die Bundesbank den restriktiven Kurs lockern, aber das Wechselkursproblem bleibt, vor allem der Dollar, dessen zunehmende Härte die DM-Härte gefährdet, dessen Sinken eine Gefährdung der Unterbewertung der DM und der Exportchancen der BRD bedeutet. Dies ist ein Dilemma, dessen Lösung, so Riese, in einer Umstellung der wirtschaftspolitischen Strategie der BRD von der o.e. Zielsetzung auf das Ziel der Währungshärte und die Rolle des Kapitalexporteurs statt Warenexporteurs zu erwarten ist.

Literatur

Karl Christian Schaefer:
Die merkantilistische Wirtschaftspolitik

AMBROSIUS, Gerold, *Merkantilismus, Kameralistik und öffentliche Wirtschaft - Überblick, Forschungstand und forschungsrelevante Probleme.* In: ZS f. öffentl. u. gemeinwirtsch. Unternehmen 10, 1987, S. 231 ff

BLAICH, Fritz, *Die Epoche des Merkantilismus.* Stuttgart 1973

BOG, Ingomar, *Der Reichsmerkantilismus.* Studien zur Wirtschaftspolitik des heiligen Römischen Reiches im 17. und 18. Jahrhundert (Forsch. z. Sozial- u. Wirtsch.gesch. 1). Stuttgart 1959

BRAUDEL, Fernand, *Sozialgeschichte des 15.-18. Jahrhunderts.* 3 Bde. München 1986

CIPOLLA, Carlo M./BORCHARDT, Knut (Hg.), *Europäische Wirtschaftsgeschichte Bd. 3.* Stuttgart, New York 1976 (TB: ed. 1985)

COLEMAN, D. C. (Hg.), *Revisions in Mercantilism.* London 1969

DURANT, Will/DURANT, Ariel, *Kulturgeschichte der Menschheit.* 18 Bd. ([1]1932 ff; dt. TB:) München 1982

HECKSCHER, Eli F., *Der Merkantilismus.* 2 Bde. Jena 1932

HOSFELD-GRUBER, Jutta, *Der Merkantilismusbegriff und die Rolle des absolutistischen Staates im vorindustriellen Preussen.* München 1985

KELLENBENZ, Hermann, *Probleme der Merkantilismusforschung. I: XII. Congrès International des Siences Historiques. Rapports IV: Methodologie et histoire contemporaine.* Wien-Horn 1965, S. 171 ff

van KLAVEREN, Jacob, *Fiskalismus, Merkantilismus, Korruption.* In: VSWG 47, 1960, S. 333-353

KLEIN, Ernst, *Staatsdirigismus und Handelsfreiheit in der merkantilistischen Wirtschaftstheorie*. In Jbb NatStat 180, 1967, S. 72 ff

KLEIN, Ernst, *Geschichte der öffentlichen Finanzen in Deutschland (1500-1870)*. Wiesbaden 1974

KRÜGER, Horst, *Zur Geschichte der Manufakturen und der Manufakturarbeiter in Preußen*. Berlin-Ost 1958

KUCZYNSKI, Jürgen, *Die Geschichte der Lage der Arbeiter unter dem Kapitalismus*. Bd. 26. Berlin-Ost 1965

OTRUBA, Gustav, *Das österreichische Wirtschaftssystem im Zeitalter des Prinzen Eugen*. In: Kunisch, Johannes (Hg.): Prinz Eugen und seine Zeit. Würzburg 1986, S. 57-90

PRESS, Volker (Hrsg.), *Städtewesen und Merkantilismus in Mitteleuropa (Städteforschung A 14)*. Köln, Wien 1983

ROTHERMUND, Dietmar, *Europa und Asien im Zeitalter des Merkantilismus*. Darmstadt 1978

SCHIEDER, Theodor (Hg.), *Handbuch der europäischen Geschichte*. Bd. 4. Stuttgart 1968

SCHIEDER, Theodor, *Friedrich der Grosse. Ein Königtum der Widersprüche*. Frankfurt/Main, Berlin, Wien 1983, S. 308-340

STAVENHAGEN, Gerhard, *Geschichte der Wirtschaftstheorie* (Grundriß der Sozialwissenschaft 2). Göttingen 1969, S. 18-49

TREUE, Wilhelm, *Wirtschaft, Gesellschaft und Technik vom 16. bis 18. Jahrhundert*. In: Grundmann, Herbert (Hg.): Gebhardt. Handbuch der deutschen Geschichte. (Tb.:) Bd. 12. München 1974 u. ö.

TREUE, Wilhelm, *Wirtschaftsgeschichte der Neuzeit. Bd I: 18. und 19. Jahrhundert*. Stuttgart 1973

TROITZSCH, Ulrich (Hg.), *Technologischer Wandel im 18. Jahrhundert.* (Wolfenbütteler Forschungen 14). Wolfenbüttel 1978

Michael Kopsidis:
Liberale Wirtschaftspolitik im Zeitalter der Industrialisierung

BDL = Blätter für deutsche Landesgeschichte
EEH = Explorations in Economic History
EHR = Economic History Review
HdWW = Handbuch der Wirtschaftswissenschaften
JDE = Journal of Development Economics
JEH = Journal of Economic History
JPE = Journal of Political Economy
JWG = Jahrbuch für Wirtschaftsgeschichte
SVS = Schriften des Vereins für Sozialpolitik
VSWG = Vierteljahresschrift für Sozial- und Wirtschaftsgeschichte

BAUGH, D.A., *The Cost of Poor Relief in South-East England 1790 - 1834*, in: EHR, Vol. 28 (1975), S. 50 - 68.

BIRNSTIEL, Ekkehard, *Theorie und Politik des Außenhandels*, Stuttgart 1982.

BLISS, Christopher, STERN, Nicholas, *Productivity, wages and nutrition*, in: JDE, Vol. 5 (1978), S. 331 - 397.

BOELKE, Alfred Willi, *Liberalismus*, in: HdWW, Bd. 5, Tübingen und Göttingen 1980, bes. S. 32 - 36 u. S. 41 - 44.

BORCHARDT, Knut, *Zur Frage des Kapitalmangels in der ersten Hälfte des 19. Jahrhunderts in Deutschland*, in: Braun, Rudolf (Hrsg.), Industrielle Revolution, Köln 1972 (zuerst 1961), S. 216 - 236.

BRAKENSIEK, Stefan, *Agrarreform und ländliche Gesellschaft: Die Privatisierung der Marken in Nordwestdeutschland 1750-1850*, Paderborn 1991.

BREBNER, J. Bartlett, *Laissez-faire and state intervention in nineteenth-century Britain*, in: Carus-Wilson E.M. (Hrsg.), Essays in economic history, Vol. 3, London 1966 (zuerst 1948), S. 252 - 262.

BLAUG, Mark, *The Myth of the Old Poor Law and the Making of the New*, in: JEH, Vol. 23 (1963), S. 151 - 184.

ders., *The Poor Law Report Reexamined*, in: JEH, Vol. 24 (1964), S. 229 - 245.

BOWLEY, Marian, *Nassau Senior and Classical Economics*, in: Coats, A.W. (Hrsg.), The Classical Economists and Economic Policy, London 1971, S. 57 - 84.

BOYER, George E., *An Economic Model of the English Poor Law circa 1780 - 1834*, in: EEH, Vol. 22 (1985), S. 129 - 167.

CANTERBERY, E. Ray, *The making of economics*, Belmont 1976.

COLLINS, E.J.T., *Labour supply and demand in European agriculture 1800 - 1880*, in: Jones, E.L. und Woolf, S.J. (Hrsg.), Agrarian change and economic development, London 1969[1], S. 61 - 94.

ders., *Harvest technology and labour supply in Britain, 1790 - 1870*, in: EHR, Vol. 22 (1969[2]), S. 453 - 473.

COATS, A.W., *Editors Introduction*, in: Coats, A.W. (Hrsg.), The Classical Economists and Economic Policy, London 1971, S. 1 - 32.

CRAFTS, N.F.R., *British Economic Growth during the Industrial Revolution*, Oxford 1985.

DEANE, Phyllis, *The first industrial revolution*, Cambridge 1974 (zuerst 1965), S. 186 - 219.

dies., *Die Rolle des Staates*, in: Braun, Rudolf (Hrsg.), Industrielle Revolution. Wirtschaftliche Aspekte, Köln 1972 (zuerst 1965), S. 272 - 286.

DICKLER, Robert Alan, *Organisation and change in procuctivity in eastern Europe*, in: Parker, William N., Jones, Eric L. (Hrsg.), European peasants and their markets, Princeton 1975, S. 269 - 292.

DIGBY, Anne, *The Labour Market and the Continuity of Social Policy after 1834: The Case of Eastern Counties*, in: EHR, Vol. 28 (1975), S. 69 - 83.

EICHHOLTZ, Dietrich, *Junker und Bourgoisie vor 1848 in der preußischen Eisenbahngeschichte*, Berlin 1962.

FISCHER, Wolfram, SIMSCH, Adelheid, *Industrialisierung in Preußen. Eine staatliche Veranstaltung?*, in: Süß, Werner (Hrsg.), Übergänge. Zeitgeschichte zwischen Utopie und Machbarkeit, Berlin 1990, S. 103 - 122.

GARBER, Jörn, *Spätaufklärerischer Konstitutionalismus und ökonomischer Frühliberalismus. Das Staats- und Industriebürgerkonzept der postabsolutistischen Staats-, Kameral- und Polizeiwissenschaft* (Chr. D. Voss), in: Schoeps, Julius H. (Hrsg.), Revolution und Demokratie in Geschichte und Literatur. Zum 60. Geburtstag von Walter Grab, Duisburg 1979, S. 61 - 94.

HAEN, Hartwig de, *Theorien ländlicher Entwicklung*, in: Blankenburg, Peter von (Hrsg.), Sozialökonomie der ländlichen Entwicklung, Stuttgart 1982.

HANKEL, Wilhelm, *Kapitalbildung in Entwicklungsländern*, in: Priebe, Hermann (Hrsg.), Eigenfinanzierung der Entwicklung, SVS, Neue Folge Bd. 84, 1975, S. 9 - 28.

HARLEY, C.K., McCLOSKEY, D.N., *Foreign trade: competition and the expanding international economy*, in: Floud, Roderick and McCloskey, Donald, The economic history of Britain since 1700, Vol. 2 (1860 - 1970), Cambridge 1981, S. 50 - 69.

HARNISCH, Hartmut, *Bäuerliche Ökonomie und Mentalität unter den Bedingungen der ostelbischen Gutsherrschaft in den letzten Jahrzehnten vor Beginn der Agrarreform*, in: JWG 1989/3, S. 87 - 108.

ders., *Kapitalistische Agrarreform und industrielle Revolution*, Weimar 1984.

ders., *Peasants and Markets. The Background to the Agrarian Reforms in Feudal Prussia East of the Elbe, 1760 - 1807*, in: Evans, Richard I. und Lee, W.R. (Hrsg.), The german peasantry. Conflict and community in rural society from the eighteenth to the twentieth centuries. London and Sydney 1986, S. 37 - 70.

HENNING, Friedrich Wilhelm, *Die Einführung der Gewerbefreiheit und ihre Auswirkungen auf das Handwerk in Deutschland*, in: Abel, Wilhelm (Hrsg.), Handwerksgeschichte in neuer Sicht, Göttingen 1970, S. 142 - 172.

HUECKEL, G., *Agriculture during industrialisation*, in: Floud, Roderick und McCloskey, Donald, The economic history of Britain since 1700, Vol. 1 (1700 - 1860), Cambridge 1981, S. 182 - 203.

HUMPHRIES, Jane, *Enclosures, Common Rights, and Woman*, in: JEH, Vol. 50 (1990), S. 17 - 42.

KAUFHOLD, Karl-Heinrich, *Umfang und Gliederung des deutschen Handwerks um 1800*, in: Abel, Wilhelm (Hrsg.), Handwerksgeschichte in neuer Sicht, Göttingen 1970, S. 24 - 64.

ders., *Gewerbefreiheit und gewerbliche Entwicklung in Deutschland im 19. Jahrhundert*, in: BDL 1982, S. 73 - 114.

KINDLEBERGER, C.P., *The Rise of Free Trade in Western Europe, 1820 - 1875*, in: JEH, Vol. 35 (1975), S. 20 - 55.

KLEE, Wolfgang, *Preußische Eisenbahngeschichte*, Stuttgart 1982.

KOCKA, Jürgen, *Preußischer Staat und Modernisierung im Vormärz. Marxistisch-leninistische Interpretationen und ihre Probleme*, in: Vogel, Barbara (Hrsg.), Preußische Reformen 1807 - 1820, Königstein/Ts. 1980 (zuerst 1974), S. 49 - 65.

KOSELLECK, Reinhart, *Preußen zwischen Reform und Revolution*, Stuttgart 1967.

ders., *Staat und Gesellschaft in Preußen 1815 - 1848*, in: Conze, Werner (Hrsg.), Staat und Gesellschaft im deutschen Vormärz 1815 - 1848, Stuttgart 1970 (zuerst 1962), S. 79 - 112.

KUBITSCHEK, Helmut, *Die Börsenverordnung vom 24. Mai 1844 und die Situation im Finanz- und Kreditwesen Preußens in den vierziger Jahren des 19. Jahrhunderts (1840 - 1847)*, in: JWG 1962/4, S. 57 - 78.

KÜLP, Bernhard, *Lohntheorie*, HdWW, Bd. 5, Tübingen und Göttingen 1980.

LANDES, David S., *Reformpolitik und Industrialisierung in Japan und Preußen. Ein Vergleich*, in: Vogel, Barbara (Hrsg.), Preußische Reformen 1807 - 1820, Königstein/Ts. 1980 (zuerst 1968), S. 30 - 48.

LEIBENSTEIN, Harvey, *Econmic backwardness and economic growth*, New York 1963.

LEWIS, Arthur W., *Economic Development with unlimited Supplies of Labour*, in: The Manchester School of Economic and Social Studies, Vol. 22, New York 1963 (zuerst 1954), S. 139 - 191.

METZ, Karl Heinz, *Industrialisierung und Sozialpolitik. Das Problem der sozialen Sicherheit in Großbritannien 1795 - 1911*, Göttingen und Zürich 1988.

NOLTE, Paul, *Staatsbildung als Gesellschaftsreform. Politische Reformen in Preußen und den süddeutschen Staaten 1800 - 1820*, Frankfurt a.M. 1990.

OHNISHI, Takeo, *Zolltarifpolitik Preußens bis zur Gründung des Deutschen Zollvereins*, Göttingen 1973.

ders., *Die preußische Steuerreform nach dem Wiener Kongress*, in: Vogel, Barbara (Hrsg.), Preußische Reformen 1807 - 1820, Königstein/Ts. 1980, S. 266 - 284.

POLANYI, Karl, *The Great Transformation. Politische und ökonomische Ursprünge von Gesellschaften und Wirtschaftssystemen*, Wien 1977 (zuerst 1944).

PRIEBE, Hermann, HANKEL, Wilhelm, *Der Agrarsektor im Entwicklungsprozess. Mit Beispielen aus Afrika*. Frankfurt a.M./New York 1980.

PRIEBE, Hermann, MATZKE, Otto, *Entwicklungspolitik ohne Illusionen*, Stuttgart 1973.

ROSE, Michael E., *The allowance system under the New Poor Law*, in: EHR, Vol. 19 (1966), S. 607 - 620.

ders., *Social change and the industrial revolution*, in: Floud, Roderick, McCloskey, Donald (Hrsg.), The economic history of Britain since 1700. Vol. 1: 1700 - 1860, Cambridge 1981, S. 253 - 275.

SCHISSLER, Hanna, *Preußische Agrargesellschaft im Wandel. Wirtschaftliche, gesellschaftliche und politische Transformationsprozesse von 1763 - 1847*, Göttingen 1978.

SNELL, K.D.M., *Agricultural Seasonal Unemployment, the Standard of Living and Women's Work in the South and East: 1690 - 1860*, in: EHR, Vol. 34 (1981), S. 407 - 437.

SPREE, Reinhard, *Die Wachstumszyklen der deutschen Wirtschaft von 1840 - 1880*, Berlin 1977.

SPRENGER, Bernd, *Geldmengenänderung in Deutschland im Zeitalter der Industrialisierung (1835 - 1913)*, Kölner Vorträge und Abhandlungen zur Sozial- und Wirtschaftsgeschichte, Heft 36, Köln 1982.

STRAUSS, John, *Does better nutrition raise farm productivity?*, in: JPE, Vol. 94 (1986), S. 297 - 320.

TAYLOR, Arthur J., *Laissez-faire and State Intervention in Nineteenth-century Britain*, London 1978 (zuerst 1972).

TILLY, Richard, *Banken und Industrialisierung in Deutschland 1815 - 1870: Ein Überblick*, in: Tilly, Richard, Kapital, Staat und sozialer Protest in der deutschen Industrialisierung, Göttingen 1980[1] (zuerst 1967), S. 29 - 54.

ders., *Finanzielle Institutionen, Staat und Industrialisierung: Rheinland und Preußen im internationalen Vergleich*, in: Tilly, Richard, Kapital, Staat und sozialer Protest in der deutschen Industrialisierung, Göttingen 1980[2] (zuerst 1966), S. 15 - 28.

ders., *Die politische Ökonomie der Finanzpolitik und die Industrialisierung Preußens 1815 - 1866*, in: Tilly, Richard, Kapital, Staat und sozialer Protest in der deutschen Industrialisierung, Göttingen 1980[3] (zuerst 1966), S. 55 - 64.

ders., *Zur Entwicklung des Kapitalmarktes und Industrialisierung im 19. Jahrhundert unter besonderer Berücksichtigung Deutschlands*, in: VSWG, Bd. 60 (1973), S. 146 - 165.

TIMMERMANN, Vincenz, *Entwicklungstheorie und Entwicklungspolitik*, Göttingen 1982.

VOGEL, Barbara, *Die "allgemeine Gewerbefreiheit" als bürokratische Modernisierungsstrategie in Preußen*, in: Festschrift für Fritz Fischer zum 70. Geburtstag, Bonn 1978, S. 59 - 78.

dies., *"Revolution von oben" - Der "deutsche Weg" in die bürgerliche Gesellschaft?*, In: Sozialwissenschaftliche Informationen für Unterricht und Studium, Jahrgang 8, Heft 2, 1979, S. 67 - 74.

dies., *Allgemeine Gewerbefreiheit. Die Reformpolitik des preußischen Staatskanzlers Hardenberg (1810 - 1820)*, Göttingen 1983.

VAMPLEW, Wray, *The protection of English cereal producers: The Corn Laws Reassessed*, in: EHR, Vol. 33 (1980), S. 382 - 395.

WEHLER, Hans-Ulrich, *Deutsche Gesellschaftsgeschichte. Erster Band 1700-1815*, München 1987[1].

ders., *Deutsche Gesellschaftsgeschichte. Zweiter Band 1815- 1845/49*, München 1987[2].

WINTER, Georg (Hrsg.), *Die Reorganisation des Preussischen Staates unter Stein und Hardenberg*, Bd. 1, Erster Teil, Leipzig 1931.

ZIMMERMANN, Louis Jaques, *Nicht-monetäre Kapitalbildung und Unterbeschäftigung auf dem Land*, in: Priebe, Hermann (Hrsg.), Eigenfinanzierung der Entwicklung, SVS, Neue Folge Bd. 84, 1975, S. 37 - 54.

ZUNKEL, Friedrich, *Der Rheinisch-Westfälische Unternehmer 1834 - 1879*, Köln und Opladen 1962.

Thomas Wellenreuther:
Infragestellung des ökonomischen Liberalismus in Deutschland von ca. 1870 bis 1913.

ADLER, Georg und MAYER, Gustav, Artikel "*Sozialdemokratie*", in: HdStW, Band 7, 3. Aufl., Jena 1911, S. 569-604.

ADOLPHS, Lotte, *Industrielle Kinderarbeit im 19. Jahrhundert*. Duisburg 1972.

BIERMER, M., Artikel "*Mittelstandsbewegung*", in: HdStW, Band 6, 3. Aufl., Jena 1910, S. 734 bis 762.

BLUMENROTH, Ulrich, *Deutsche Wohnungspolitik seit der Reichsgründung*, in: Werner Ernst und Rainer Thoss (Hrsg.), Beiträge zum Siedlungs- und Wohnungswesen und zur Raumplanung, Bd. 25, Münster 1975.

BORCHARDT, Knut, *Die industrielle Revolution in Deutschland, 1750-1914*, in: Cipolla, Borchardt, Europäische Wirtschaftsgeschichte, Bd. 4. Stuttgart, New York 1985.

BORCHARDT, Knut, *Währung und Wirtschaft*, in: Deutsche Bundesbank (Hrsg.), Währung und Wirtschaft. Frankfurt 1976, S. 3-55.

BORSDORF, Ulrich (Hrsg.), *Geschichte der deutschen Gewerkschaften*. Köln 1987.

DESAI, Ashok, *Real Wages in Germany*. Oxford 1968.

EUCKEN, Walter, *Die Grundlagen der Nationalökonomie*. 5. Aufl., Godesberg 1947.

FREMDLING, Rainer, *Eisenbahnen und deutsches Wirtschaftswachstum*. Dortmund 1975, S. 109-132.

GÄFGEN, Gerard, *Theorie der Wirtschaftspolitik*, in: Ehrlicher u.a. (Hrsg.), Kompendium der Volkswirtschaftslehre, Bd. II, 3. Aufl., Göttingen 1972, S. 1-94.

HENNING, Friedrich-Wilhelm, *Landwirtschaft und ländliche Gesellschaft in Deutschland, Bd. 2, 1750 bis 1976*. Paderborn 1978.

HERRMANN, Artikel "*Eisenbahnen (Tarifwesen)*", in: HdStW, 3. Aufl., Band 3, Jena 1909, S. 884-896.

HOLTFRERICH, Carl-Ludwig, *Quantitative Wirtschaftsgeschichte des Ruhrkohlebergbaus im 19. Jahrhundert*. Dortmund 1973.

HOWE, Frederic, *The City. The Hope of Democracy*. Seattle/London 1905.

KÖNIG, H., *Kartelle und Konzentration*, in: H. Arndt (Hrsg.), Die Konzentration der Wirtschaft. Schriften des Vereins für Sozialpolitik N.F. 20/1, Berlin 1960.

KRABBE, Wolfgang R., *Kommunalpolitik und Industrialisierung*. Stuttgart 1985.

KWACK, Tae Yel, *Die Entwicklung von Kommunalunternehmen in Deutschland im 19. und frühen 20. Jahrhundert - unter besonderer Berücksichtigung finanz- und sozialpolitischer Aspekte*, Diss. Münster 1990.

LAER, Hermann von, *Industrialisierung und Qualität der Arbeit*. New York 1977.

LANDMANN, V., Artikel "*Arbeiterschutzgesetzgebung (Deutschland)*", in: HdStW, 3. Aufl., Band 1, Jena 1909, S. 593-634.

LEXIS, Wilhelm, Artikel "*Kathedersozialismus*", in: HdStW, Band 5, 3. Aufl., Jena 1910, S. 804-806.

LEYEN, A. von der, Artikel "*Eisenbahnen (Politik)*", in: HdStW, Band 3, Jena 1909, S. 852-883.

MATZERATH, *Urbanisierung in Preußen, 1815-1914*. Stuttgart 1985.

MÜNSTERBERG, Emil, *Die Armenpflege, Einführung in die praktische Pflegetätigkeit*. Berlin 1897.

MÜNSTERBERG, Emil, *Die deutsche Armengesetzgebung und das Material zu ihrer Reform*, in: G. Schmoller (Hrsg.), Staats- und Sozialwissenschaftliche Forschungen, Bd. 6, H. 4, Leipzig 1887.

NEUMARK, Fritz, *Die Finanzpolitik in der Zeit vor dem 1. Weltkrieg*, in: Deutsche Bundesbank (Hrsg.), Währung und Wirtschaft, Frankfurt 1976, S. 57-111.

REULECKE, Jürgen, *Geschichte der Urbanisierung in Deutschland.* Frankfurt 1985.

RING, V., Artikel "*Aktiengesellschaften*", in: HdStW, 3. Aufl., Band 1, Jena 1909, S. 256-274.

SACHSSE, Christoph und TENNSTEDT, Florian, *Geschichte der Armenfürsorge in Deutschland.* Stuttgart 1980.

SCHACHTSCHABEL, Hans, *Wirtschaftspolitische Konzeptionen.* Stuttgart 1967.

SCHNEEMELCHER, Wilhelm, Artikel "*Christlich-soziale Bewegung*", in: HdStW, Band 3, 3. Aufl., Jena 1909, S. 377-387.

SCHÖNHOVEN, Klaus, *Die deutschen Gewerkschaften.* Frankfurt a.M. 1987.

SCHUMPETER, Josef A., *Geschichte der ökonomischen Analyse*, 2 Bde., Göttingen 1965.

SOMBART, Werner, *Die deutsche Volkswirtschaft im neunzehnten Jahrhundert.* Darmstadt 1954.

TILLY, Richard H., *Vom Zollverein zum Industriestaat.* München 1990.

TILLY, Richard H., *Zur Entwicklung des Kapitalmarktes im 19. Jahrhundert*, in: Tilly, R.H. (Hrsg.), Kapital, Staat und sozialer Protest in der deutschen Industrialisierung, Göttingen 1980.

WEBB, Steven B., *Agricultural Protection in Wilhelminian Germany. Forging an Empire With Port and Rye*, in: The Journal of Economic History, Vol. XLII, No. 2, June 1982.

WEBB, Steven B., *Tariff Protection for the Iron Industry. Cotton, Textiles and Agriculture in Germany, 1879-1914*, in: Jahrbücher für Nationalökonomie und Statistik, Bd. 192, Stuttgart 1977/78, S. 336-357.

WEBB, Steven B., *Tariffs, Cartels, Technology, and Growth in the German Steel Industry, 1879 to 1914*, in: The Journal of Economic History, Vol. XL, No. 2 (June 1980).

WELLENREUTHER, Thomas, *Wohnungsbau und Industrialisierung*. Bergisch Gladbach, Köln 1989.

ZACHER, Hans F. (Hrsg.), *Bedingungen für die Entstehung und Entwicklung von Sozialversicherung*. Berlin 1979.

Norbert Huck:
Wirtschaftspolitik zwischen Weltkrieg und Weltwirtschaftskrise

AERTS, E. und EICHENGREEN, B., *Unemployment and Underemployment in historical Perspective*, Leuven 1990.

ALDCROFT, D.H., *Die zwanziger Jahre*, München 1978.

ALDCROFT, D.H., *Economic Growth in Britain in the Inter-War Years: A Re-Assessment*, in: Econ. Hist. Rev., 1967, S. 311-326.

ALDCROFT, D.H., *The Inter-War Economy. Britain 1919-1939*, London 1970.

BÄHR, J., *Staatliche Schlichtung in der Weimarer Republik*, Berlin 1989.

BALDERSTON, T., *The Origins of Economic Instability in Germany 1924-1930*, in: VSWG, Bd. 69 (1982).

BEENSTOCK, M. und WARBURTON, P., *The Market for Labor in Interwar Britain*, in: Expl. in Econ. Hist., 1992, S. 287-308.

BEENSTOCK, M. und WARBURTON, P., *Wages and Unemployment in Interwar Britain*, in: Expl. in Econ. Hist., 1986, S. 153-172.

BENJAMIN, D. und KOCHIN, L., *Searching for an Explanation for Unemployment in Interwar Britain*, J. Pol. Econ., 1979, S. 441-478.

BLAICH, F., *Der Schwarze Freitag: Inflation und Wirtschaftskrise*, München 1985.

BOMBACH, G., NETZBAND, K.-B., RAMSER, H.-J. und TIMMERMANN, M., *Der Keynesianismus Bd. I-III*, Berlin/Heidelberg/New York 1981.

BORCHARDT, K., *Die 'Krise vor der Krise'.* Münchener Wirtschaftswissenschaftliche Beiträge, Nr. 89-25, 1989.

BORCHARDT, K., *Zehn Jahre Diskussion über die Wirtschaftspolitik Brünings in der großen Krise*, Münchener Wirtschaftswissenschaftliche Beiträge, Nr. 89-24.

BORCHARDT, K., *Zwangslagen und Handlungsspielräume in der großen Weltwirtschaftskrise der frühen dreißiger Jahre: zur Revision des überlieferten Geschichtsbildes*, in: K. Borchardt, Wachstum, Krisen, Handlungsspielräume der Wirtschaftspolitik, Göttingen 1982.

BORDO, M.D., *The Goldstandard: The Traditional Approach*, in: M.D. Bordo und A.J. Schwartz (Hrsg.), A Retrospective on the Classical Gold Standard, 1821-1931, Chicago/London 1984, S. 23-119.

BORN, K.E., *Die deutsche Bankenkrise 1931. Finanzen und Politik*, München 1967.

BROADBERRY, S.N., *The British Economy between the Wars: a macroeconomic Survey*, Oxford 1986.

CAGAN, P., *The Monetary Dynamics of Hyperinflation*, in: Friedman, M. (Hrsg.), Studies in the Quantity Theory of Money, S. 25-117, Chicago 1956.

COHN, R.C., *Fiscal Policy in Germany during the Great Depression*, in: Expl. in Econ. Hist., 1992, S. 318-342.

CORBETT, D., *Unemployment Insurance and induced Search in Interwar Germany*, in: E. Aerts und B. Eichengreen (Hrsg.), Unemployment and Underemployment in historical Perspective, Leuven 1990, S. 76-87.

CZADA, P. *Ursachen und Folgen der großen Inflation*, in: Winkel, H., Finanz- und wirtschaftspolitische Fragen der Zwischenkriegszeit, Berlin 1973, S. 9-42.

DIMSDALE, N.H., NICKEL, S.J. und HORSEWOOD, N., *Real Wages and Unemployment in Britain during the 1930s*, Econ. J. 99 (1989), S. 271-292.

EICHENGREEN, B., *The Great Slump Revisited*, Econ. Hist. Rev. (1992), S. 213-239.

FEARON, P., *The Origins and Nature of the Great Slump, 1929-1932.*

FELDMAN, G.D., *Der deutsche Organisierte Kapitalismus während der Kriegs- und Inflationsjahre 1914-1923*, in: Winkler, H.A. (Hrsg.), Organisierter Kapitalismus, Göttingen 1974, S. 150-171.

FISCHER, W., *Deutsche Wirtschaftspolitik 1918-1945*, Opladen 1968.

FREY, B. und WECK, H., *Hat Arbeitslosigkeit den Aufstieg des Nationalsozialismus bewirkt?*, in: Jahrb. f. Nationalök. u. Stat., Bd. 196/1, S. 1-31.

FRIEDMAN, M. (Hrsg.), *Studies in the Quantity Theory of Money*, Chicago 1956.

FRIEDMAN, M. und SCHWARTZ, A.J., *A Monetary History of the United States, 1867-1960*, Princeton 1963.

HARDACH, G., *Der Erste Weltkrieg 1914-1918*, München 1973.

HARDACH, G., *Weltmarktorientierung und relative Stagnation. Währungspolitik in Deutschland 1914-1931*, Berlin 1976.

HARDACH, K., *Deutschland 1914-1970*, in: C.M. Cipolla/K. Borchardt, Europäische Wirtschaftsgeschichte Bd. 5, Stuttgart/New York 1986, S. 47-99.

HARDACH, K., *Wirtschaftsgeschichte Deutschlands im 20. Jahrhundert*, Göttingen 1976.

HENTSCHEL, V., *Geschichte der deutschen Sozialpolitik, 1880-1980*, Frankfurt a.M. 1983.

HOLTFRERICH, C.-L., *Amerikanischer Kapitalexport und Wiederaufbau der deutschen Wirtschaft 1919-1923 im Vergleich zu 1924-1929*, in: VSWG, 1977, S. 497-529.

HOLTFRERICH, C.L., *Die deutsche Inflation 1914-1923*, Berlin/New York 1980.

HOLTFRERICH, C.L., *Zu hohe Löhne in der Weimarer Republik? Bemerkungen zur Borchardt-These*, in: GG 10. Jg. (1984), H. 1.

JAMES, H., *The German Slump*, Oxford 1986.

KEYNES, J.M., *Allgemeine Theorie der Beschäftigung, des Zinses und des Geldes*, Berlin 1936.

KEYNES, J.M., *Die wirtschaftlichen Folgen des Friedensvertrages*.

KEYNES, J.M., *Ein Traktat über Währungsreform*, München 1920.

KINDLEBERGER, C.P., *Die Weltwirtschaftskrise*, München 1973.

KROHN, C.-P., *Stabilisierung und ökonomische Interessen. Die Finanzpolitik des Deutschen Reiches 1923-1927*, Düsseldorf 1974.

LINDENLAUB, D., *Die Weltwirtschaftskrise in Deutschland: Die gesamtwirtschaftliche, die einzelwirtschaftliche und die internationale Perspektive*, in: H. Henning, D. Lindenlaub und E. Wandel (Hrsg.), Wirtschafts- und sozialgeschichtliche Forschungen und Probleme, St. Katharinen 1987, S. 375-441.

MAIER, C.S., *Die Nicht-Determiniertheit ökonomischer Modelle. Überlegungen zu Knut Borchardts These von der "kranken Wirtschaft" der Weimarer Republik*, in: GG, 1985, S. 275-294.

MATTHEWS, R.C.O., FEINSTEIN, C. und ODLING-SMEE, J., *British Economic Growth, 1865-1973*, Stanford 1982.

MERKIN, G., *Towards a Theory of the German Inflation*, in: G.D. Feldman, C.-L. Holtfrerich, G.A. Ritter, P.-C. Witt (Hrsg.), Die deutsche Inflation: Eine Zwischenbilanz, Berlin/New York 1982, S. 25-48.

MIDDLETON, R., *Towards the Managed Economy*, London 1985.

MOMMSEN, H., PETZINA, D., WEISBROD, B. (Hrsg.), *Industrielles System und politische Entwicklung in der Weimarer Republik*.

O'BRIEN, K., *Britain's Economy between the Wars. A Survey of a Counter-Revolution in Economic History*, in: Past & Present, 115, May 1987.

POLLARD, S., *The Wasting of the British Economy: British economic policy 1945 to the present*, London & Canberra 1982.

TEMIN, P., *Did Monetary Forces cause the Great Depression?* New York 1976.

TEMIN, P., *The Beginning of the Great Depression in Germany*, Econ. Hist. Rev. XXIV, 1971, S. 240-248.

TEMIN, P. und WIGMORE, B., *The End of one Big Deflation*, Exp. Econ. Hist. 27, 1990, S. 483-502.

THOMAS, M., *Reormament and Economic Recovery in the late 1930s*, Econ. Hist. Rev., XXXVI, 1983, S. 552-579.

TILLY, R., *Bemerkungen zur Kontroverse über die Wirtschaftskrise der Weimarer Republik*, in: H. Henning, D. Lindenlaub u. E. Wandel (Hrsg.), Wirtschafts- und sozialgeschichtliche Forschungen und Probleme, St. Katharinen 1987, S. 347-374.

WINKLER, H.A., *Organisierter Kapitalismus. Voraussetzungen und Anfänge*, Göttingen 1974.

WITT, P.-C., *Staatliche Wirtschaftspolitik in Deutschland 1918-1923: Entwicklung und Zerstörung einer modernen wirtschaftspolitischen Strategie*, in: G.D. Feldman, C.-L. Holtfrerich, G.A. Ritter und P.-C. Witt (Hrsg.), Die deutsche Inflation: Eine Zwischenbilanz, Berlin/New York 1982, S. 151-179.

ZUNKEL, F., *Industrie und Staatssozialismus*, Düsseldorf 1974.

Harald Frank:
Nationalsozialistische Wirtschaftspolitik

BARKAI, Avraham, *Das Wirtschaftssystem des Nationalsozialismus. Der historische und ideologische Hintergrund 1933 - 1936*, Köln 1977.

BIRKENFELD, W., *Zur Entstehung und Gestalt des Vierjahresplans*, in: K.-E. Born (Hrsg.), Moderne deutsche Writschaftsgeschichte, Köln 1966.

BLAICH, Fritz/OTRUBA, Gustav/PETZINA, Dietmar/WINKEL, Harald, *Probleme der nationalsozialistischen Wirtschaftspolitik*, in: F.-W. Henning (Hrsg.), Schriften des Vereins für Socialpolitik, Neue Folge Bd. 89, Berlin 1976.

BLAICH, Fritz, *Wirtschaft und Rüstung im "Dritten Reich"*, Düsseldorf 1987.

BOELCKE, Willi A., *Die Kosten von Hitlers Krieg. Kriegsfinanzierung und finanzielles Kriegserbe in Deutschland, 1933-1948*, Paderborn 1985.

BOMBACH, G./NETZBAND, K.-B./RAMSER, H.-J./TIMMERMANN, M. (Hrsg.), *Der Keynesianismus*, Bd. 1-3, Berlin, Heidelberg, N.Y. 1981.

BORCHARDT, Knut, *Die 'Krise vor der Krise'*, in: Münchener Wirtschaftswissenschaftliche Beiträge. Discussion Papers, Volkswirtschaftl. Fak. d. Ludwig-Maximilians-Universität München (Hrsg.), München 1989.

BORCHARDT, Knut, *Trend, Zyklus, Strukturbrüche, Zufälle: Was bestimmt die deutsche Wirtschaftsgeschichte des 20. Jahrhunderts?*, in: ders., Wachstum, Krisen, Handlungsspielräume der Wirtschaftspolitik, Göttingen 1982, S. 100 ff.

BORCHARDT, Knut, *Zehn Jahre Diskussion über die Wirtschaftspolitik Brünings in der großen Krise. Thesen, Antithesen und mögliche Synthesen*, in: Münchener Wirtschaftswissenschaftliche Beiträge. Discussion Papers, Volkswirtschaftl. Fak. d. Ludwig-Maximilians-Universität München (Hrsg.), München 1989.

BORCHARDT, Knut, *Zwangslagen und Handlungsspielräume in der großen Weltwirtschaftskrise der frühen dreißiger Jahre: zur Revision des überlieferten Geschichtsbildes*, in: ders., Wachstum, Krisen, Handlungsspielräume der Wirtschaftspolitik, Göttingen 1982.

BRACHER, K.D./SCHULZ, G./SAUER, W., *Die national-sozialistische Machtergreifung*, Köln 1960.

BROSZAT, M., *Der Staat Hitlers*, München 1969.

BUCHNER, Hans, *Grundriß einer nationalsozialistischen Volkswirtschaftstheorie*, in: Gottfried Feder (Hrsg.), Nationalsozialistische Bibliothek, Heft 16, München 1933.

COHN, R.L., *Fiscal Policy in Germany during the Great Depression*, in: Explorations in Economic History, Vol. 29, No. 3, 7.1992

DORNBUSCH, R., FISCHER, S., *Makroökonomik*, München 1985.

EICHHOLTZ, Dietrich, *Geschichte der deutschen Kriegswirtschaft 1939-1945*. Bd. I (1939-1941) u. II (1941-1943), Berlin 1984.

ERBE, René, *Die nationalsozialistische Wirtschaftspolitik 1933 - 1939 im Lichte der modernen Theorie*, Zürich 1958.

FEDER, Gottfried, *Der Deutsche Staat auf nationaler und sozialer Grundlage. Neue Wege in Staat, Finanz und Wirtschaft*, München 1923.

FEDER, Gottfried, *Das Programm der NSDAP*, München 1931.

FISCHER, Wolfram, *Deutsche Wirtschaftspolitik 1918 - 1945*, 3. Aufl., Opladen 1968.

FLESSNER, Vollmar, *Der Außenhandel im neuen Deutschland, Ziele und Wege der nationalsozialistischen Außenhandelspolitik*, in: Gottfried Feder (Hrsg.), Nationalsozialistische Bibliothek, Heft 54, München 1935.

FORSTMEIER, Friedrich/VOLKMANN, Hans-Erich (Hrsg.), *Kriegswirtschaft und Rüstung 1939 - 1945*, Düsseldorf 1977.

FORSTMEIER, Friedrich/VOLKMANN, Hans-Erich (Hrsg.), *Wirtschaft und Rüstung am Vorabend des Zweiten Weltkrieges*, Düsseldorf 1975.

FREY, B.S./WECK, H., *Hat Arbeitslosigkeit den Aufstieg des Nationalsozialismus bewirkt?* in: Jahrbücher für Nationalökonomie und Statistik, Bd. 196, Stuttgart 1981.

FRIEDLAENDER-PRECHTL, Robert, *Wirtschaftswende*, Leipzig 1931.

GROTKOPP, W., *Die große Krise*, Düsseldorf 1954.

GROTKOPP, W., *Über Arbeitsbeschaffung*. in: Die Wirtschafts-Wende, ZS für deutsche Wirtschaftserneuerung, R. Friedländer-Prechtl (Hrsg.), Sonderheft September 1932.

GUILLEBAUD, C.W., *The Economic Recovery of Germany from 1933 to the Incorporation on Austria in March 1938*, London 1939.

HARDACH, K., *Wirtschaftsgeschichte Deutschlands im 20. Jahrhundert*, Göttingen 1979.

HENNING, Friedrich-Wilhelm, *Das industrialisierte Deutschland 1914 bis 1986*, Paderborn u.a. 1988.

HERRMANN, Arthur R./RITSCH, Arthur, *Die Wirtschaft im Nationalsozialistischen Weltbild*, 2. Aufl., in: E. Schaeffer (Hrsg.), Neugestaltung von Recht und Wirtschaft, 3. Heft, Leipzig 1934.

HITLER, A., *Mein Kampf*, München 1931.

HOFFMANN, W.G., *Das Wachstum der deutschen Wirtschaft seit der Mitte des 19. Jahrhunderts*, Berlin u.a. 1965.

HOLTFRERICH, C. L., *Zu hohe Löhne in der Weimarer Republik? Bemerkungen zur Borchardt-These*, in: Geschichte und Gesellschaft 10. Jg. 1984, H. 1.

JÄCKEL, E., *Hitlers Weltanschauung*, Stuttgart 1981.

JAEGER, H., *Geschichte der Wirtschaftsordnung in Deutschland*, Frankfurt/M. 1988.

JÄGER, Jörg-Johannes, *Die wirtschaftliche Abhängigkeit des Dritten Reiches vom Ausland dargestellt am Beispiel der Stahlindustrie*, Berlin 1969.

KANNAPIN, Hans-Eckhardt, *Wirtschaft unter Zwang*, Köln 1966.

KELE, Max H., *Nazis and Workers, National Socialist Appeals to German Labor, 1919-1933*, North Carolina 1972.

KEYNES, J.M., *Allgemeine Theorie der Beschäftigung, des Zinses und des Geldes*, 3. Aufl., Berlin 1966.

KINDLEBERGER, C.P., *Die Weltwirtschaftskrise*, in: W. Fischer (Hrsg.), Geschichte der Weltwirtschaft im 20. Jahrhundert, Bd. 4, München 1984.

KNODEL, J.E., *The Decline of Fertility in Germany, 1871-1938*, Princeton 1974.

Konjunkturstatistisches Handbuch 1936, Ernst Wagemann (Hrsg.), Berlin 1935.

KROLL, Gerhard, *Von der Weltwirtschaftskrise zur Staatskonjunktur*, Berlin 1958.

KROSIGK, Graf Schwerin von, *Nationalsozialistische Finanzpolitik*, in: Andreas Predöhl (Hrsg.), Kieler Vorträge gehalten im Institut für Weltwirtschaft an der Universität Kiel, Heft 41, Jena 1936.

LAUTENBACH, W., *Zins, Kredit und Produktion*, W. Stützel (Hrsg.), Tübingen 1952.

LOCHNER, L.P., *Die Mächtigen und der Tyrann, Die deutsche Industrie von Hitler bis Adenauer*, Darmstadt 1955.

LEY, R., *Soldaten der Arbeit*, München 1938.

MILWARD, Alan S., *Der Zweite Weltkrieg, Krieg, Wirtschaft und Gesellschaft 1939 - 1945*. in: Wolfram Fischer (Hrsg.), Geschichte der Weltwirtschaft, Bd. 5, München 1977.

O.M.G.U.S., *Ermittlungen gegen die Deutsche Bank*, Nördlingen 1985.

O.M.G.U.S., *Ermittlungen gegen die Dresdner Bank*, Nördlingen 1986.

O.M.G.U.S., *Ermittlungen gegen die I.G. Farbenindustrie AG*, Nördlingen 1986.

OVERY, R.J., *The Nazi Economic Recovery 1932-1938*, London 1982.

PETZINA, D., *Hauptprobleme der deutschen Wirtschaftspolitik 1932/33*, in: Vierteljahreshefte für Zeitgeschichte, 15. Jg. 1967, S. 18 ff.

PFAHLMANN, Hans, *Fremdarbeiter und Kriegsgefangene in der Deutschen Kriegswirtschaft 1939-1945*, in: Arbeitskreis für Wehrforschung (Hrsg.), Beiträge zur Wehrforschung, Bd. XVI/XVII, Darmstadt 1968.

RAUSCHNING, H., *Die Revolution des Nihilismus*, Zürich-New York 1938.

Reichsgesetzblatt 1933 I, S. 488 f.

ROSENBERG, Alfred, *Wesen, Grundsätze und Ziele der NSDAP*, München 1937.

SCHOENBAUM, D., *Die braune Revolution*, Köln 1968.

SCHILLER, Karl, *Arbeitsbeschaffung und Finanzordnung in Deutschland*, Berlin 1936.

SCHULTHESS' EUROPÄISCHER GESCHICHTSKALENDER, U. Thürauf (Hrsg.), NF 48. Jg. 1932, München 1933.

SCHUMPETER, J.A., *Konjunkturzyklen II*, Göttingen 1961.

SCHWEITZER, A., *Organisierter Kapitalismus und Parteidiktatur*, in: Schmollers Jahrbuch 1959.

SOHN-RETHEL, A., *Ökonomie und Klassenstruktur des deutschen Faschismus*, Frankfurt 1973.

Statistisches Handbuch von Deutschland, Länderrat des amerikanischen Besatzungsgebiets (Hrsg.), München 1949.

STOBBE, A., *Volkswirtschaftslehre*, Berlin u.a. 1980.

STOLPER, G., *Deutsche Wirtschaft 1870-1940*, Stuttgart 1950.

STOYE, Johannes, *Die geschlossene deutsche Volkswirtschaft, Geopolitik - Autarkie - Vierjahresplan*, Leipzig u. Berlin 1937.

STUCKEN, R., *Deutsche Geld- und Kreditpolitik 1914-1963*, Tübingen 1964.

Studiengesellschaft für Geld- und Kreditwirtschaft, *Denkschrift an den Reichskanzler vom 10.08.1932*, in: W. Grotkopp, Die Große Krise, Düsseldorf 1954, S. 349 ff.

SWATEK, Dieter, *Unternehmenskonzentration als Ergebnis und Mittel nationalsozialistischer Wirtschaftspolitik*. in: Volkswirtschaftliche Schriften, Heft 181, J. Broermann (Hrsg.), Berlin 1972.

THAMER, Hans-Ulrich, *Verführung und Gewalt, Deutschland 1933 - 1945*, Berlin 1986.

TREUE, W., *Hitlers Denkschrift zum Vierjahresplan 1936*, in: Vierteljahreshefte für Zeitgeschichte, 3. Jg. 1955, S. 184 ff.

TREUE, Wilhelm/FREDE, Günther, *Wirtschaft und Politik 1933-1945*, Braunschweig 1964.

TURNER, Henry, *Die Großunternehmer und der Aufstieg Hitlers*, Berlin 1985.

Vierteljahreshefte zur Konjunkturforschung, Institut für Konjunkturforschung (Hrsg.), 14. Jg. 1939/40, NF Heft 1.

WAGEMANN, E., *Geld- und Kreditreform*, Berlin 1932.

WAGENFÜHR, R., *Die deutsche Industrie im Kriege 1939-1945*, Berlin 1963.

WOLL, Helmut, *Die Wirtschaftslehre des deutschen Faschismus*, München 1988.

Richard H. Tilly
Wirtschaftspolitik in der Nachkriegszeit

ABELSHAUSER, W., *Wirtschaftsgeschichte der Bundesrepublik Deutschland 1945-1980*, Frankfurt/M., 1983.

ABELSHAUSER, W. u. PETZINA, D., *Krise und Rekonstruktion. Zur Interpretation der gesamtwirtschaftlichen Entwicklung Deutschlands im 20. Jahrhundert.* in: W.H. Schröder u. R. Spree (Hg.), Historische Konjunkturforschung (Historisch-sozialwissenschaftliche Forschungen, Bd. 11), Stuttgart, 1980.

AHRNS, H.-J. u. FESER, H.D., *Wirtschaftspolitik. Problemorientierte Einführung*, München u. Wien, 1986.

AMBROSIUS, G., *Die Durchsetzung der sozialen Marktwirtschaft in Westdeutschland 1945-49*, Stuttgart, 1977.

AMBORSIUS, G., *Staat und Wirtschaft im 20. Jahrhundert* (Enzyklopädie deutscher Geschichte, Bd. 7), München, 1990.

BERGHAHN, V., *Unternehmer und Politik in der Bundesrepublik*, Frankfurt, 1985.

BORCHARDT, K. u. BUCHHEIM, C., *Die Wirkung der Marshallplan-Hilfe in Schlüsselbranchen der deutschen Wirtschaft*, in: Vierteljahreshefte für Zeitgeschichte, 35 (1987).

BUCHHEIM, C., *Die Währungsreform in Westdeutschland im Jahre 1948. Einige ökonomische Aspekte*, in: W. Fischer (Hg.), Währungsreform und Soziale Marktwirtschaft. Erinnerungen und Perspektiven nach 40 Jahren. Berlin 1989, S. 391 ff.

DOMES, J. u. WOLFSSOHN, M., *Setting the course for the Federal Republic of Germany*, in: ZgStW, Bd. 135 (1979), S. 332 ff.

KLUMP, R., *Die Währungsreform von 1948. Ihre Bedeutung aus wachstumstheoretischer und ordnungspolitischer Sicht*, in: W. Fischer (Hg.), Währungsreform, S. 403 ff.

MADDISON, A., *Dynamic Forces in Capitalist Development. A long-run Comparative View*. Oxford, N.Y., 1991.

MADDISON, A., *Postwar Growth and Slowdows: A Global View*, in: B. Gahlen u.a. (Hg.), Wachstumstheorie und Wachstumspolitik. Ein neuer Anlauf. Tübingen, 1991.

MILWARD, A., *The Reconstruction of Western Europe 1945-51*, London, 1984.

RICHTER, R. (Hg.), *Currency and Economic Reform West Germany after World War II* (ZgStW, Bd. 135).

RIESE, H., *Geldpolitik als Grundlage der ökonomischen Entwicklung der Bundesrepublik Deutschland*, in: W. Fischer (Hg.), Währungsreform, S. 435 ff.

RITSCHL, A., *Die Währungsreform von 1948 und der Wiederaufstieg der westdeutschen Industrie. Zu den Thesen von Mathias Manz und Werner Abelshauser über die Produktionswirkungen der Währungsreform*, in: Vierteljahreshefte für Zeitgeschichte, 33 (1985).

SCHERF, H., *Enttäuschte Hoffnungen - vergebene Chancen. Die Wirtschaftspolitik der sozial-liberalen Koalition 1969-1982*, Göttingen, 1986.

SCHMIDTCHEN, D., *German "Ordnungspolitik" as Institutional Choice*, in: ZgStW (JITE), Bd. 140 (1984), S. 54 ff.

STOLPER, W. u. ROSKAMP, K., *Planning a Free Economy*, in: ZgStW, Bd. 135 (1979), S. 374 ff.

WATRIN, C., *The Principles of the Social Market Economy*, in: ZgStW, Bd. 135 (1979), S. 405 ff.

Stichwortverzeichnis

www.ingramcontent.com/pod-product-compliance
Lightning Source LLC
LaVergne TN
LVHW010650300926
849161LV00005B/1083